패시브 인컴을 만드는
미국 부동산 투자
렌트 주택

패시브 인컴을 만드는 미국 부동산 투자: 렌트 주택

발행일   2023년 4월 26일

지은이   남윤수
펴낸이   손형국
펴낸곳   (주)북랩
편집인   선일영   편집   정두철, 배진용, 윤용민, 김부경, 김다빈
디자인   이현수, 김민하, 김영주, 안유경, 한수희   제작   박기성, 황동현, 구성우, 배상진
마케팅   김회란, 박진관
출판등록   2004. 12. 1(제2012-000051호)
주소   서울특별시 금천구 가산디지털 1로 168, 우림라이온스밸리 B동 B113~114호, C동 B101호
홈페이지   www.book.co.kr
전화번호   (02)2026-5777   팩스   (02)3159-9637

ISBN   979-11-6836-846-0 03320 (종이책)   979-11-6836-847-7 05320 (전자책)

(주)북랩 성공출판의 파트너

북랩 홈페이지와 패밀리 사이트에서 다양한 출판 솔루션을 만나 보세요!

홈페이지 book.co.kr   •   **블로그** blog.naver.com/essaybook   •   **출판문의** book@book.co.kr

---

작가 연락처 문의 ▸ ask.book.co.kr

작가 연락처는 개인정보이므로 북랩에서 알려드릴 수 없습니다.

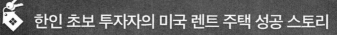
한인 초보 투자자의 미국 렌트 주택 성공 스토리

패시브 인컴을 만드는
미국 부동산 투자
렌트 주택

USA Real Estate Investment & Making Passive Income

남윤수 지음

단계별 미국
렌트 주택
투자 전략
노하우

재미있고
생생한
미국 부동산
에세이

미국 렌트 주택
투자자를 위한
실전 지침서

북랩

· 미국 렌트 투자를 가능하게 한 고마운 사람들 ·

투자 분석, 쇼잉, 토론 등 모든 과정을 함께한
성기덕(Investor) / 김유은(Investor) / 이진우(Investor)

뉴저지 부동산 투자를 지휘한 담당 중개인
줄리아나 김(Realtor: awvwco.com)

소중한 정보를 공유하는 북부 뉴저지 투자자 모임의
피터 방(Investor) / 이하나(Investor) / 양문영(Investor)

김정숙(Realtor, Youtube: 모니카의 미국 부동산 이야기)

김윤진(Realtor, Youtube: 구해줄께! 홈즈 Finding Homes)

정직과 성실의 재무 & 법률 전문가
황세영(CPA: syhcpa.com) / 송창진(Lawyer: CG SONG Law Firm)

브라이언 정(Mortgage CEO: primemtgusa.com)

저스틴 이(Loan Manager: primemtgusa.com)

집 검사, 수리, 공사 전문가
이성영(Inspector: Prime Choice Inspection)

정완수(Inspector: I Home Inspections)

그리고 건축 관련 사장님

모든 분들께 깊이 감사드립니다!

저자는 2009년도에 미국으로 이민 왔다. 미국 동북부에 위치한 뉴햄프셔 주에서 이민 생활을 시작했다. 맨체스터 공항에 마중 나온 한인회장의 배려로 편하게 숙소로 이동했다. 한인회장이 렌트 아파트를 미리 계약해서 저자는 주택을 알아보는 수고를 덜었다. 숙소로 가는 길에 펼쳐진 뉴햄프셔 풍경은 미국다웠다. 넓은 잔디밭에 우뚝 솟아 있는 대저택 마을은 TV에서 보던 그대로였다.

광활한 잔디밭과 대저택을 지나고 도착한 곳은 아파트였다. 반지하, 1층, 2층 구조로 되어 있는데 한국에서는 아파트가 아니고 연립 주택이다. 한국에서 아파트라고 하면 고층 건물인데, 2층짜리인데도 아파트라고 해서 이해가 되지 않았다. 저자의 아파트 뒤편에는 넓은 잔디밭 위에 단독 주택이 하나씩 나란히 있었다. 그런데 이 건물들은 단독 주택이 아니라 타운 하우스라고 해서 궁금했다.

저자가 구한 집은 방 2개가 있는 반지하 아파트였다. 근처에 변리사 대학인 프랭클린 피어스 스쿨이 있어서 한국인 가족들도 있었다. 저자는 한인이 사는 타운하우스와 단독 주택을 방문하면서 미국 집은 한국 집과는 너무 달라서 신기했다. 특히 단독주택은 규모가 으리으리해서 입이 벌어지는 정도였다. 한국과 다른 미국 주택의 내부 구조와 형태는 놀이동산에 온 듯한 호기심을 유발했다.

뉴햄프셔 한인 선배들은 새로운 이민 가족의 정착에 뜨거운 지원을 아끼지 않았다. 도움을 준 한인 중 한 명이 부동산 중개인(리얼터)이었다. 미국에서 한인이 중개인을 한다는 사실이 신기했고 영어로 미국인과 자연스럽게 대화하는 모습에 감탄했다. 주택 매매의 중개뿐만 아니라 자신이 직접 렌트 주택에 투자해서 월세 수익을 얻어서 존경스러웠다. 한인 이민자가 중개인이면서 투자자이기도 해서 저자의 눈에는 낯설고 우러러보였다.

여기서 그치지 않고 한인 중개인은 다른 주(州)의 주택을 구매해서 렌트 주택을 운영하고 있었다. 비행기를 타고 타주까지 가서 투자하고 월세를 받다니 경이로울 따름이었다. 미국에서 한인이 건물주가 될 수 있다니! 그때는 한인 중개인이 영어를 잘하고 사회성이 좋아서 가능하다고 짐작했다. 저자는 미국에서 건물주는 이민자와는 전혀 관련 없는 일로 생각했다.

저자가 뉴햄프셔에서 계속 살았다면 '한인 중개인으로부터 미국 부동산을 배울 기회를 빨리 가졌을 텐데' 하는 아쉬움이 있다. 이때 부동산 투자 방법에 눈을 떴다면 지금은 렌트 주택이 10채는 되지 않을까 상상도 해 본다. 저자는 일을 찾아 남쪽 뉴저지 주로 이사를 하면서 부동산은 까맣게 잊어버리고 10년이 지나갔다. 부동산 투자는 오르기 힘든 산이라는 생각의 장벽에 갇힌 채 10년이 흘렀다.

뉴햄프셔 시골에서 저자는 아파트 월세를 살았다. 도시가 아니어서 넓은 방 2개와 화장실 1개의 렌트비는 1,000불이었다. 뉴저지로 이사를 오니 훨씬 좁은 아파트 렌트비가 1,600불이나 되었다. 렌트비는 해가 지나면서 조금씩 올라간다. 첫해에는 1,600불부터 시작했는데 다음 해는 1,620불이 됐다. 그다음 해는 1,640불로 올라갔다. 오랫동안 거주한 이웃 중에는 1,860불까지 월세를 내는 경우도 있었다.

저자가 미국 부동산에 관심을 가지게 된 시기는 2019년부터다. 주변 사람들은 주식을 하면서 매일 기쁨과 좌절을 느끼는데 저자는 주식을 할 자신감과 지식이 없어서 주식에는 손을 대지 못했다. 또한 주식으로 큰돈을 번 사람을 주위에서 보지 못해서 주식 투자는 일찌감치 마음을 접었다.

주식을 이해하진 못했지만 궁금증은 컸다. 주식은 올랐을 때 팔면 이익인데 왜 팔지 않고 가지고 있을까? 내리면 후회하는데 왜 가지고 있을까? 주식은 가지고 있는 동안에는 내 통장에 이자가 들어오지 않는다. 미래의 어느 시점에 팔았을 때 얻는 상상 수익을 느끼면서 가상 기쁨을 누린다고 보았다. 주식과 렌트 주택의 큰 차이점은 판매하지 않아도 매달 수익(월세)이 들어오는가 여부다. 주식은 판매해야 현금이 들어오지만 렌트 주택은 보유하고 있으면서도 현금이 들어온다. 주식은 변동이 심해서 롤러코스터에 비유되지만 부동산 렌트는 주식처럼 변동이 심하지 않다.

주식에 대한 무관심과 무지는 다른 투자 방법으로 마음을 돌리게 했다. 주식과 대조되는 투자 방법으로 부동산이 눈에 들어왔다. 저자가 미국에 살고 있으므로 미국 부동산에 투자하면 좋지 않을까 조심스럽게 생각했다. 미국에서 부동산 사업은 어떻게 운영하는지 궁금해서 책을 읽기 시작했다. 한인이 쓴 한글 책이 없어서 미국인 투자자들의 영어 책을 읽었다. 이해 자체가 안 되었다. 영어 문장 자체가 어렵고 전문 용어는 한글로 해석은 되지만 이해가 힘들어서 답답했다. 책의 저자들은 자신들이 투자한 주택의 구체적인 위치와 내용은 전혀 없고 당위적인 주장의 열거가 수두룩했다. 단 한 가지 분명한 결론은 '미국에서 집을 사서 렌트를 하면 장기적으로 성공한다'였다. 저자들이 직접 투자한 성과여서 믿음은 갔다.

저자가 살고 있는 뉴저지는 부동산 투자 불모지다. 투자가 없다는 의미가 아니라 한인 전문 투자자들의 관심 지역 밖이다. 투자자들은 뉴저지보다는 뉴욕, 캘리포니아, 조지아, 애리조나, 텍사스, 네바다 지역을 좋아한다. 한인 투자 회사가 적극적으로 활동하는 곳도 이런 인기 지역에 집중되어 있다. 초보 투자자는 한인 투자 회사를 만나면 투자 지름길을 갈수 있는데 뉴저지는 쉽게 발견할 수 있는 한인 업체가 없는 편이다.

저자도 뜨겁게 각광받는 지역에 투자하고 싶어서 캘리포니아 플립(flip) 투자에 참여했다. 헌 집을 싸게 구매해서 수리 후 시세에 판매하는 플립은 짧은 시간에 이익을 볼 수 있는 장점이 있다. 캘리포니아에 살고 있지 않은 저자 입장에서는 캘리포니아 주택 정보에 밝지 않고 공사 현황을 볼수 없어서 갑갑했다. 제한된 정보 속에서 발버둥 치는 느낌이 들었다. 저자가 투자 경험이 늘어나면 플립 투자에 다시 도전해 볼 생각이다.

시행착오를 거친 후 여러 부동산 사업 중에서 월세를 받는 렌트 투자로 마음을 굳혔다. 월세 방식은 전통적인 부동산 투자다. 렌트 투자는 부동산 투자 방법 중에서 가장 단조롭고 고리타분한 취급을 받는다. 순식간에 이익이 몇 배로 뛰진 않지만 매달 월세를 받으면서 장기적 관점에서 시세 차익을 기대한다. 물론 집값이 급격히 오르는 시기와 지역에서 단기 투자도 가능하겠지만 렌트 투자는 월세 수입이 핵심이다.

비로소 저자는 취향에 맞는 렌트 주택 투자로 방향을 잡았다. 느리지만 꾸준히 현금이 들어오는 점이 마음에 들었다. 일단 주택을 구매하고 시간이 흐르면 이득을 볼 수 있어서 좋다. 몇 채만 구매하면 미국에서 노후 생활도 보장된다고 하니 마음에 드는 투자 방법이다. 플립처럼 구매와 판매가 단기간에 반복되지 않아서 스트레스가 덜한 느낌을 받았다.

부동산 투자 방법은 몇 개나 있을까? ① 투자자가 투자 신탁 회사를 선택해서 자금을 공급하면 투자 회사가 모든 절차를 알아서 처리하고 투자자는 비용을 뺀 이익을 받는 방법인 리츠(REITs) ② 여러 명이 돈을 모아서 렌트 부동산을 구입하고 월세 수익을 나누는 공동 투자 ③ 다섯 가구 이상의 대형 아파트 투자 ④ 주택뿐만 아니라 상가, 사무실, 창고 등 상업 건물 투자 ⑤ 헌 집을 싸게 구매해서 수리하고 시세에 파는 플립(flip) 투자 등. 알면 알수록 무궁무진하다.

저자가 책에서 집중한 투자 방식을 소개한다. 이 책은 여러 투자 수단을 열거해서 장단점을 분석하지 않는다. 저자가 다루는 부동산 투자는 단순하면서도 전통적인 방식인 '렌트(월세)' 부동산에 집중한다. 렌트 투자 방식은 간단하고 이해하기 쉽다. '집 구매(buy)-수리(repair)-렌트(rent)'의 3단계다. 미국에서 렌트 투자 경험이 전혀 없어도 한국에서 듣고 보아온 방법이므로 접근이 편하다. 전체적인 큰 틀은 이해하기 쉽다.

책에서 중점적으로 다루는 렌트 투자는 다음과 같다. 파트너와 함께하는 공동 투자가 아닌 저자 혼자서 진행한 '단독' 투자만 다룬다. 단독 투자와 공동 투자는 고려할 사항이 틀리므로 어느 투자 방법이 초보 투자자에게 유리한가는 조건에 따라서 달라진다. 상가 건물과 사무실 등 상업용 월세 투자가 아닌 '주거용' 주택만 취급한다. 거주 목적 렌트 주택 중에서 단독 주택과 다세대 주택에 투자한 경험이 중심 내용이다. 저자가 직접 투자한 경험을 다룬다.

시세 차익을 노려서 구매 후 바로 판매하는 무늬만 렌트 주택 투자는 포함하지 않는다. 투자자마다 주택 렌트를 시작하는 배경은 다양하다. 상속, 경매(옥션), 구매 등이 있는데 저자는 '구매'한 경우만 다룬다. 주택을 최소 3년 이상 보유하면서 렌트를 진지하게 운영하는 투자만 해당한다. 단기 렌트 투자와 에어비앤비 투자는 다루지 않는다. 또한 영끌 투자와 영끌 대출은 저자가 사용한 방법이 아니어서 공격적인 투자는 다루지 않는다.

이 책은 초보 투자자가 시작할 수 있는 기초 단계의 투자인 단독 주택과 2가구 다세대 주택을 대상으로 한다. 4가구 이상의 다세대와 아파트에 투자하면 수익은 더 높아지지만 투자 금액과 운영 면에서 바로 시작하기에는 어렵다. 초보 투자자는 장기적 관점에서 단독 또는 2가구부터 시작하면서 투자와 관리의 노하우를 배우는 자세가 필요하다. 느림보 거북이 전략이다.

한국에서 미국 렌트 주택 투자에 관심이 많아지면서 렌트 주택의 구매와 관리에 궁금증이 커지고 있다. 저자는 뉴저지에서 투자한 실제 경험을 바탕으로 책을 구성했다. 사실에 근거한 명확한 설명을 위해 저자가 직접 투자한 집을 예로 들었다. 부동산 중개인과 투자 회사의 입장이 아닌 100% 초보 투자자의 입장에서 설명했다. 렌트 주택 초보 도전자의 부족한 의견과 부끄러운 경험을 더하거나 빼지 않고 적었다.

렌트 주택 투자 시 구매 계약뿐만 아니라 구매 전 조사와 구매 후 관리 업무도 중요하다. 그런데 전후 과정은 투자 회사와 부동산 관리인을 통할 경우에는 잘 알 수 없다. 저자는 구매 전후 경험을 설명함으로 렌트 주택 투자 과정 전체를 이해할 수 있게 하였다. '구매 전-구매 중-구매 후'의 3단계 과정을 밝혔다. 미국 거주 한인 또는 한국에서 미국 렌트 주택 투자를 고민하는 예비, 초보 투자자에게 실질적인 도움이 된다.

책 앞표지에 나온 집은 저자의 뉴저지 렌트 투자 첫 번째 주택이다. 구글에서 집 주소 '5-02 Lambert Rd, Fair Lawn, NJ, 07410'을 검색하면 자세한 주택 정보와 구매 가격 확인이 가능하다. 동네는 '페어론'이며 단독 주택으로서 방 3개, 화장실 1개, 차고 1개의 소박한 스타일의 귀여운 집이다. 케이프 카드(cape cod) 스타일이어서 집 내부가 작은 구조다.

책 뒤표지의 집은 뉴저지에서 두 번째로 구매한 렌트 주택이다. 동네는 '엘름우드 파크'다. 2가구가 옆으로 나란히 연결된 다세대 주택이다. 주택 정보는 구글에서 '6 Reihl St, Elmwood Park, NJ, 07407'을 검색하면 된다. 2가구(2unit)여서 주소는 6호와 8호로 나누어진다. 옆으로 이어져서 층간 소음이 없는 장점이 크다. 다세대 주택으로는 구하기 힘든 보석 같은 매물이다.

즉, 이 책에서 취급하는 투자 대상은 초보 투자자가 자기 자본을 이용해서 구매한 렌트 전용 주택이다. 초기 자본이 적은 초보 투자자는 고액의 집보다는 60만 불 이하의 주택을 선택하면 보다 쉽게 출발 가능하다. 장기적 관점에서 렌트 주택을 보유하면서 매달 월세 수익을 패시브 인컴으로 얻는 일반적이고 전형적인 렌트 투자다. 시세 차익은 덤으로 주어진 축복이라고 본다.

책 내용을 5부로 구성했다. 1부에서는 한국인이 굳이 미국에 주택을 구매해서 월세를 받으면 유리한 이유가 무엇인지 설명하면서 시작한다. 미국에 사는 한인뿐만 아니라 한국에 사는 한국인의 미국 부동산 투자가 증가하고 있는 원인을 잘 보여 준다. 어떤 이유에서 한국이 아닌 미국에서 월세 주택 투자를 하면 유리한지 알아본다. 미국 렌트 주택 투자에 동기 부여가 된다.

대부분의 초보자는 미국 렌트 주택 투자를 망설이고 주식부터 시작한다. 경험이 부족한 초보 투자자의 렌트 주택 투자 시도를 어렵게 만드는 진입 장벽을 확인한다. 다음은 렌트 주택 투자로 마음을 결정한 초보 투자자가 준비해야 하는 전략을 살펴본다. 부동산 투자는 인생의 중요한 결정이므로 사전 준비가 필요하다. 저자는 오히려 늦게 발견해서 아쉬웠던 내용이다.

2부에서는 본격적인 렌트 주택을 구매하는 과정을 구체적으로 살핀다. 렌트 주택은 구매 전에 투자자가 신경 써야 할 일이 많다. 소홀히 하면 안 되는 중요한 요소를 확인한다. 미국에서 집을 볼 때 반드시 검토해야 하는 내용이다. 구매 절차를 시간상 흐름에 맞춰서 보면서 각 단계마다 신경 써야 할 중요 사항을 본다. 또한 조건부 계약 조항에 대해서 보다 자세히 설명한다.

3부에서는 주택 구매 후 발생하는 필요한 일을 본다. 집 상태가 좋으면 바로 세입자를 받으면 되지만 수리와 보수가 필요한 경우가 대부분이다. 집 상태의 리모델링과 업데이트 후에 좋은 세입자를 구하기 위해서는 어떻게 해야 하는지 알아본다. 세입자가 들어온 후에 발생하는 자질구레하지만 민감한 사항에 대해서 설명한다.

4부에서는 저자가 렌트 주택에 투자하기 전과 후에 겪었던 사고방식의 변화를 통해서 초보 투자자가 겪는 편견과 근시안적 사고방식이 무엇인지 밝혀본다. 또한 경험 미숙으로 초래한 실수에 대해서 반성할 사항을 짚어 보았다. 초보 투자자가 투자에 관심을 가지면서 자주 듣는 기분 좋은 말이지만 혼란시키는 말을 주의 깊게 살펴본다.

5부에서는 미국에서 렌트 주택을 투자하면서 만난 중요한 사람들을 소개한다. 부동산 중개인은 투자 모든 과정에서 밀접한 관련이 있다. 주택을 구매하면 부득이 수리 작업이 추가된다. 공사를 하면서 만난 건축업자의 에피소드를 본다. 마지막으로 렌트 주택에 실제로 사는 세입자와 관계를 설명한다.

저자가 투자한 지역은 미국 동북부의 뉴저지 주의 버겐 카운티(Bergen County)다. 넓은 미국 땅의 극히 작은 점 같은 부분이다. 미국은 넓으므로 지역(주, 도시)마다 적용되는 부동산 법률이 다른 특징도 있을 수 있음을 고려하면서 책을 읽어야 한다. 저자가 적은 내용이 초보 투자자들에게 도움이 되고 실수를 최대한 줄일 수 있기를 소망한다.

미국 부동산에 관심을 가지고 접근하다 보면 '언어의 장벽'에 부딪히곤 한다. 단어가 단순히 영어이기 때문만은 아니다. 전문 용어(자곤, jargon)의 경우에는 처음 접하기 때문에 이해가 힘들다. 한글로 번역된 내용을 봐도 공감되지 않은 낱말도 있다. 물론 용어를 모른다고 해서 부동산 거래가 불가능하지는 않다. 하지만 미국 부동산에 꾸준히 투자하고자 한다면 부동산 영어 표현에 빨리 익숙해질수록 편리하다.

용어에 익숙해지면 미국 부동산 과정과 움직임을 정확히 파악하는 데에 도움이 된다. 미국은 한국과 다른 부동산 매매 시스템으로 움직인다. 과정마다 등장하는 독특한 단어가 있다. 이런 단어들을 알아야 절차와 단계마다 필요한 일을 쉽게 파악할 수 있다. 미국에서 일하는 한인 전문가들은 한글로 번역한 단어를 사용하지 않고 영어 단어를 대부분 그대로 사용하고 있다.

부동산 분야에서는 영어를 굳이 한글로 바꾸지 않고 발음대로 이용하는 용어가 많다. 미국에서 부동산을 투자하거나 한국에서 미국 부동산을 알아볼 때 영어 용어 습득은 필수다. 투자자가 미국 부동산 용어를 알고 있으면 전문가와 대화가 편해지고 무시당할 확률도 낮아진다. 단어를 알고 모르고가 초보자와 경험자 여부를 가르는 숨은 신호가 되기도 한다.

아래 문장은 미국 현지에서 사용하는 부동산 관련 대화다.

"어제 오퍼를 넣었는데요. 셀러가 카운트 오퍼를 보냈어요."
"변호사님이 어터니 리뷰 하시면서 타이틀 서치도 보세요."
"셀러 브로커가 컨틴전시 리무벌 물어보네요."
"에스크로 오픈되었구요. 디파짓 체크 보내셨나요?"

한국에서도 한영 혼용체를 사용하므로 쉬운 영어는 이해가 쉽다. 하지만 전문 부동산 용어는 사전으로 찾아서 번역을 봐도 알 수 없는 경우가 있다. 시간이 지나 익숙해지면 자연스럽게 알 수 있지만, 먼저 알아 두면 미국 부동산 시스템 이해에 큰 도움이 된다. 100개는 넘지 않으므로 다행이다.

본격적으로 본문에 들어가기에 앞서 많이 사용하는 영어 용어를 정리했다. 쉬운 단어와 낯선 단어가 함께 나온다. 알아 두면 편리하며 빈번히 사용하는 단어 위주로 뽑았다. 저자도 부동산 투자에 관심을 두기 전에는 대부분 몰랐던 단어다. 답답해서 단어 의미를 찾으면서 정리했다. 영어가 서툴러서 뉘앙스까지 이해하는 데는 시간이 꽤 걸렸다.

단어는 '한글 발음+영어+한글 번역' 순서로 살펴본다. 미국 현지에서는 번역보다는 영어 발음을 자연스럽게 사용한다. 저자는 처음 듣는 단어가 많아서 인터넷 검색을 해야 이해 가능한 경우가 빈번했다. 책 본문에서는 한글 번역과 영어 발음을 번갈아 가면서 사용한다. 구체적인 단어 설명은 본문에서 한다.

(1) 사람(직업) 용어

셀러(seller): 집을 파는 판매자이며, 집주인이다.

바이어(buyer): 집을 사는 구매자이며, 투자자다.

렌더(lender): 융자 심사와 자금 제공을 하는 기관(은행)이다.

브로커(broker): 부동산 중개인 중에서 사장(대표)이다.

모기지 브로커(mortgage broker): 융자 회사의 담당자다.

에이전트(agent): 일반적으로 부동산 중개인을 가리킨다.

리스팅 에이전트(listing agent): 판매자 측의 중개인이다.

바이어 에이전트(buyer agent): 구매자 측의 중개인이다.

리얼터(realtor): 전미부동산협회에 가입한 부동산 중개인이다.

씨피에이(CPA): 세금 문제를 처리하는 공인 회계사다.

랜로드(landlord): 집주인, 건물주, 임대인이다.

테넌트(tenant): 세입자, 임차인이다.

러이어(lawyer): 어터니(attorney)도 변호사다.

애플리컨트(applicant): 지원자, 오퍼를 넣는 사람이다.

인스펙터(inspector): 집 상태를 조사하는 검사관이다.

컨스트럭터(constructor): 건축업자다.

핸디맨(handyman): 간단한 집수리를 하는 기술자다.

플러머(plumber): 상하수도 수리공, 배관공이다.

일렉트리션(electrician): 전기 수리공이다.

테크니션(technician): 일반적으로 기술자를 가리킨다.

프라퍼티 매니저(property manager): 부동산 관리인이다.

론 오피서(loan officer): 융자 담당자다.

(2) 주택 용어

싱글 패밀리(single family): 한 가구가 사는 단독 주택이다.

멀티 패밀리(multi family): 다 가구가 사는 다세대 주택이다.

아파트(apartment): 구매할 수는 없고 월세 거주만 가능하다.

콘도(condo): 구매할 수 있고 집이 레고처럼 연결되어 있다.

타운하우스(townhouse): 구매할 수 있고 독립적 주거 형태다.

탑 앤 바텀(top and bottom): 위아래층의 다세대 주택이다.

사이드 바이 사이드(side by side): 평행식 다세대 주택이다.

유닛(unit): 가구 단위를 의미한다. 1유닛은 1가구다.

프라이머리 홈(primary home): 1차 목적이 주거용인 집이다.

세컨더리 홈(secondary home): 주거가 부분적인 집이다.

오픈 하우스(open house): 자유롭게 구경할 수 있는 집이다.

레지덴셜 하우스(residential house): 주거용 주택이다.

커머셜 하우스(commercial house): 상업용, 사무실, 창고다.

인베스트먼트 하우스(investment house): 투자용 집이다.

렌트 하우스(rent house): 렌트를 목적으로 하는 집이다.

(3) 부동산 용어

어프레이절(appraisal): 주택 가치를 측정하는 감정이다.

애즈이즈(as-is): 현재 상태 그대로 유지한다는 의미다.

프레머시즈(premises): 부동산을 가리키는 법률 용어다.

쇼잉(showing): 집을 구경하고 살펴보는 행위다.

플립(flip): 헌 집을 수리해서 시세로 판매하는 투자다.

리츠(reits): 부동산 투자 신탁 회사이며 투자 방식이다.

렌트(rent): 임대와 월세, 집세의 개념을 모두 가지고 있다.

로케이션(location): 위치, 장소, 지역이다.

컴프(comp): 'comparables'의 약자로, 비교 대상이다.

코스메틱(cosmetic): 외형, 외부, 겉모습을 뜻한다.

리스(lease): 장기간 임대하는 주택 렌트 방식이다.

렌탈(rental): 주로 매달 월세를 내는 단기 임대 방식이다.

애플리케이션(application): 구매자, 세입자의 지원, 신청이다.

오퍼(offer): 구매자가 집을 구입하길 원한다는 제안이다.

카운트 오퍼(counter offer): 원 오퍼에 반대하는 오퍼다.

백업 오퍼(back up offer): 대기 구매자로 기다리는 오퍼다.

컨트랙트(contract): 계약이며, 'agreement(어그리먼트)'다.

라이어빌리티(liability): 법적 부담과 책임, 의무다.

디드(deed): 부동산 소유권 서류인 등기(登記)다.

타이틀(title): 부동산 소유권, 권리다.

에이치오에이(HOA): 입주자 관리 협회다.

터마이트(termite): 주택의 나무를 갉아먹는 벌레다.

베이컨시(vacancy): 집이 비어 있는 공실(空室)이다.

이빅션(eviction): 세입자를 퇴거시키는(쫓아내는) 조치다.

리얼 에스테이트(real estate): 부동산(땅, 건물)을 의미한다.

하우스 해킹(house hacking): 다세대 주택에서 1가구에 본인이 살고 다른 가구에서 월세를 받는 투자 방법이다.

피엠시(PMC=property management company): 부동산 관리 회사다.

(4) 재정 용어

패시브 인컴(passive income): 노동 없이 생기는 소득이다.

론(loan): 융자(融資), 대출(貸出)이다.

모기지(mortgage): 융자, 대출이다.

프린서펄(principal): 융자 금액 중에서 원금(元金)이다.

모기지 인터레스트(mortgage interest): 융자 이자(利資)다.

레버리지(leverage): 지렛대이며, 대출(융자)를 의미한다.

애셋(asset): 자산(資産), 재산(財産)이다.

라이어빌리티(liability): 부채(負債), 빚, 채무다.

인컴(income): 소득, 수입이다.

프라퍼티(property): 재산, 소유물, 부동산, 건물이다.

에쿼티(equity): 자산의 순수가치다. 융자를 뺀 나머지 가치다.

캐쉬 플로우(cash flow): 현금의 입출 후 남은 순수한 액수다.

캡 레이트(cap rate): 부동산의 연간 순수익율이다.

어니스트 머니(earnest money): 구매자의 선금, 계약금이다.

다운 페이먼트(down payment): 구매자의 주택 구입금이다.

프리 어프루벌(pre-approval): 대출 사전 승인이다.

어프리시에이션(appreciation): 주택 가치 상승을 뜻한다.

디펄트(default): 융자를 갚지 못하는 채무 불이행이다.

피엠아이(PMI=Private Mortgage Insurance) 융자 보험료다.

(5) 세금 용어

택스(tax): 세금(稅金)이다.

프라퍼티 택스(property tax): 부동산 보유세, 주택 세금이다.

디덕션(deduction): 비용을 빼 주는 소득 공제다.

디프리시에이션(depreciation): 장기간의 감가상각이다.

택스 베니피트(tax benefit): 세금 공제 혜택이다.

인컴 택스(income tax): 부동산 임대 소득 관련 세금이다.

텐써티원 익스체인지(1031 Exchange): 투자용 주택 처분 후 새로운 주택 취득 시 양도 소득세 납부를 연기하는 제도다.

C·O·N·T·E·N·T·S

도입말 INTRO   6

머리말 FORWARD   11

안내 GUIDANCE   16

I. Warming-up: 미국 렌트 부동산 투자 워밍업

1. 한국인이 미국 렌트 부동산에 투자하면 좋은 이유   31

　(1) 월세가 높고 패시브 인컴 가능성이 크다   32

　(2) 주택 가치 상승과 시세 차익을 얻는다   34

　(3) 합법적인 재산 이동 수단이 된다   36

　(4) 안전 자산인 미국 달러(기축 통화)를 확보한다   37

　(5) 분산 투자(포트폴리오)의 안정성을 추구한다   38

　(6) 세금 혜택이 유리한 지역에 투자한다   40

　(7) 융자의 지렛대(레버리지) 효과가 크다   41

2. 미국 렌트 부동산 투자를 망설이게 하는 방해 요소   43

　(1) 친숙하지 않은 미국 주택 유형과 특징   44

　(2) 생소한 용어와 복잡해 보이는 구매 절차   47

　(3) 미국 부동산은 관련자가 왜 이렇게 많을까?   49

　(4) 다양한 융자 기관과 난해한 융자 제도   50

　(5) 미국 부동산 정보의 불완전성과 불확실성   54

　(6) 언어(영어) 소통의 두려움   58

　(7) 주택 구매 후 원만한 관리 성공의 의구심   59

3. 초보 투자자의 렌트 주택 투자 준비 전략　　　62

　　(1) 다양한 미국 부동산 투자 방법의 사전 이해　　62
　　(2) 온전히 사용 가능한 현금 파악과 확보　　66
　　(3) 이해관계가 맞는 부동산 중개인 만나기　　68
　　(4) 융자 전문가 탐색과 유리한 융자 선택　　70
　　(5) 신용 점수 관리의 중요성과 높이기　　72
　　(6) 단기&장기의 투자 목표 설립　　73

II. Investing: 본격적인 렌트 주택 투자 과정

4. 미국 렌트 주택 조사 시 놓치면 안 되는 핵심 사항　　79

　　(1) 투자 불변 요소: 지역(위치)　　80
　　(2) 주택이 앉아 있는 지형 살피기　　82
　　(3) 세입자 관리에 영향을 주는 주택 형태　　83
　　(4) 교통, 편의 시설, 동네 분위기 확인　　86
　　(5) 위험 요인 조사와 보험 가격 파악　　87
　　(6) 모든 요소를 함축하는 학군　　95
　　(7) 융자 가능 금액의 눈높이 맞추기　　97

5. 투자용 렌트 주택 구매 사전 준비 절차　　99

　　(1) 후보 주택 목록 검색하기　　99
　　(2) 주택 직접 보러 다니기　　101
　　(3) 주택 가치 평가와 수익성 계산하기　　104
　　(4) 렌트 안전성 고민하기　　105
　　(5) 지속적 관리의 편의성 고려하기　　107
　　(6) 모든 단계에 익숙한 중개업자의 중요성　　109
　　(7) 투자용 부동산 계약 경험 있는 변호사　　118

6. 본격적인 주택 구매 진행 과정　　120

(1) 판매자의 알림서(디스클로저) 확인　　120

(2) 융자 회사의 사전 승인(프리 어프루벌) 확보　　122

(3) 중개인의 구매 신청서(오퍼) 작성과 제출　　124

(4) 판매자의 오퍼 수락과 구매자 결정　　125

(5) 에스크로 오픈과 변호사의 협상 진행(어터니 리뷰)　　127

(6) 계약금(디파짓) 입금과 보험(인슈런스) 가입　　128

(7) 검사관(인스펙터)의 집 조사(인스펙션)　　131

(8) 융자 기관(은행)의 집 가격 감정(어프레이절)　　137

(9) 구매자의 마지막 집 점검(파이널 워크쓰루)　　139

(10) 에스크로 마감(클로징)과 서류와 열쇠 받음　　141

7. 투자자를 보호하는 조건부 계약 조항(컨틴전시) 활용　　143

(1) 인스펙션 컨틴전시(집 검사)　　145

(2) 론 컨틴전시(융자)　　147

(3) 어프레이절 컨틴전시(집 감정)　　148

(4) 타이틀 컨틴전시(소유권)　　151

(5) 에이치오에이 컨틴전시(공동 주택 규정)　　153

(6) 퍼밋 컨틴전시(허가)　　155

Ⅲ. Landlording: 사려 깊은 집주인 되기

8. 렌트 주택 구매 후 처리해야 하는 숙제: 수리와 보수　　159

(1) 새롭게 발견되는 숨은 문제들　　160

(2) 고장 난 부분의 수리　　162

(3) 필수품의 새로운 설치　　163

(4) 재난 예방 차원의 시설　　166

(5) 페인트 칠하기와 바닥 수선 169

(6) 기적을 만드는 블라인드 171

(7) 가전제품 교체 고민 172

9. 좋은 세입자 구하기와 안전장치 확보 175

(1) 투자한 렌트 주택과 어울리는 세입자 찾기 176

(2) 미국의 다양한 인종적 특징 이해 178

(3) 나쁜 렌트 지원자를 거르는 장치 활용 180

(4) 보증금과 세입자 보험 가입 184

(5) 반려동물과 흡연 그리고 신발 착용 문제 185

(6) 동네 분위기와 이웃 주민의 의견 전달 187

(7) 인터넷 사이트의 특징과 예비 세입자 성향 189

10. 세입자 이사 후 생기는 사소하지만 민감한 일 192

(1) 전기, 가스, 수도, 인터넷 사용을 위한 등록 193

(2) 쓰레기와 재활용 수거 방법과 절차 195

(3) 잔디 깎기, 낙엽 청소, 눈 치우기는 누가 할까? 197

(4) 야외 조명 시설: 넘어져서 다치면 안 돼 200

(5) 보안 장치 설치: 마음 편하고 안전한 삶을 위하여 202

(6) 전자 기기 이용: 슬기롭게 사용하기 204

(7) 전기가 나갔어요: GFCI 205

(8) 월세는 어떻게 내요? 206

IV. Reseting: 초보 투자자의 마인드셋 리세팅

11. 초보 투자자가 가지기 쉬운 고정 관념   213

   (1) 가장 좋은 미국 부동산 투자 방법은 하나다   214

   (2) 렌트 주택의 월세는 투자자의 수익이다   216

   (3) 세입자의 요구(클레임)는 천천히 처리한다   218

   (4) 세입자는 월세만 잘 내면 최고다   223

   (5) 세입자는 반드시 한인이어야 한다   227

   (6) 투자 성공은 한 명의 절대 멘토에 달려 있다   229

   (7) 네트워크와 팀을 활용해서 투자하라   232

   (8) 미국 부동산 투자는 인터넷 검색만으로 충분하다   235

12. 미국 렌트 주택 투자의 아쉬운 점과 초보 투자자의 반성   239

   (1) 렌트 주택 투자의 망설임과 후회: 늦지 않은 도전   239

   (2) 구매 시기의 오판: 미국에도 이사 철은 존재한다   241

   (3) 렌트 가격의 예측 오류: 과대평가의 위험   245

   (4) 학군을 대체할 기준이 있을까: 학군은 진리다?   248

   (5) 목표 세입자 예상의 헛발질: 떠오르는 MZ 세대   250

   (6) 전문가는 완벽하다는 착각: 누구의 이익을 추구할까?   252

   (7) 인스펙션과 클로징 사이의 변화를 놓침: 집중! 또 집중!   256

13. 초보 투자자를 혼란시키는 패러독스   259

   (1) 미국 주택 투자는 지역을 뛰어넘어서 하라   260

   (2) 캡 레이트(CAP rate)가 높은 지역에 투자하라   263

   (3) 언제든지 재융자 받으면 된다   266

   (4) 어떤 집이든 구매하라! 집값은 언제나 올라간다   267

   (5) 부동산은 땅이 아닌 사람에게 하는 투자다   269

   (6) 렌트 수익은 없어도 시세 차익이 있으면 된다   270

(7) 돈이 없어도 미국 렌트 주택 투자는 가능하다　　272

(8) 월세는 올리면 되므로 손해 볼 일이 없다　　273

V. Episode: 초보 투자자와 사람들 이야기

14. 중개인이 초보 투자자 편이 돼야 투자는 성공한다　　280

(1) 사람다운 좋은 중개인은 어디서 만나나?　　280

(2) 중개인은 가정 교사? 하브루타식 부동산 공부　　283

(3) 현명한 중개인은 투자 범위를 좁혀 나간다　　285

15. 정직한 건축업자는 하늘이 내린 복이다　　287

(1) 초보 투자자를 애태우는 건축 관행　　287

(2) 정직하고 성실한 건축업자를 만나야 투자도 성공한다　289

(3) 건축업자와 건전한 관계 만들기　　290

16. 세입자가 행복하면 건물주가 행복해진다　　293

(1) 세입자 선정 기준의 변동: 내 마음대로 안 된다　　293

(2) 집 앓이: 집과 세입자가 서로 맞춰 가는 과정　　295

(3) 집주인의 반응 속도: 세입자의 마음 헤아리기　　297

맺음말　　300

I

Warming-up: 미국 렌트 부동산 투자 워밍업

미국에서 주택을 구입해서 렌트를 놓고 월세를 받으면 막연히 좋을 거라고 누구나 짐작한다. 반면 미국에서 렌트 사업을 하면 힘들 거라고 누구라도 어렴풋하게 추측한다. 누구의 생각이 맞을까? 유튜브를 보면 미국 렌트 주택은 황금알을 낳는 든든한 투자로 보인다. 그런데 미국 현지 투자자를 만나면 힘든 이야기만 한다. 누구의 정보가 신빙성이 클까? 모두 맞는 말이다.

　결론은 미국 렌트 투자는 한 달마다 월세 수입을 받아서 좋지만 투자 과정과 세입자 관리는 쉽지만은 않다. 힘든데 뭐 하러 할까? 구태여 미국에서 월세 사업을 할 필요가 있을까? 1장에서는 미국 렌트 주택의 장점을 한국인 시각에서 궁금증을 풀어 본다. 2장에서는 렌트 투자가 좋음에도 불구하고 망설이게 한 장애물을 하나씩 알아본다. 3장은 미국 렌트 주택 투자를 위해 준비해야 할 필요조건을 살펴본다.

1. 한국인이 미국 렌트 부동산에 투자하면 좋은 이유

　미국은 외국인이라고 하여서 부동산 구매에 특별한 제한을 두지 않는다. 미국에 거주하는 한인이 시민권자가 아니어도 부동산 투자를 할 수 있다. 외국인인 한국인도 당연히 미국 부동산을 구매할 수 있다. 즉, 미국 부동산 구매는 신분(외국인, 내국인, 시민권자, 영주권자)에 관계없이 가능하다.

　저자는 미국 내 거주하는 한인으로서 미국 부동산을 투자하고 있다. 저자는 미국 시민권자가 아니지만 법적 제약 없이 자유롭게 원하는 집을 구매해서 임대하여 월세를 받고 있다. 미국 밖에 거주하는 외국인 신분의 한국인도 차별 없이 미국 부동산에 투자해서 렌트와 동시에 임대 수익을 얻을 수 있다.

　물론 각자가 처한 경제적 사정에 따라서 투자 범위는 다르지만 국적과 관련 없이 미국 부동산을 구매할 수 있다. 차이점이 있다면 외국인이 투자할 경우에는 다운 페이먼트 비율과 양도 소득세는 내국인보다 높은 편이다. 그런데 내국인도 자가 주거용이 아닌 투자용으로 융자를 받으면 모기지 이자가 높다. 이런 구분이 미국 렌트 주택 투자 의지를 꺾는 차별 장치는 아니다.

미국 부동산을 구매해서 렌트하면 좋은 점을 살펴본다. 부동산 자체가 가지고 있는 매력 때문에 생기는 장점도 있고 미국이라는 나라이기 때문에 유리한 면도 있다. 미국 정부의 법률과 세금 정책의 방향은 렌트 주택 투자를 장려하고 있다. 외국인이건 내국인이건 백인이건 동양인이건 건물주의 주택 공급과 임대에 우호적이다. 오히려 세제 혜택으로 장려하고 있다.

(1) 월세가 높고 패시브 인컴 가능성이 크다

미국은 월세가 한국보다 상대적으로 높다. 한국에서 4억 5천만 원의 주택으로 월세를 놓으면 얼마를 받을 수 있을까? 방 개수, 지역, 시설에 따라서 다르지만 미국 북부 뉴저지는 방이 3개이면 2,800불~3,500불 정도다. 환율로 계산하면 350만 원~440만 원 정도다. 미국은 주, 도시에 따라서 월세가 다른 점을 고려해도 한국보다는 상대적으로 월세 수입이 높다.

월세가 높으면 융자를 다 갚거나 재융자로 이자를 낮출 때 건물주(투자자)에게 남는 현금 보유액이 커진다. 높은 월세 덕분에 렌트 주택을 두 채 이상 운영하면 노후 생활 자금이 나올 수 있는 구조다. 만약 미국 렌트 주택의 월세가 높지 않다면 투자 가치는 감소한다. 제도상 미국은 전세 제도가 없기 때문에 월세 수요가 높고 월세도 높다. 거주하기 위해서는 월세 또는 주택 구매만 가능하고 전세는 없다. 따라서 월세 시장(rent market)은 안전하며 수익성도 좋다.

대부분 미국 부동산 투자의 첫째 목적은 한국 부동산 투자와 마찬가지로 경제적 자유(financial freedom) 추구다. 투자자는 주택 임대를 통해서 월세가 꾸준히 들어오는 시스템을 만들어 특별히 일을 하지 않아도 살 수 있는 구조를 만들고 싶어 한다. 이때 발생하는 월세 소득이 패시브 인컴에 해당한다.

　패시브 인컴(passive income)을 한글로 번역하면 '불로 소득, 수동 소득'이다. 주로 한글 번역보다는 영어를 그대로 사용한다. 미국 렌트 부동산을 구매할 때 투자자 대부분은 은행 융자를 받는다. 매달 융자 비용과 재산세 등을 빼고 수익이 남아야 패시브 인컴이 생긴다. 한국에서 월세 투자의 목적도 패시브 인컴이다. 그렇다면 굳이 한국과 미국 임대 사업의 차이가 있을까?

　미국은 한국보다 월세가 높다. 월세가 높지만 미국은 재산세도 많이 내지 않나? 재산세가 한국보다 많지만 세제 혜택이 미국은 훨씬 다양하고 넓다. 여러 요인으로 미국은 패시브 인컴 비율이 높아진다. 한국과 미국에서 같은 가격의 주택을 같은 융자 비율로 구매해도 미국은 높은 월세와 광범위한 세제 혜택 덕분에 패시브 인컴이 높아진다. 매달 투자자의 주머니에 남게 되는 패시브 인컴과 캐쉬 플로우가 플러스가 된다.

　잠깐! 주택을 구입해서 렌트를 놓으면 패시브 인컴이 자동으로 발생할까? 과연 투자자의 노동 없이 렌트 소득이 플러스가 될 수 있을까? 그렇지는 않다. 부동산 투자의 바람직한 결과를 가져오기 위해서는 오히려 능동적이고 적극적인 사전 준비 작업이 필요하다. 장밋빛 낙관론과는 달리 미국 부동산 구매가 자동적인 패시브 인컴을 장담하지는 못한다. 임대 소득보다 비용(지출)이 많이 나가는 주택을 구매한 경우에는 패시브 인컴이 아닌 마이너스 인컴(minus income, 적자)에 부딪힌다.

바람직한 결과를 가져오기 위해서는 투자자의 시간, 노력, 초기 투자금이 반드시 필요하다. 특히 처음 렌트 투자를 준비하는 데 드는 노력은 여타의 투자보다 정신적, 육제적 에너지 소비가 심하다. 투자자의 노력과 희생의 대가로 주어지는 열매가 패시브 인컴이다. 그렇다면 미국 부동산 투자를 통해서 패시브 인컴을 획득하는 방법이 최선일까? 왜냐하면 패시브 인컴을 만드는 수단은 부동산 이외에 주식, 인터넷 아이템 등 다양하기 때문이다.

정답은 투자자 개인 성향에 달려 있다. 빨리 돈을 벌고 싶으면 렌트 투자보다는 다른 방법이 유리할 수 있다. 융자를 얻고 주택 렌트로 수익을 얻기 위해서는 장기적 관점의 목표와 인내가 필요하다. 그럼에도 불구하고 렌트 투자는 오래된 부동산 투자 방법인 만큼 미국 렌트 주택 투자를 통한 패시브 인컴의 획득은 오랜 세월에 걸쳐서 검증된 사실이다.

(2) 주택 가치 상승과 시세 차익을 얻는다

주택은 땅 위에 지어지고 땅은 유한한 자원이기 때문에 희소성 원칙이 적용된다. 미국 정부는 집을 많이 지어서 부족한 주택난을 해결한다고 하지만 언제나 주택 공급은 수요를 따라가지 못한다. 투자 가능 지역의 주택은 부족하기 때문에 주택 가격은 시간이 지나면서 인플레이션과 더불어 오른다.

미국 부동산은 한국과 달리 단기간에 가치가 뛰어서 시세 차익을 볼수 있지는 않다. 물론 예외도 있었다. 코로나 기간에는 주택 수요가 폭증해서 주택 가치가 솟구쳤다. 주택 소유주들이 주택을 예전보다 훨씬 높은 가격으로 판매할 수 있어서 높은 시세 차익을 보기도 했다.

금리 인상으로 인한 주택 구매 수요가 떨어져서 미국 주택 가격이 내려갈 줄 예상했으나 오히려 주택 가격은 오르거나 보합세 상태다. 전통적으로 미국 주택 투자는 단기간 시세 차익을 볼 수 없다. 장기적 관점에서 주택의 가치가 올라가서 시세 차익을 얻을 수 있는 구조다. 물론 시간은 걸리지만 미국 주택은 우상향 곡선을 그리면서 가격이 오르는 통계를 보여 준다.

따라서 미국 주택 투자 선배들은 항상 같은 충고를 한다.
"천천히 인내를 가지고 투자할 생각이면 렌트 투자를 하고,
빨리 돈을 벌고 싶으면 다른 투자 방법을 알아보라."

주택 가치가 상승하는 현상을 어프리시에이션(appreciation)이라고 한다. 투자자가 구입할 당시에는 30만 불인 주택이 세월이 흘러서 50만 불이 되었다면 20만 불의 어프리시에이션이 발생한 경우다. 이 정도의 가치 상승이 생기려면 일반적으로 단독 주택은 약 10년 이상이 걸린다.

렌트 주택 투자는 시세 차익이 중요할까? 월세 소득의 패시브 인컴이 먼저일까? 렌트 투자의 핵심은 패시브 인컴이다. 월세 소득이 꾸준히 들어오는 주택을 구입하면 주택 가치 상승은 덤으로 주어진다. 시세 차익을 목표로 무리한 투자를 하면 오히려 월세 소득이 희생되어서 실패한 투자가 될 수 있다.

저자가 투자한 페어론과 엘름우드 파크 집도 매달 꾸준히 가격이 오르고 있다. 저자는 시세 차익을 목적으로 렌트 주택을 구매하지는 않았지만 구입한 주택 가치가 꾸준히 상승하면 기분이 좋다. 또한 가치 상승은 거꾸로 월세를 올려 주는 효과를 가져온다. 결국 렌트 주택 투자는 단기와 장기 모두 이익이다.

(3) 합법적인 재산 이동 수단이 된다

한국에 거주하는 한국인이 미국에 렌트주택을 구매하려면 한국에 보유하고 있는 재산을 현금화해서 미국으로 송금해야 한다. 미국으로 보낸 돈은 주택 구매를 위한 다운 페이먼트, 클로징 비용 등으로 사용된다. 미국에 렌트 주택을 구입함으로써 한국의 재산이 합법적으로 미국으로 이동한다. 이때 행정 관청과 은행에서 법적 서류를 요청하므로 세무사의 도움이 필요하다.

한국에 가지고 있던 여유 집을 판매하고 미국 렌트 주택에 투자하는 경우가 늘고 있다. 이때 한국에 세금(양도 소득세 등)을 내야 한다. 또한 미국으로 송금이 되면 일정 금액 이상일 경우 미국의 연방 정부와 주 정부에 세금을 내야 한다. 투자자 개인 상황에 따라서 다르므로 미국 세금 관련 부분은 CPA와 상담이 필요하다. 연방과 주에 세금을 얼마나 내야 하는지 알고 미리 준비하고 있어야 한다.

한국 은행에서 미국 은행으로 송금할 때 어느 은행을 이용하느냐에 따라서 송금의 편리성이 각각 다르다. 예를 들면, 한국의 우리은행에서 같은 계열인 우리 아메리카은행으로 송금하면 절차가 편하다. 만약 은행이 달라지면 한국에 있는 은행에서 송금을 까탈스럽게 하는 경우도 종종 있다. 미국에 비용을 지불하는 시기가 촉박하면 송금 지연의 위험도 있다. 따라서 은행도 미리 방문해서 필요한 서류와 절차를 확인해야 한다.

(4) 안전 자산인 미국 달러(기축 통화)를 확보한다

코로나로 경험한 팬데믹, 러시아와 우크라이나의 전쟁, 미국의 급격한 금리 변동은 경제 시스템을 더욱 예측 불가능하게 변화시키고 있다. 여기에 더해서 한국인의 경우 환율이 중요한 변수로 영향을 미치고 있다. 달러 환율이 1달러당 1,400원을 넘나들자 한국 돈을 환전해서 사용해야 하는 한인의 경우 경제 여건을 더욱 힘들게 만든다.

불확실성이 폭증하면서 사람들은 안전한 자산에 관심이 늘어났다. 자산을 미국 달러로 소유할 수 있는 방법이 주목을 받게 되었다. 미국 달러가 안전 자산 역할이 가능한 이유는 기축 통화이기 때문이다. 예전에는 영국 파운드화, 일본 엔화도 기축 통화 기능을 했지만 미국의 금리 인상으로 파운드화와 엔화는 기축 통화의 위상이 약화되었다.

대표적인 안전 자산으로 국채, 금, 은, 달러가 있지만 기축 통화인 달러의 확보가 상대적으로 보다 안전하고 편리한 자산의 위치를 차지하고 있다. 달러를 가지고 있으면 환전의 불편함이 사라지고 환차익의 변동도 없다. 미국에 사는 한인 유학생, 원화를 미국 달러로 환전해서 사용해야 하는 경우, 달러 강세로 달러 저축이 늘면서 미국 달러의 중요성이 커졌다.

미국 달러를 확보하는 방법으로 미국 렌트 부동산 투자가 장기적이고 안정적이다. 렌트 주택을 구매하면서 1차적으로 주택 가격을 미국 달러로 확보한다. 2차적으로 모기지를 갚아 나감으로 주택의 순수가치인 에퀴티(equity)를 미국 달러로 늘려 간다. 3차로 월세를 미국 달러로 받음으로써 사용 가능한 안전 자산이 생긴다.

(5) 분산 투자(포트폴리오)의 안정성을 추구한다

'계란을 한 바구니에 담지 마라!'는 조언은 투자의 불문율이지만 개인의 투자 비율은 주식(stock)이 독보적으로 높다. 주식은 적은 자금으로 쉽게 구입할 수 있고 매 순간 수익 변동을 확인할 수 있어 매력이 크다. 자금을 꽤 모은 사람도 주식만 하는 경우를 흔하게 본다. 하지만 주식 시장은 변동이 심하다. 계속 가지고 있으면 언젠가는 이득을 본다고 하지만 주변에서 주식을 해서 편안한 마음으로 이익을 본 경우는 드물다.

투자를 할 때 주식만 100% 투자하기보다는 부동산에 나누어서 투자하는 방법이 자산을 지키는 유리한 방법이다. 부동산 투자는 초기 자금이 몇억은 되어야지만 가능하다고 오해한다. 사모펀드(PEF), 리츠(REITs) 등을 통해서 적은 자금으로도 렌트 부동산에 투자하는 길이 넓어졌다. 투자는 로또 복권, 투기와는 다르므로 포트폴리오 관점으로 접근할 필요가 크다.

분산 투자를 하는 가장 큰 이유는 자산 관리의 안정성 추구이므로 분산 투자는 부동산 시장 내에서도 적용된다. 고수익 고위험의 부동산 플립(flip), 단독 주택 임대, 다세대 멀티 패밀리 임대 등에 분산해서 투자하는 방법도 있다. 분산 투자의 비율과 종류 선택은 투자자 개인의 성향에 따라서 천차만별이다. 따라서 어떻게 해야 하는지 정답은 특별히 없다.

렌트 주택 투자도 주택 유형에 따라서 위험도와 수익성이 다르다. 단독 주택은 임차인이 1가족이므로 렌트를 쉽게 생각하지만 만약 세입자를 구하지 못하면 공실률은 100%가 된다. 다세대 주택은 임차인이 여러 가구여서 단독 주택보다는 신경 써야 할 일이 많지만 위험은 분산된다. 5가구 이상의 아파트를 렌트하면 위험은 더욱더 분산돼서 유리하다.

저자는 처음부터 4가구 다세대 주택만 투자하고 싶었다. 수익 면에서 4가구 다세대가 단독 주택과 2가구 주택보다 훨씬 유리하기 때문이다. 그런데 렌트 주택을 고를 때도 초보 투자자는 분산하는 방법이 안전하다. 처음에는 렌트 투자를 단독 주택(싱글 패밀리)과 2가구(2유닛 멀티 패밀리)로 나누어서 시작한다. 경험을 쌓으면서 3가구, 4가구 멀티 패밀리와 5

가구 이상 아파트로 투자를 확대하면 된다.

(6) 세금 혜택이 유리한 지역에 투자한다

한국에서 여러 채의 투자용 주택을 소유하는 경우와 미국에서 투자하는 경우, 세금 혜택이 좋은 곳은 어디일까? 미국이다. 취득세, 재산세, 종합 부동산세, 상속세, 양도 소득세 등이 한국보다는 미국이 투자자에게 유리하다. 미국은 종부세와 취득세가 없기 때문에 렌트 주택을 늘려 가면서 투자 계획을 세울 경우에는 미국이 세금 혜택 면에서 이익이 크다.

미국은 투자용 부동산에 세금 공제(deduction)와 세제 혜택(tax benefit)을 다양한 방법으로 제공한다. 부동산을 소유하고 있는 동안 세금 혜택을 보므로 좋다. 또한 약 135억 원 이하는 증여세, 상속세도 사실상 거의 없다. 특히 투자용 부동산에 소요되는 비용 범위가 넓어서 세금 관련 비용 처리 부분도 유리하다. 또한 렌트 주택을 판매할 경우 1031 Exchange 규정을 이용하면 양도 소득세를 유예하는 방법도 있다.

미국 렌트 부동산 투자는 알면 알수록 누릴 수 있는 세금 혜택이 많다. 렌트 주택을 사업자(LLC)로 운영하면 개인 자격일 때보다 세금상 유리하다. 따라서 초보 투자자는 꼼꼼한 CPA를 만나서 비용 처리가 가능한 부분이 뭔지 도움을 받아야 한다. 저자도 아직 세금, 비용 부분은 경험이 없다. 세금 보고를 마치고 결과가 나오면 세금 관련해서 투자자가 현실적으로 받는 혜택을 두 번째 책으로 준비할 생각이다.

(7) 융자의 지렛대(레버리지) 효과가 크다

자신의 집을 구매하든 투자용 부동산을 구매하든 자금 조달은 대부분 융자를 이용한다. 미국은 일반적으로 80% 융자를 받을 수 있다. 즉, 자신의 초기 자본금 20%가 있으면 주택 구매가 가능하다. 20%는 선급금(다운 페이먼트)이다. 잔금 80%는 대출을 이용한다. 물론 공격적으로 80% 이상으로 융자를 받을 수 있다. 단, 초기 계약금이 20% 미만일 경우에는 융자 이자(PMI)를 내므로 20%에 맞춰서 대출을 이용하는 게 관행이다.

첫 집 구매자는 연방 주택청 융자(FHA loan)을 이용해서 집값의 3.5%만 내고도 집을 구매할 수 있다. 즉, 96.5%를 융자로 받아서 주택을 구매 가능하다. FHA 융자는 다세대 주택에 투자하면서 투자자 본인이 거주할 경우 유리한 투자 전략이다. 즉, 한 집에서는 투자자가 살고 다른 집은 렌트를 해서 월세를 받는다. 월세로 융자를 갚는 구조를 만든다.

한국에서 융자를 받아서 투자를 하는 것보다 미국에서 투자하면 모기지의 레버리지 효과가 훨씬 크다. 가장 큰 이유는 뭘까? 앞부분에서 설명했던 미국의 월세 구조 때문이다. 전세가 없는 미국은 주택 구매와 렌트만 가능하므로 월세가 높다. 월세로 충분히 모기지를 갚을 수 있는지 확인하고 레버리지를 이용하면 렌트 주택 투자 효과를 볼 수 있다.

지금까지 '한국인이 미국 렌트 부동산에 투자하면 좋은 이유'를 살펴봤다. 7가지로 나눠 장점을 설명했다. 7가지 내용은 서로 떨어져 있지 않다. 서로 연결되어서 영향을 주고받는다. 좋은 점만 보면 미국에 렌트 주택을 구매하기만 하면 건물주가 되면서 동시에 부를 자동적으로 쌓을 수 있을 것으로 보인다.

그러나 현실에는 다른 면이 있다. 투자자가 공부하고 노력해야지만 좋은 렌트 주택을 구매할 수 있다. 구매 이후에는 좋은 세입자를 만나야 하고 주택 수리와 관리도 꾸준히 이루어져야 패시브 인컴이 자동으로 생기는 시스템을 확립할 수 있다. 초기 투자는 단순히 돈만 필요한 게 아니라 투자자의 시간과 노력도 요구한다.

미국에 거주하고 있는 한인의 미국 부동산 투자도 어렵지만 한국에서 외국인 입장이 되어 미국 렌트 주택을 구매하고 관리하는 일은 쉽지 않다. 긍정적인 투자 열매를 거두기 위해서는 사전에 부동산 공부도 하고 발품도 팔아서 배우는 자세가 중요하다. 또한 정직하고 유능한 전문가들과 함께 투자를 진행해야 렌트 주택 투자는 성공 가능하다.

2. 미국 렌트 부동산 투자를 망설이게 하는 방해 요소

미국 렌트 주택으로 미국 달러로 월세를 받는 동시에 융자를 다 갚으면 100% 내 집이 된다. 렌트 주택은 패시브 인컴도 생기면서 주택 가치도 상승하므로 일석이조의 효과를 가져다준다. 미국에 살면서 두 채 이상의 렌트 주택을 소유하는 건물주가 되면 노후 생활도 보장된다. 재정적으로 안정적인 100세 시대를 준비하기에 안성맞춤인 투자 계획이 분명하다.

렌트 주택 투자는 확실히 높은 만족과 투자 효과를 주지만 대부분의 사람들은 선뜻 렌트 사업을 하지는 않는다. 한국에 사는 한국인보다 미국에 살고 있는 한인이 유리하다고 생각할 수도 있지만, 별반 다른 점은 없다. 저자도 렌트 투자로 마음을 정하고도 약 3년이 흐르고 나서야 실질적인 투자가 가능했다.

이번 장은 저자를 포함해서 초보, 예비 투자자들이 겪는 투자를 망설이게 하는 7개 요소를 알아본다. 저자는 오랫동안 하나하나가 넘지 못할 커다란 벽과 같았다. 투자를 진행하면서도 힘들게 하는 요소도 있었다. 심지어 첫 집을 구매하고도 계속 어려움을 주는 장벽도 있었다. 저자가 경험한 개별 방해 요소를 설명하면서 극복할 수 있는 방안도 함께 제시했다.

저자는 여러 부동산 투자 종류 중에서 주거용 주택을 목표로 정했다. 이유는 상업용 건물(사무실, 창고, 아파트)은 가격이 높고 어려워 보이고 투자 정보를 얻기가 막연했다. 주거용 주택은 상업용 건물보다는 익숙하고 융자 상담도 간단하다. 주거용 주택은 우리가 살고 있는 공간이므로 막연하지만 친근하다.

하지만 '내가 살고 있어서 익숙하다는 느낌'과 '투자용으로 구입해서 이익을 봐야 한다는 사실'은 완전히 구별된다. 주거용 주택으로 범위를 좁혔지만 여전히 수익성이 좋으면서 가격도 저렴한 투자 매물을 찾기는 어렵다. 렌트 주택 구매를 결심한 초보, 예비 투자자들이 초반부에 힘들어하는 점을 정리하였다.

(1) 친숙하지 않은 미국 주택 유형과 특징

미국 거주용 주택 유형은 ① 단독 주택(싱글 패밀리), ② 다세대 주택(멀티 패밀리), ③ 타운하우스, ④ 콘도, ⑤ 아파트 등이 있다. 집의 외관으로도 구분이 가능하지만 타운하우스, 콘도, 아파트는 밖에서 봐서는 구분이 쉽지 않은 경우가 있다. 특히 타운하우스처럼 보이지만 법적으로는 콘도인 집이 많다.

주택 유형이 중요한 이유는 어떤 주택이냐에 따라서 ① 지역 선택, ② 세입자 유형, ③ 사후 관리 문제 등이 달라지기 때문이다. 어느 지역인가에 따라서 구매해야 하는 주택 스타일이 렌트에 유리한 경우가 있다. 변수를 고려하지 않고 마음에 든다고 구매하면 안 된다. 단순히 '사람이 사는 집은 비슷하겠지' 생각하고 주택을 구매하면 끊임없는 고통을 받을 수 있다.

저자는 한국과 미국의 주택이 막연히 비슷할 거라는 고정 관념 때문에 미국 주택의 특징을 파악하는 게 힘들었다. 오히려 미국 주택 유형 분석을 제대로 하지 않은 상태에서 부동산 투자에 덤벼들었다. 주택은 방, 거실, 화장실, 지하실, 마당, 차고 등으로 전체 구성은 비슷하지만 세부적인 내용은 달라진다.

미국 주택 유형 중에서 지금도 아리송한 점이 몇 개 있다. 첫째, 지하실 (basement)이다. 집의 내부 계단으로 내려가므로 지하실이지만 밖으로 나가는 문을 열면 1층 마당이 있는 구조다. 한국의 지하실은 완전 지하에 있는데 미국 지하실은 지하가 아닌 경우도 많다. 단독 주택 구분 중에서 바이 레벨(bi-level)과 스플릿 레벨(split level) 주택은 지하실이 애매모호하다.

둘째, 외부에서 보면 1, 2, 3층 모두를 한 가구가 사용하는 듯 보이는데 내부에 들어가면 3층은 다른 가구에 연결되어 있는 유형이다. 외관은 아파트 같기도 하고 타운하우스 같기도 하다. 모든 층을 독립한 1가구가 사용하면 주로 타운하우스라고 한다. 겉모습은 타운하우스이지만 실제로는 콘도가 많다. 지금도 외관상 타운하우스인지 콘도인지 혼동스러운 스타일의 집이 많다.

셋째, 2가구 주택 중에서 위아래 연결된 구조다. 다른 가구의 작은 소리가 너무 잘 들려서 층간 소음이 상상을 초월한다. 미국인들은 귀가 모두 나쁜가? 화장실 변기, 세면대 소리가 모두 생생하게 들리는 집에서 어떻게 평화롭게 살 수 있을까? 하지만 미국도 층간 소음 때문에 윗층 세입자가 이사를 나가서 공실이 되는 경우가 꽤 많다.

학군이 좋은 동네에서 다세대 주택을 구매해서 렌트를 하면 수입이 높다고 생각할 수 있다. 그런데 학군이 우수한 지역은 대부분 월 소득도 높기 때문에 단독 주택을 선호한다. 아이들도 멀티 패밀리에 살기보다는 싱글 패밀리를 좋아한다. 즉, 학군에 따라서 렌트 주택 유형을 다르게 선택해야 한다.

여러 가구가 함께 사는 멀티 패밀리는 학군은 낮더라도 교통이 편리한 지역에 유리한 주택 유형이다. 콘도, 아파트, 타운하우스는 관리실에서 잔디, 지붕, 도로 등을 관리하므로 편하다. 학군을 고려하지 않는 세입자도 입주 가능하다. 이외에도 주택 스타일에 따라서 투자자가 고려해야 하는 범위가 달라진다.

미국 주택 유형에 익숙하지 않으면 투자하는 주택이 해당 지역에 적합한 투자인지 정확한 판단이 힘들다. 이 문제점을 극복하기 위해서 오픈 하우스(open house)를 꾸준히 방문해야 한다. 누구나 볼 수 있는 오픈 하우스에 가면 집 구조, 이웃, 주변 인종, 동네 분위기, 소음 등을 관찰할 수 있다. 저자도 초기에는 막무가내로 오픈 하우스 탐방을 했다. 1년 정도 지나면서 지역에 어울리는 주택 유형의 감이 오기 시작했다.

(2) 생소한 용어와 복잡해 보이는 구매 절차

미국 렌트 주택에 투자하기 위해서 저자는 아마존에서 책을 주문해서 읽기 시작했다. 깨알처럼 작은 글씨로 적혀 있는 글씨가 당황스러웠다. 읽을수록 단어가 알고 있던 의미와는 쓰임새가 다르다는 점을 눈치챘다. 일상 대화에서는 전혀 사용하지 않는 부동산 전문 용어와 처음 접하는 낯선 단어도 있다.

뿐만 아니라 한인들이 대화할 때 한글 번역을 사용하지 않고 영어를 바로 사용하는 단어가 많다. 한국에서 다른 의미로 사용하는 단어는 초보 투자자에게는 전문 용어보다 더 큰 혼동을 가져온다. 예를 들면 에이전트(agent)는 한국에서 연예계와 스포츠에서 담당 매니저를 주로 의미하지만 미국에서는 부동산 중개인을 뜻한다. 브로커(broker)는 한국에서 나쁜 의미의 거래상을 의미하기도 하는데, 미국에서는 부동산 회사의 대표 또는 융자 회사의 담당자를 뜻한다.

다행히 한국에서도 영어 표현을 한글로 번역해서 사용하지 않고 그대로 이용하는 경우가 많아서 낯설지 않은 용어도 있다. 셀러(seller), 바이어(buyer), 오퍼(offer), 리스트(list) 등은 한국과 미국 모두 같은 의미로 사용한다. 부동산 영어 용어는 미국에서는 일상 대화에서 그냥 사용하므로 기본적인 뜻은 미리 알고 있어야 오해 없이 의사소통이 가능하다.

처음 보는 단어는 인터넷에서 사전을 찾으면서 내용을 이해해야 하며 표현에 익숙해져야 한다. 검색을 해도 정확한 의미를 모르면 중개인 또는 변호사에게 뜻을 바로 물어봐야 한다. 투자자의 체면이 구겨진다고 침묵하면 안 된다. 유튜브에 올라와 있는 동영상을 확인하는 방법도 큰 도움이 된다.

영어 전문 용어는 미국 부동산 구매 절차(process)와 관련해서 등장한다. 미국은 렌트 주택을 구매하는 과정이 한국보다 길고 복잡하다. 한국에서 집을 구할 때는 집을 본 다음에 중개 사무소에서 계약서 작성과 선금, 잔금을 치루면 된다. 하지만 미국은 절차가 여러 단계이며 기간도 평균 45일 정도는 걸린다.

초보 투자자 입장에서는 여러 단계의 절차도 복잡하지만 구매 절차가 시간 순서에 따라서 차례로 진행되지 않는 점은 더욱 당혹스럽다. 어떤 절차는 겹쳐서 동시다발로 처리되기도 한다. 어떤 순서는 앞뒤가 바뀌어서 진행되는 경우도 있다. 6장에서 구매 절차를 기본적인 시간 순서에 따라서 설명했다. 순서가 정확히 단계별로 지켜지지 않아도 기본 틀은 알아야 한다.

복잡한 절차는 초보 투자자에게 심각한 문제를 일으킨다. 미국에서 부동산 절차는 여러 단계로 구성되기 때문에 시간이 지나면서 초보 투자자의 집중력과 초점(focus)이 떨어지기도 한다. 처음 단계에서는 긴장하면서 신경을 써서 꼼꼼히 검토하지만 뒤로 갈수록 '중개인과 변호사가 알아서 처리하겠지'라고 생각해서 투자자가 정신 줄을 놓을 수 있다.

모든 절차는 하나하나가 중요하기 때문에 계약이 완료돼서 열쇠를 받기 전까지는 집중력을 잃으면 안 된다. 단계마다 정확히 매듭을 지어야지만 다음 단계에서 문제가 발생하지 않는다. 절차가 많으므로 복잡하게 느껴진다. 배려심 깊은 중개인과 변호사는 단계별 진행 상황을 확인시켜 준다. 담당자들이 설명해 주지 않을 때는 진행 과정과 결과를 항상 질문해야 한다.

(3) 미국 부동산은 관련자가 왜 이렇게 많을까?

미국 부동산 구매는 절차가 길고 시간도 오래 걸리면서 관련자가 다양하게 등장한다. 관련자가 많으면 초보 투자자는 정신적, 경제적으로 지친다. 초보 투자자는 해당 분야에 어떤 사람을 골라야 안전한지 막연할 뿐이다. 누구를 골라야 할지 선택과 역선택의 기로에서 스트레스 지수는 높아져 간다.

대표적으로 만나야 하는 관련자(기관)는 부동산 중개인, 융자 전문가(브로커), 은행 담당자, 변호사, 회계사, 보험 회사 직원, 검사관(인스펙터) 등이 있다. 그리고 집을 구매한 후에는 공사 업체, 전기 기사(일렉트리션), 배관공(플러머), 부동산 관리인(프라퍼티 매니저)등을 만난다. 최소 10개 분야에서 10명의 전문가를 넘게 선택하고 일을 맡긴다.

관련자들은 해당 분야의 전문가들이다. 초보 투자자이건 베테랑 투자자이건 전문가들의 도움을 받아야만 좋은 렌트 주택을 구매하고 관리할 수 있다. 하지만 관련자가 많다는 점은 초보 투자자에게는 미국 부동산 투자를 까다롭게 만드는 걸림돌이다.

관련 전문가를 섭외하면서 경험한 어려운 점은 다음과 같다. ① 어디에서 적합한 전문가를 찾을 수 있을까? 전문가는 많지만 투자자의 투자 방향과 맞는 전문가를 찾기가 쉽지 않다. ② 전문가를 선택해서 일을 맡기면 잘 처리할 수 있을까? ③ 일을 맡으면 갑자기 불성실해지기도 한다는데 그러면 어떡하나? 등.

여러 과정마다 만나는 관련자들은 중요한 역할을 하므로 투자자는 좋은 사람을 찾아야 한다. 주변에서 추천을 받아서 직접 만나서 대화를 한 후 선택해야 좀 더 안전하다. 부동산은 집과 땅을 사는 일이지만 동시에 사람과 관련을 맺는 일이다. 누구를 만나서 일을 하느냐에 따라서 투자한 주택이 복덩어리가 될 수도 있고 골칫덩어리가 될 수도 있다.

투자한 주택과 직접적으로 관련은 없지만 오히려 중요한 사람이 있다. 집 주변에 살고 있는 이웃이다. 이웃은 투자한 주택의 세입자가 누구인지 관심이 많다. 렌트 주택의 옆집의 이웃들이 먼저 와서 어떤 세입자가 언제 이사 오는지 물어보기도 한다. 이웃은 분리수거 방법과 요일 등 생활 정보의 전문가이며 동네의 분위기를 보여 주는 지표가 된다.

(4) 다양한 융자 기관과 난해한 융자 제도

융자는 주택을 전액 현금으로 구매하지 않기 때문에 필요한 제도다. 레버리지 효과를 이용할 수 있으므로 융자는 렌트 주택 투자자의 친구다. 대출을 지혜롭게 사용하면 주택을 하나씩 늘릴 수 있는 아군이 된다. 이런 융자의 장점을 살리기 위해서 투자자는 융자 절차, 융자 기관, 대출 이자율, 융자 이후 조치에 대해서 기본적인 틀(frame)을 알아야 한다.

하지만 초보 투자자는 미국 융자 제도에 익숙하지 않으므로 대출 운영 방식이 까다롭게 보인다. 저자도 융자를 받아서 렌트 주택을 구매해야 하므로 미리 검색을 했지만 깊은 내용은 파악하기 어려웠다. 저자가 느꼈던 몇 가지 힘들었던 내용이다.

① 융자 관련자 용어 자체가 정리가 되지 않았다. 융자 회사, 모기지 브로커(mortgage broker), 모기지 컴퍼니, 융자 기관, 렌더(lender), 융자 담당자, 융자 브로커, 은행(bank) 등. 관련자가 너무 많아 보였다. 같은 뜻인데 한글과 영어를 모두 사용하므로 관련자가 두 배로 늘어난 듯하였다.

② 모기지 쇼핑(shopping)이라는 단어가 마음에서부터 부딪혔다. 쇼핑은 물건을 사기 위해서 구경 다니는 즐거운 일이다. 융자를 알아보는 일에 쇼핑이라는 단어가 어울리지 않는다고 느꼈다. 대출을 알아보는 일은 진지하고 긴장되기 때문이다.

③ 융자를 담당하는 주체가 다양해서 부담스럽다. 대표적으로 은행과 융자 회사로 나누어지는데, 결국 융자를 해 주는 곳은 은행이다. 한 곳에서 처리하면 편할 텐데 여러 주체가 있어서 불편하게 느껴졌다.

④ 대출 기관의 속임수가 걱정되었다. 초보 투자자는 융자 회사의 숨어 있는 기교(장난)에 당하기 쉽다. 이자율이 낮다고 좋아했지만 알고 보니 연간 이자율(APR)이 높아서 나쁠 수 있다. 부대 수수료를 정확히 알려 주지 않아서 마지막 단계에서 비용이 예상치보다 늘어나기도 한다.

⑤ 대출 종류가 많아서 나에게 맞는 융자 프로그램이 뭔지 혼란스럽다. 투자자 본인의 조건에 따라서 가능한 대출 종류가 달라진다. 일반 융자를 받을 수 있다고 생각한 자영업자는 대부분 다른 융자가 나오는 경우가 흔하다.

초보 투자자의 가장 큰 실수는 구매할 주택은 중요하게 생각하지만, 융자는 보조적 역할 정도로만 생각한다. 현실은 정반대다. 융자가 처음이고 주택은 다음이다. 그런데 초보 투자자 입장에서는 눈에 보이는 주택은 이해가 되지만 보이지 않는 융자는 복잡해서 가볍게 생각한다.

미국은 융자 기관이 한국보다 다양하고 대출 제도도 각양각색이다. 융자 기관은 크게 은행(렌더)과 융자 회사(브로커)다. 렌더(lender)는 모기지 심사와 자금 제공(펀딩, funding)까지 하는 기관이므로 대부분 은행이다. 반면 브로커(broker)는 투자자와 은행(렌더)을 연결해 주는 다리 역할을 한다.

저자는 융자 브로커 단어에서 풍기는 어감부터 낯설었다. 돈을 빌려야 하는데 브로커한테 상담을 하다니! 브로커에 대한 부정적 이미지 때문에 처음에는 혼란스러웠다. 한국에서 브로커는 사기꾼을 의미하기도 하므로 우습지만 어이없는 혼동이다.

어떤 융자 기관에 가서 대출 상품을 알아보는 게 유리할까? 융자 회사의 브로커들은 자신들이 다양한 은행과 거래하므로 가장 좋은 이자율을 제공한다고 장담한다. 과연 이 주장이 사실일까? 초보 투자자 입장에서는 도무지 알 수 없다. 그래서 은행도 가 보고 융자 회사도 가서 상담을 하지만 담당자들을 많이 만날수록 혼란스럽기까지 하다.

융자 기관을 다니면서 융자를 알아보는 일을 모기지 쇼핑이라고 한다. 대출은 큰 금액을 빌리므로 생각만큼 재미있는 쇼핑은 아니다. 쇼핑을 하기 위해서는 융자에 대한 기본 지식이 있어야 좋은 융자를 알아볼 수 있다. 융자 상품을 모르고 쇼핑을 다니면 오히려 나쁜 융자 프로그램을 받게 된다.

주변의 아는 투자자가 자신이 받은 모기지 프로그램을 추천하기도 한다. 저렴한 이자율이 부러워서 융자 기관과 상담을 하면 본인에게는 적용되지 않는 경우도 있다. 조건이 같아서 융자를 알아보면 본인에게는 다른 이자율이 적용되는 경우도 있다. 왜 사람마다 이자율이 다른지 혼란스럽기도 하다.

이자율도 고정과 변동이 있는데 과연 어떤 방식이 나에게 유리한지 선택하기 어렵기도 하다. 초보 투자자는 집 관련 정보를 모으는 데 시간을 많이 보내므로 융자 공부는 제대로 하지 않는다. 저자도 처음에는 투자할 집만 보러 다녔지 융자 공부에는 소극적이었다.

융자 지식은 시간이 지나면 저절로 알 수 있다고 생각하지만 그렇지 않다. 대신 기본 틀은 조금만 노력을 기울여서 파악하면 얻을 수 있다. 모기지 쇼핑도 갖추어야 하는 서류만 미리 준비하면 어렵지 않다. 너무 오랫동안 쇼핑하면 마지막에 지쳐서 나쁜 제품을 구매하듯이 융자도 그렇다. 3~4군데 추천받은 곳을 중심으로 쇼핑하면 최고는 아니지만 안전하다.

융자를 알아볼 때 융자 담당자에게 다음 내용을 문의하면 좋다. 이자율과 대출 수수료는 기본 사항이다. 연간 이자율(APR: Annual Percentage Rate), 이자율 인하 비용(discount point), 융자 견적서(GFE: Good Faith Estimate)를 부탁하면 융자 회사 담당자도 좀 더 신경을 써서 대한다.

(5) 미국 부동산 정보의 불완전성과 불확실성

부동산 투자에서 제일 중요한 요소는 정보다. 어느 지역에 투자를 할지, 어떤 스타일의 집을 구매할지, 중개인은 누구로 정할지, 다운 페이먼트는 얼마로 할지, 현재 이자율이 좋은지, 좀 더 기다린 다음에 투자할지, 융자 회사는 어디로 할지 등. 결정 순간마다 정보는 투자자에게 소중한 보물이다.

초보 투자자는 부동산 정보를 어디에서 얻고 있을까? 대부분 유튜브와 인터넷 검색부터 시작한다. 주변에 아는 부동산 중개인이 있다면 대화를 하면서 생생한 정보를 들을 수 있지만 드문 경우에 속한다. 중개인도 사람이기 때문에 질문하는 사람들이 언제 집을 구매할지 정확하지 않으면 굳이 자신의 시간과 노력을 들이지 않는다.

유튜브에는 한인과 미국인 모두 부동산 정보를 올리고 있다. 미국 부동산 투자를 너무 쉽고 단순하게 말하는 유튜버도 있다. 유튜브에서 정보를 얻을 경우 미국 부동산 투자는 그리 어려워 보이지 않는다. 다세대 주택 투자도 쉬워 보인다. 살면서 한 번도 가 보지 않은 미국 그 어느 지역도 투자가 수월한 듯하다.

수익도 100% 얻을 수 있어 보인다. 그렇다면 부동산 유튜버들이 거짓말을 하는 걸까? 미국 부동산 투자이익을 과대 포장 해서 선전하는 걸까? 아니다. 유튜버들이 성공 사례를 제시할 때는 투자 밑바탕에 깔려 있는 조건들을 모두 말할 수 없으므로 몇 가지만 말할 뿐이다. 하지만 방송을 보는 예비 투자자들은 몇 가지 조건만 갖추면 엄청난 수익을 본다고 착각할 수 있다.

예를 들면, 멀티 패밀리 렌트 주택은 단독 주택보다 수익률이 훨씬 좋다. 일반적인 주장이지만 사실이다. 그런데 내가 투자한 다세대 주택이 수익을 내기 위해서는 여러 조건들이 충족되어야 한다. 좋은 지역, 적정한 융자 이자율, 착한 세입자, 튼튼한 집 상태, 주변에 편리한 교통 시설과 상가 등. 여러 조건이 합력해서 선(善)을 이룰 때 투자 효과는 안전하고 극대화된다.

초보 투자자는 정확히 어떤 정보가 자신에게 필요한지도 모른 채 출발한다. 부동산 정보는 시간에 따라서 변동이 급격해서 불완전하다. 코로나 팬데믹을 경험하면서 부동산 정보의 불확실성은 더욱 높아졌다. 공간에 대한 정보도 현지에 살거나 직접 경험하지 않으면 분위기 파악이 힘들 정도다. 도로를 사이에 두고 어떤 지역은 좋은 세입자가 들어오지만 반대편은 그렇지 않다.

부동산 투자는 불완전하고 불확실한 상태 가운데 진행되지만 위험을 줄이기 위해서는 투자자는 열심히 공부하는 방법밖에 없다. 저자가 취하는 방법 몇 개를 소개한다.

① 유튜브 중에서 부동산 일반 정보를 진솔하게 올리는 채널을 본다. 몇 개의 채널은 초보 투자자에게는 기초 토대를 놓기에 훌륭하다. 특히, 투자자의 유튜브는 투자 아이디어를 준다.

② 유튜브를 볼 때는 한 개의 주제를 정해서 여러 채널을 봐야 한다. 한 개의 채널만 넷플릭스 보듯이 몰아서 보면 정확한 지식을 쌓는 데는 효율이 떨어진다. 예컨대 '모기지'에 대해서 궁금하면 모기지와 관련된 내용만 검색해서 여러 채널을 본다. 그러면 각각의 유튜버들의 공통된 주장과 다른 내용을 파악할 수 있다.

③ 미국 부동산이므로 미국 투자자들이 출판한 책을 읽는다. 저자는 아마존에서 약 10권 정도 구입해서 반복해서 보고 있다. 처음에는 이해되지 않은 내용도 시간과 경험이 쌓이면서 선배 투자자의 주장

이 피부에 와닿고 있다. 부동산 투자 전과 후에 읽었을 때 이해 정도가 다르고 도움받을 내용이 풍부하다.

④ 투자자들의 모임은 소중하다. 저자는 투자자들의 모임에 참여해서 큰 도움을 받고 있다. 북부 뉴저지 모임은 카카오톡 방과 오프라인 모임을 함께한다. 서로 정보를 교환하고 앞으로 자신들의 투자 목표를 말하고 들으면서 조언을 주고받는다. 미국 한인의 부동산 투자 성공을 위해서 서로를 격려하고 동기를 부여한다.

⑤ 부동산 관련 세미나에 참여한다. 2022년도에 뉴저지 한인 부동산 세미나가 이틀 동안 열렸다. 각 부분의 전문가들이 참여해서 강의와 상담을 진행했다. 캘리포니아와 조지아는 더 많은 세미나가 있으므로 참여의 기회가 많다. 직접 전문가와 대면 접촉하므로 유튜브와 책으로는 얻지 못하는 소중한 내용이 많다.

⑥ 부동산 학원을 다닌다. 온라인 모임이 아닌 오프라인이어야 한다. 학원생의 반은 중개인 자격증 취득과는 관련 없이 부동산 공부를 위해서 다닌다. 중요한 점은 현재 부동산 투자를 하고 있는 투자자들이 많다. 선배 투자자의 경험과 노하우는 어디서도 들을 수 없는 생생한 부동산 정보다.

지성이면 감천이다. 알고자 하고 배우고자 하면 반드시 길은 열린다. 부동산 투자자도 주식 투자자들처럼 연구하고 분석하는 자세가 필요하다. 처음에는 정보가 넘쳐 나고 모두 소중한 듯 보이지만 꾸준히 확인하고 거르면 본인에게 맞는 정보를 좁혀 나가는 기술이 생긴다.

(6) 언어(영어) 소통의 두려움

한인 초보 투자자들이 가지고 있는 제일 큰 마음의 장벽은 영어다. 영어가 필요한 현실적인 이유는 많다. 오픈 하우스에 구경을 가면 판매자의 중개인과 대화한다. 집에 궁금한 점을 현장에서 바로 질문하고 답변을 들어야 한다. 리스팅 에이전트와 대화가 영어로 자유로우면 많은 정보를 얻을 수 있다.

융자를 알아볼 때도 한인 회사의 융자만 쇼핑하지 않는다. 미국인 모기지 회사가 한인 회사와는 다른 프로그램이 있으므로 영어가 잘 되면 융자 쇼핑 범위를 넓힐 수 있다. 집 검사를 할 때 인스펙터와 터마이트 검사관이 미국인이 경우가 흔하다. 집 문제점을 바로 질문하고 답변을 들으면 큰 도움이 된다.

영어가 능숙하지 않은 초보 투자자도 방법은 있다. 주택 구매 과정에서 한인 중개인을 통하면 영어 문제는 극복 가능하다. 중개인이 이중 언어를 충분히 구사할 정도이면 오히려 구매 절차에서 투자자가 주도권을 가질 수 있다. 문제는 구매 후다. 세입자와는 영어로 대화할 수밖에 없다. 한인 세입자가 아닌 한 영어를 사용해야 한다.

저자도 영어 소통이 항상 마음에 걸린다. 오픈 하우스는 대부분 중개인과 따로 다니므로 질문할 내용을 영어로 미리 준비했다. 반복해서 다니다 보면 궁금한 점과 사용하는 단어가 비슷하기 때문에 어느 정도 대화는 가능해진다.

저자는 전화로 통화하기보다는 이메일과 문자 메시지를 이용한다. 말로 대화하면 한국어일지라도 오해의 소지가 생긴다. 영어가 서투른 초보 투자자는 영어 의사 전달이 잘못될 확률이 확실히 높다. 문자 메시지는 이모티콘을 달면서 사용하면 느낌도 전달 가능하므로 대화보다는 느리지만 안전한 수단이다.

구매 후 영어 문제가 걱정되면 한인 부동산 관리 회사에 맡기면 된다. 저자는 아직까지는 렌트 주택과 세입자를 직접 관리하지만 나중에는 한인 업체에 관리를 위탁할 예정이다. 한국에서 투자하는 경우에는 처음부터 한인 업체와 진행하면 언어 장벽은 걱정할 필요 없다.

(7) 주택 구매 후 원만한 관리 성공의 의구심

렌트 주택을 투자한다고 마음먹으면 주택을 구매하기도 전에 마음속에 떠오르는 두려움이 있다. 주변 사람에게 렌트 투자를 말하면 투자하기도 전에 걱정 섞인 질문이 쏟아진다. '집수리가 힘들 텐데요', '세입자가 계속 전화한다고 하던데요', '융자 부담이 크다고 하던데요' 등 주변에서 듣는 말과 투자자 마음속에서 생기는 두려움이 결합해서 공포심마저 든다.

저자도 뉴저지에서 주택을 구매해서 렌트 사업으로 마음을 정한 다음에 흥분보다는 걱정이 앞섰다. 렌트 주택 구매는 중개인의 도움을 받으면 좋은 지역에 적합한 집을 살 수 있다. 계약이 완료되는 에스크로 클로징까지는 중개인이 도우미 역할을 하므로 진행 상황도 물어보면서 별걱정은 없다.

그런데 계약 완료 후 열쇠를 받으면 그때부터는 모든 일을 투자자가 주도적으로 해야 하기 때문에 걱정스러웠다. 주택 구매 후 투자자는 혼자가 된다고 생각했다. 가장 큰 근심은 주택 자체와 세입자였다. 집이 여기저기 망가져서 수리하는 일이 자주 생기면 어떡하나? 세입자가 월세를 늦게 주거나 안 내면 어떡하나? 별의별 부정적인 상상이 머리를 가득 채웠다.

결론부터 말하면 지나치게 걱정할 필요 없다. 주택 구매 후 수리할 일은 생긴다. 구매 후 투자자는 결코 혼자가 아니다. 중개인과의 연결 고리는 지속된다. 문제도 있지만 해결 방법도 항상 곁에 있다. 세입자가 입주하고 한두 달 동안은 잡다한 수리가 있지만 정성껏 처리하면 문제는 줄어든다.

2장은 미국 부동산 투자를 막는 진입 장벽을 살펴봤다. 투자자마다 벽의 높낮이는 다르게 느껴진다. 한국에서 투자하는 경우에는 한인 업체 선정이 가장 어려운 점이다. 믿고 맡길 수 있는 한인 중개인과 투자 업체를 찾는 일부터 스트레스다. 미국에 사는 한인일지라도 방해 요소는 의외로 많다. 여기서 다루지 않은 금전 부족, 가족의 반대, 시간 부족 등 방해 요소는 다양하다. 하지만 투자자가 분명한 목표를 정하면 길은 반드시 열린다. 다음 장에서는 한걸음 앞으로 내딛는 준비 과정을 살펴본다.

3. 초보 투자자의 렌트 주택 투자 준비 전략

다양한 투자 방법 중에서 미국 부동산으로 투자를 결정했으면 준비를 해야 한다. 물론 어디서부터 시작해야 할지 모를 수도 있고 정보도 불완전하다. 자신의 재정 상황과 신용 점수도 모르고 시작하는 초보 투자자도 많다. 준비 없이 마음만 앞서서 집만 열심히 보러 다니면서 꿈에 부풀기도 한다.

저자는 멘토도 없고 기본 준비도 없이 오픈 하우스만 열심히 보러 다니기도 했다. 나의 자금과 조건으로는 구매 불가능한지도 모르면서 비싼 집이 좋아 보여서 큰 집을 구경 다녔다. 이번 장은 저자가 투자를 시작할 때는 미처 몰랐고 큰 관심 없이 지나쳤던 내용이다. 시간이 흐른 후 조금씩 중요성을 깨달았다. '투자 전에 미리 알았더라면 좀 더 준비를 잘할 수 있었을 텐데' 하는 아쉬움이 남는다.

(1) 다양한 미국 부동산 투자 방법의 사전 이해

미국 부동산 투자하면 무엇이 머릿속에 떠오르는가? 저자는 처음에 플립(flip)을 최우선으로 생각했다. 헌 집을 공사해서 새집으로 만든 다음 시세로 파는 플립은 단기 투자면서 높은 수익을 얻을 수 있다. 플립 성공 사례 중에는 투자 금액의 50% 이상 이득을 본 투자자도 있다. 즉, 1억을 투자하면 돌려받는 돈이 1억 5천만 원이 된다. 단 몇 개월 만에 높은 이익을 본다.

모든 플립 투자가 항상 높은 수익을 가져다줄까? 아쉽게도 그렇지 않다. 5채 투자하면 1채는 높은 수익을 보고 나머지는 15~20% 정도 이익을 본다. 코로나 이후로는 10%까지 이익이 내려갔다. 단, 본인이 직접 공사까지 하면 수익률을 높일 수 있지만 초보 투자자가 직접 공사를 추진하기는 위험 부담이 크다.

플립은 부동산에 관심 있는 투자자라 해도 추진 방법을 모르는 경우가 많다. 플립은 상당히 공격적인 투자 성향을 가진 투자자가 선호하는 방식이다. 일반적으로 부동산 투자라고 할 때는 건물을 구매해서 월세를 받는 렌트 투자다. 일반적이라고 해도 간단하지는 않다. 건물 종류에 따라서 주거용 렌트, 상업용 렌트, 산업용 렌트로 나누어지며 각각 성격이 다르다.

안전 지향적인 초보 투자자는 주거용 주택 렌트부터 시작하면서 경험을 쌓는 게 좋다. 싱글 패밀리(단독 주택)와 멀티 패밀리(다세대 주택)를 구매해서 캐쉬 플로우를 확보한다. 멀티 패밀리는 가구 세대수에 따라서 2가구(2unit), 3가구(3unit), 4가구(4unit)로 구분한다. 가구 수가 많을수록 이익은 크다.

상업용 렌트는 5가구(5unit) 이상의 아파트, 상가, 사무실, 병원 건물 등을 의미한다. 주택 투자의 규모, 성격, 관리, 접근 방법이 다르다. 산업용 렌트는 창고(웨어하우스), 공장 건물 임대이며 코로나 이후 수요가 늘고 있지만 매물이 부족해서 가격이 많이 올랐다. 건물 형태가 투자 성격에 영향을 미친다.

플립, 렌트 이외에 리츠(REITs)가 있다. 여러 명의 소액 투자자가 부동산의 지분을 구매하고 투자 회사가 운영하면서 배당이익을 나누는 간접 투자 방식이다. 미국에서 리츠는 활성화되어 있는 안전한 투자다. 투자한 건물이 가격이 오르면 판매를 해서 시세 차익을 보는 리츠도 있다. 금리가 인상되고 투자금이 소액이어도 바로 시작할 수 있는 부동산 투자 방법으로 좋다.

이외에도 경매(옥션)로 저렴하게 주택을 구매해서 웃돈을 붙여서 바로 파는 방식(홀세일)과 수리해서 임대를 놓는 방법도 있다. 옥션은 주택 구매를 전액 현금으로만 해야 한다. 지역마다 가격은 다르겠지만 최소 30만 불은 있어야 투자 가치 있는 제품(건물)을 건질 수 있다. 옥션 투자는 주로 전문가들이 하며 초보 투자자는 위험 부담이 커서 배우는 시간이 필요하다.

다양한 미국 부동산 투자 방법 중에서 무엇을 시작해야 할까? 자신에게 맞는 방법을 골라야 한다. 어떤 투자가 자신에게 맞을까? 처음에는 주변 사람들의 정보에 귀를 기울이게 된다. 플립과 경매로 돈을 많이 번다고 하는 사람들의 주장을 들으면 플립과 옥션이 가장 좋아 보인다.

반면 플립과 옥션은 위험 부담이 크므로 안정적인 리츠와 렌트를 추천하는 사람들의 말을 들어 보면 리츠와 렌트에 끌린다. 부동산 분야도 시간, 경험, 노력, 취향이 중요하다. 시간과 경험이 부족한 초보 투자자는 자신의 취향도 반드시 확인해야 한다. 전문가가 추천하는 최선의 방법이 본인의 성격과 맞지 않으면 결국 지치고 노력도 줄어들면서 실패하게 된다.

저자는 처음에는 플립부터 투자를 시작했다. 고수익 마진을 바라고 했지만 성과가 일정하게 높지만은 못했다. 플립은 집이 판매되고 나면 다시 새로운 투자 매물을 물색해야 한다. 빨리 판매되면 좋지만 다시 매물을 검토해야 한다. 플립 투자로 지칠 무렵에 렌트로 눈을 돌렸다. 렌트는 멀티 유닛이 수익이 좋다고 해서 4유닛의 다세대 주택만 찾아다녔다.

초보 투자자는 먼저 미국 부동산 투자 방법(유형)을 알아야 한다. 각각의 투자 방법의 장단점을 파악한다. 주의할 점은 장점만 보면 안 된다. 단점을 오히려 자세히 살펴서 자신이 감당할 수 있는지 확인해야 한다. 장점만 보면 금방 성공할 듯 착각에 빠진다. 단점이 큰 투자는 후순위로 미루어 둔다. 언젠가 시간이 되면 그때 하면 된다. 급하게 서두를 필요는 없다.

저자가 원했던 투자는 옥션으로 저렴하게 주택을 구매해서 수리 후 렌트를 하는 방식이다. 그런데 경매는 현금이 많아야 하므로 차선책으로 오랜 역사를 가진 주택 렌트 투자를 선택했다. 공동(파트너십)이 아닌 단독 투자를 하며 직접 관리할 계획을 세웠다. 주택 형태는 단독 주택 또는 2유닛의 멀티 하우스로 정했다. 4유닛이 이익이 크지만 직접 관리 경험을 쌓고자 작은 단위인 1유닛 또는 2유닛을 선택했다.

(2) 온전히 사용 가능한 현금 파악과 확보

부동산 투자에서 자기 자본(현금)을 이해하기 위해서는 융자를 함께 고려해야 한다. 왜냐하면 대출이 100% 가능하다면 구매용 현금은 전혀 필요 없다. 미국 부동산을 자신의 돈 없이 투자할 수 있다는 주장을 책, 강의, 유튜브에서 종종 볼 수 있다. 귀가 솔깃해지는 내용이다. 그런데 나도 정말 자본금 없이 부동산 투자를 할 수 있을까? 은행이 100% 대출을 해줄까?

투자는 이익이 발생해야 한다. 100% 빌려서 부동산 투자를 하면 갚아야 하는 비용이 수입보다 많아질 수 있다. 그리고 은행(렌더)으로부터 초보 투자자가 현실적으로 100% 모기지 대출을 받을 수 없다. 따라서 투자자는 대출금을 제외한 다운 페이먼트를 현금으로 준비하고 있어야 한다.

다운 페이먼트 액수는 어떤 융자 프로그램을 이용할 수 있는가에 따라서 다르다. 생애 첫 주택 구입자를 위한 FHA 융자의 경우는 3.5% 다운 페이먼트만 있어도 된다. 대신 개인 모기지 보험(PMI)을 지불해야 한다. 따라서 보험료 부담을 덜기 위해서 다운 페이먼트를 20% 이상 준비하는 경우가 많다.

일반 융자를 이용하면 다운 페이먼트가 20% 이상이며, 투자용 융자일 경우는 다운 페이먼트가 35%~40% 이상이다. 결국 초기에 들어가는 금액을 현금으로 확보하고 있어야 한다. 여기에 계약 마무리 비용인 클로징 금액도 현금이 필요하다. 또한 집 구매 후 있을 수 있는 수리비도 비상용으로 가지고 있어야 한다.

투자자 자신이 확보할 수 있는 현금(cash)을 정확히 계산해야 한다. 주식에 있는 금액은 현금이 아니다. 주식을 판매한 후 세금을 내고 남은 금액이 자신이 사용할 수 있는 진짜 현금이다. 미국은 집을 구매할 때 친척으로부터 돈을 받을 수 있다. 선물 현금(gift money)이다. 친구로 받은 돈은 기프트 마니에 해당되지 않으므로 주의해야 한다.

이렇게 미리 준비해야 하는 돈은 어디에 있어야 할까? 미국 은행 계좌에 보관하고 있어야 한다. 자신이 실제 사용할 수 있는 돈을 정확히 파악하고 투자하기 2개월 전부터 은행 통장에 모아야 한다. 왜냐하면 모기지 상담을 하면 언제나 은행 잔고 증명 서류의 제출을 요청받는다. 잔고 증명이 안 되면 은행 융자는 나오지 않고 투자자의 신뢰성만 떨어뜨리는 결과를 가져온다.

특히 초보 투자자가 주식을 하는 경우 주식의 가치를 돈으로 환산한다. 그런데 이는 단지 추정치에 불과하다. 현재 자신의 주식 가치가 1억이라고 나와도 주식을 판매해서 현금으로 가지고 있지 않으므로 아직 1억으로 인정받지 못한다. 융자 회사에 주식 통장을 보여 줘도 현금으로 인정받지 못한다.

(3) 이해관계가 맞는 부동산 중개인 만나기

부동산 거래의 모든 과정에 관여하는 가장 중요한 전문가는 부동산 중개인이다. 다른 전문가는 각각 역할이 있어서 해당 분야만 관여하지만 부동산 중개인은 구매 전부터 구매 후까지 참여한다. 특히 부동산 정보가 부족한 초보 투자자는 중개인에게 의존하는 정도가 강하므로 중개인 선택은 매우 중요하다. 중개인은 주택 구매와 관련된 사람들을 관리하고 지휘하는 사령관 또는 지휘자와 같은 역할을 한다.

미국 부동산 중개인은 종류가 2가지다. ① 브로커(broker)와 ② 판매원(sales person, sales associate)이다. 브로커는 부동산 중개 회사를 설립하고 운영하는 대표를 가리킨다. 브로커는 사장을 의미한다. 미국 부동산은 브로커 아래에 판매원이 있어서 피라미드 조직으로 운영되고 있다. 판매원은 일반적으로 리얼터(realtor), 에이전트(agent)라고 부른다.

대부분의 투자자는 브로커가 아닌 세일즈 퍼슨을 자신의 에이전트로 만난다. 좋은 리얼터 한 명이 초보 투자자의 투자 성패를 가르기도 한다. 유능한 리얼터의 조건은 우선 투자 지역과 투자 수익성을 비교·분석할 줄 아는 능력을 갖추고 있어야 한다. 말을 유창하게 잘하는 중개인은 많지만 객관적인 정보를 가지고 냉철하게 평가할 수 있는 중개인은 드물다.

중개인은 다양한 역할을 한다. 주택 유형별 수익성 검토, 유능한 융자 회사 소개, 꼼꼼한 검사관(인스펙터) 주선, 성실한 공사업체 연결, 구매 후 세입자 선정 등 중개인은 투자자의 멘토가 되기도 한다. 미국(뉴저지)에서는 부동산을 구매하는 바이어는 복비(브로커 피, broker fee)를 내지 않는다. 구매자는 비용 부담이 없다. 구매자는 반드시 중개인을 정해서 함께 구매 계획을 세워서 투자를 진행해야 실수를 줄일 수 있다.

투자자에게 좋은 중개인은 누구일까? 듬직한 남자가 좋을까? 꼼꼼한 여자가 좋을까? 한인이 좋을까? 신문 광고에 나온 중개인을 믿을 수 있을까? 패기 있는 젊은이가 좋을까? 연륜 있는 50대 이상이 좋을까? 주변 사람이 추천하는 중개인으로 할까? 초보 투자자에게 중개인 선택은 투자의 첫 단추를 끼우는 가장 중요한 출발점이다.

좋은 중개인은 투자자의 목표와 상황을 잘 파악해서 적합한 투자 매물을 찾아 거래를 성공적으로 이끈다. 중개인은 실제로 자신이 직접 투자를 하고 있어야 투자자의 마음을 잘 알 수 있다. 투자를 하지 않으면 부동산 현장의 세세한 문제점을 정확히 파악할 수 없다. 말로는 모든 일을 다 안다고 할 수 있지만 투자 경험이 없는 중개인은 한계가 있다.

좋은 중개인의 자격 요건으로 성품도 중요하다. 초보 투자자가 모르는 내용을 물어볼 때 친절하게 설명하는 정도의 인성을 가진 중개인과 일해야 한다. 초보 투자자는 정보가 부족한데 이 점을 이용해서 거래를 무조건 성사시키려고 하는 중개인은 피해야 한다. 많은 중개인이 치고 빠지는 작전을 사용하므로 관계를 소중히 여기는 중개인을 만나야 한다.

과연 나에게 맞는 중개인을 어떻게 만날 수 있을까? 가장 어려운 문제다. 잡지, 신문, 주변 소개 등 다양한 통로가 있지만 저자는 이런 방법으로는 좋은 중개인을 발견하지 못했다. 오히려 나쁜 경험만 했다. 저자는 오픈 하우스를 다니면서 한인 중개인을 직접 찾아 나선다. 저자의 외모가 평범해서 그런지 대부분의 중개인은 냉랭하다. 심지어 질문을 하면 귀찮아하는 중개인도 많다. 어떤 중개인은 나쁜 짓을 하다 들킨 듯이 행동한다.

저자는 약 2년 정도 오픈 하우스를 다니다가 지금의 중개인을 만나서 투자용 첫 번째 집과 두 번째 집을 구매했다. 중개인 본인이 현재 렌트용 주택에 투자하고 있어서 투자를 이해하고 있어서 대화가 편했다. 영어와 한국어에 능통한 점이 저자의 의사소통 문제점을 해결할 수 있었다. 적극적이고 섬세한 점 또한 마음에 들었다. 구매에서 세입자 렌트까지 모두 처리하였다.

(4) 융자 전문가 탐색과 유리한 융자 선택

초보 투자자가 흔히 하는 실수는 융자 상담 전에 후보 주택을 보러 다니는 주택 여행(house tour)이다. 융자 전문가의 상담을 받아야 자신이 구매할 수 있는 주택의 가격을 알 수 있다. 대출은 40만 불이 나오는데 보러 다니는 집은 80만 불 가격대이면 결국 구매할 수 없다. 저자도 융자는 생각도 안 하고 열심히 80만 불 이상 집만 보러 다닌 경험이 있다.

모기지는 융자 회사(브로커)와 융자 기관(렌더)을 통해서 알아볼 수 있다. 부동산 중개인처럼 좋은 융자 중개인을 만나야 한다. 융자 회사가 융자 기관(은행)보다 유리할까? 모기지 브로커에 대한 오해가 몇 가지 있다. 주변에서 많이 듣는 주장이지만 편견에 가까운 내용이 섞여 있다.

① 브로커는 많은 은행과 거래하므로 가장 저렴한 이자율을 찾아 준다. 그러나 현실은 그렇지 않다. 브로커는 거래 은행이 몇 개로 한정되어 있다. 심지어 한국계 은행과 거래하지 않는 브로커도 있다. 브로커는 자신과 편하게 거래하는 은행과 주로 흥정을 한다. 모든 은행과 연락해서 최선의 모기지를 선택하지는 않는다.

② 브로커는 투자자를 위해서 융자 절차를 자세히 설명해 준다. 경험이 많은 브로커일수록 자세한 설명을 번거로운 절차로 생각한다. 융자 브로커도 결국 부동산 중개인과 마찬가지로 좋은 인성을 가진 사람을 만나야 배울 수 있는 기회를 얻는다.

③ 한국계 은행은 미국 은행보다 이자율이 나쁘다. 이 말은 미국 은행과만 거래하는 브로커가 주장하는 내용이다. 그러나 실제는 그렇지 않다. 시기와 조건에 따라 다르지만 한국계 은행의 융자 프로그램이 좋을 때도 많다. 따라서 모기지 쇼핑을 할 때 한국계 은행을 꼭 포함시켜야 한다.

최적의 융자를 얻기 위해서는 여러 기관에 문의해서 비교해야 한다. 융자 상담을 위해서 준비해야 하는 서류는 몇 가지 안 된다. 미리 겁먹거나 걱정해서 알아보는 일을 주저하면 안 된다. 하지만 상담사들의 희망적인 구두 약속은 신빙성이 떨어진다. 융자 검토 후 서류에 적혀 있는 숫자만

이 정확한 최종 결과다.

융자 브로커가 이런 말을 하면 주의할 필요가 있다. "융자를 받은 후 언제든지 재융자 가능합니다! 우리는 많은 은행과 거래하므로 가장 낮은 이자율을 장담합니다! 숨은 비용(히든 피, hidden fee)은 전혀 없습니다!" 이렇게 말하면 초보 투자자는 귀가 솔깃해질 수밖에 없다. 하지만 어떤 조건이 충족되어야지만 이루어질 수 있기 때문에 큰 기대는 하지 않는 편이 좋다.

(5) 신용 점수 관리의 중요성과 높이기

미국은 신용 점수(크레디트 스코어, credit score)가 모든 경제 활동의 기본이다. 집 구매할 때, 렌트 얻을 때, 자동차 할부, 신용 카드 개설 등 신용 점수가 높으면 유리한 조건의 이자율을 적용받는다. 투자를 준비하는 투자자 입장에서 신용 점수는 수익률을 좌우한다. 신용 점수가 좋아서 이자율을 1% 낮추면 매년 절약되는 금액은 엄청나다.

신용 점수는 은행마다 다르지만 740점 이상이어야 투자자는 좋은 이자율의 모기지를 적용받는다. 신용 점수가 낮으면 대출 이자율이 오르므로 매달 지불하는 비용이 커진다. 비용이 증가하면 투자 수익률이 떨어진다. 따라서 신용 점수는 740점 이상이 되도록 만들어야 한다. 투자자 신분이 영주권자와 시민권자이면 신용 점수를 미리 확인하고 챙겨야 한다.

미국 모기지 중에서 노닥론(no doc loan)이 있다. 이는 일반 융자와는 달리 특별한 서류 없이 모기지를 받을 수 있다. 노닥론도 신용 점수가 중요할까? 물론이다. 영주권자와 시민권자가 신용 점수가 나쁘면 노닥론이라 할지라도 은행에서 자격을 주지 않는다. 외국인 신분이면 신용 점수와는 관계없다.

신용 점수 관리는 신용 카드 비용 납입, 고지서 지불, 할부 입금을 기간 안에 하면 대부분 700점 이상은 확보할 수 있다. 연체 없이 제때(due date)에 비용 결제를 하면 신용 점수는 안전하다. 신용 점수를 빨리 높이고 싶다면 신용 카드 한도를 높이면 도움이 된다. 한도 상향은 은행 홈페이지에서 신용 카드 부분에서 요청한다. 처음부터 많은 금액을 높여 주지 않으므로 적은 금액 인상을 자주 신청하면 된다.

(6) 단기 & 장기의 투자 목표 설립

렌트 주택 투자로 목표를 정했으면 시간별 목표도 함께 고민해야 한다. 시간에 대해서 초보 투자자들은 막연하게 접근하는 부분이기도 하다. 렌트 주택을 사면 무조건 좋을 거라는 기대감에서 투자를 하면 금방 갑갑해짐을 경험한다. 왜냐하면 렌트 주택은 순간순간 수익률이 변하는 재미를 주는 투자가 아니다.

미국 렌트 주택 투자는 시세 차익을 1순위 목표로 추구하는 투자가 아니다. 렌트 투자는 월세 소득을 바탕으로 한 캐쉬 플로우를 쌓아가는 접근 방법이다. 하지만 코로나 시기에 집값이 급격히 상승해서 시세 차익이 컸다. 그렇다고 주택을 구매하면 코로나와 같은 일이 생기기를 기대하면서 투자한다면 정신적 피폐함이 심해질 뿐이다. 한국의 갭 투자 개념은 맞지 않는다.

투자한 렌트 주택의 가치가 점진적으로 상승해서 집값이 오르는 현상은 부수적 현상일 뿐이다. 시세 차익을 목표로 투자하면 투자 성격보다는 투기가 된다. 물론 렌트 주택 투자는 집의 가치 상승을 기대한다. 투자자의 당연한 심리다. 하지만 장기에 기대 가능한 현상을 단기 목표로 정하면 위험한 투자가 된다.

렌트 주택 투자의 단기 목표는 월세다. 구체적으로는 재산세, 보험료, 융자 대금 등의 비용을 다 지불하고서 투자자의 통장에 남아있는 캐쉬 플로우다. 캐쉬 플로우의 이익을 단기 목표로 정해야 한다. 렌트 수익이 플러스(plus)야지만 수리와 가전제품 설치 비용 등으로 사용할 수 있다. 매달 남는 돈이 있어서 저축이 되어야지 렌트 주택 운영비가 자동 충당(automatic covering) 가능해진다.

렌트 주택 투자의 장기 목표는 당연히 가치 상승에 따른 시세 차익이다. 시세 차익을 기대하더라도 단기 목표가 아닌 장기 목표이므로 투기가 아닌 투자에 해당한다. 장기 목표의 기간은 얼마여야지 적당할까? 선배 투자자들의 견해는 최소 3년, 평균 5년 이상으로 잡고 있다. 장기 목표 기간이 달성되었다고 해서 판매 시점이 아닐 수 있다. 판매는 투자자의 재정 계획에 맞춰서 세금 혜택을 충분히 고려한 작전이 필요하다.

저자의 렌트 주택 투자의 단기 목표는 캐쉬 플로우가 800불 이상 확보다. 너무 적지 않나? 고금리에 주택을 구매하므로 당분간 낮은 캐쉬 플로우를 감당하는 방어진을 꾸몄다. 800불 목표를 이루기 위해서 다른 하위 목표가 줄줄이 따라서 정해진다. 지역, 주택 형태, 융자 프로그램, 다운 페이먼트 금액 등이 800불에 맞춰서 짜여진다. 아무리 예쁘고 매력적인 집이라도 월세 마진이 최소 800불 아래로 떨어지면 후보 목록에서 제외한다.

단기에 플러스 렌트수익을 목표로 정해야 비축금, 예비금(리저브, reserve)을 모을 수 있다. 저축한 리저브는 예상치 못한 비용과 정기적 교체가 필요한 비용이 발생할 때 사용 가능하다. 중개인 중에서 단기 목표인 월세를 무시하는 사람도 있다. "월세가 마이너스여도 나중에 집값이 오르면 이득이에요."라고 구매 설득을 한다. 하지만 단기 소득이 마이너스여서 몇 년 동안 손해를 보면 결국 비용 부담 때문에 파산(디펄트) 위험이 크다.

저자의 장기 목표는 시세 차익이 커지더라도 당분간 판매할 생각이 전혀 없다. 저자가 뉴저지에서 처음 구매한 페어론 집은 구매한 지 1년도 안 돼서 1억이 올랐다고 판매 의향을 문의하는 연락을 종종 받는다. 저자의 장기 목표는 장기 소유에 있으므로 시세 차익에 대해서는 당분간 관심을 내려놓았다.

장기 목표를 판매만 생각할 필요는 없다. 저자의 장기 목표는 1시간 반경 안에 단독 또는 2가구 다세대 주택을 늘려 가는 계획이다. 이동 거리

시간을 1시간으로 정한 이유는 투자한 주택이 모여 있으면 관리가 편하기 때문이다. 또한 경험이 쌓이면 공동 투자도 하고 플립도 다시 할 계획이다.

렌트 주택은 단기와 장기 목표에 차이가 있다. 각각의 목표를 혼합해서 생각하면 판단 착오를 할 수 있다. 장기로 정한 목표가 단기에 빨리 안 된다고 조바심을 내도 소용없다. 단기 목표인 캐쉬 플로우를 건전하게 만들어 놓고 장기 가치 상승은 느긋하게 기다리는 마음가짐이 투자자의 정신 건강과 재정 건정성에 도움이 된다. 월세와 캐쉬 플로우가 튼튼하게 뒷받침되는 렌트 주택이 장기 가치 상승이 보장되는 투자다.

I에서는 한인이 미국 땅에 있는 주택을 구매해서 월세를 놓으면 좋은 이유를 설명했다. 반면 렌트 주택 투자를 망설이게 하는 장벽을 비금융 부분을 중심으로 보았다. 그리고 렌트 주택 투자를 위해서 준비해야 할 전략을 살펴보았다. 초보 투자자마다 준비 단계의 기간이 다르다. 저자는 10년 정도 걸렸다. 마음의 벽을 낮추고 새로운 기회를 얻기 위해서는 투자자가 새로운 관점의 열린 자세가 필요하다.

Investing:
본격적인 렌트 주택
투자 과정

이제 좋은 렌트 주택을 구매하기 위한 단계로 발걸음을 내디딘다. 도대체 어떻게 해야 예쁘면서 튼튼하고 수익도 높은 렌트 주택을 찾을 수 있을까? 첫눈에 마음을 사로잡는 집을 재빨리 구매하면 될까? 어물쩍 하다가 마음에 드는 집을 놓치기 전에 빨리 하나 골라서 계약하면 될까?

　초보 투자자는 경험이 없는 상태에서 출발한다. 저자도 처음 집을 보러 다니면 집만 봤다. 집 색깔이 예쁘고 내부 인테리어가 멋지게 장식되어 있으면 투자용으로 좋은 집으로 착각했다. 집을 구하기 위해서는 집만 보면 안 된다. 집 상태가 좋아야 하는 점은 기본 사항이지만 이외에 필요한 조건들이 여러 개 있다.

　Ⅱ에서는 집을 검색하거나 보러 다닐 때 유념해야 하는 내용을 먼저 살펴본다. 수많은 집 중에서 렌트 투자용으로 적합한 집을 발견한 후 어떻게 구매가 이루어지는지 과정을 알아본다. 미국 부동산 용어 중에서 이해가 힘든 컨틴전시(contingency)에 대해서 의미와 중요한 이유를 설명한다.

4. 미국 렌트 주택 조사 시 놓치면 안 되는 핵심 사항

초보 투자자가 부동산 투자 대상을 렌트 주택으로 범위를 좁힌 후 할 일이 있다. 어떤 주택이 렌트하기에 좋은지 기준을 정해야 한다. 기준 없이 주택을 보면 자신도 모르게 투자 가치가 없는 매물을 덥석 구매하는 위험에 빠지게 된다. 모든 주택은 주거용으로는 가능할지라도 렌트용은 한정되어 있다. 자가 주거용 주택과 월세 렌트용 주택은 명백히 구분하고 접근해야 한다.

렌트 주택 구매 시 투자자가 합리적인 비용 분석과 경제적 평가를 명확히 할까? 집을 선택하는 기준이 이성적일까, 감성적일까? 초보 투자자가 주거용 주택과 렌트용 주택을 잘 분별할 수 있을까? 기준이 없으면 느낌만 좋은 집을 구매할 수 있다. 초보 투자자는 느낌에 빠지면 안 된다. 베테랑이 되기 전까지는 기준을 만들고 후보 주택이 기준에 부합되는지 따져 봐야 한다.

점검표(checklist)를 만들어서 후보 주택을 평가하면 놓치는 부분을 예방할 수 있다. 먼저 큰 카테고리를 정한 후 세부 사항을 추가하는 방식이 편하다. 체크 사항은 자세히 나누면 30개 정도까지 늘어난다. 처음에는 성가시고 힘들 수도 있지만 체크 리스트를 확인하면서 집을 보면 배우는 내용이 알차게 쌓여 간다. 이 장에서는 크게 7개로 구분해서 살펴본다.

(1) 투자 불변 요소: 지역(위치)

부동산 투자 시 고려해야 할 제일 중요한 요소를 꼽는다면 무엇일까? 위치(location)다. 주택 위치는 투자 후보 주택을 조사할 때 1순위 기준이다. 그런데 위치가 정확히 무슨 의미일까? 저자도 위치가 중요한지는 알겠지만 너무 추상적이고 이해가 되지 않았다. 아마도 지역을 땅으로만 생각해서 그럴까?

위치를 고려할 때 두 차원으로 접근해야 한다. ① 거시적 관점과 ② 미시적 관점이다. 먼저 크고 넓게 위치를 보고 다음에 작고 세밀하게 위치를 좁혀 나간다. 즉, 투자할 후보 지역을 좁혀 나가는 작업을 해야 한다. 어떤 요소를 기준으로 지역 범위를 좁혀 나가야 할까?

미국에서 렌트 투자로 좋은 지역은 인구 밀집도와 인구 유입이 많은 주와 도시다. 대표적으로 캘리포니아, 조지아, 텍사스, 네바다, 뉴욕 등이다. 미국 전체 50개 주 중에서 10개 이하로 줄인다. 다른 주에 투자하는 게 유리할 수도 있지만 저자는 직접 관리까지 해 보고 싶어서 거주하고 있는 뉴저지로 결정했다.

뉴저지 전체를 대상으로 할 순 없으므로 북부 뉴저지로 좁혔다. 북부 뉴저지도 너무 넓기 때문에 지역을 좁혀야 한다. 뉴저지는 카운티(county)로 나누어진다. 카운티는 한국의 군(郡)과 비슷한 행정 단위다. 카운티마다 분위기, 특징, 소득이 다르다. 저자는 투자 지역을 카운티 4개로 정했다.

4개의 카운티는 버겐(Bergen), 허드슨(Hudson), 파사익(Passaic), 에섹스(Essex)다. 처음에는 4유닛 멀티 패밀리를 투자 목표로 정했기 때문에 카운티 범위가 넓었다. 집에서 1시간 넘는 거리까지 다니면서 다세대 주택을 살펴보았다. 1년 넘게 여러 카운티에서 나온 집을 보다가 거리와 관리 가능성을 고려해서 버겐 카운티로 좁혔다. 즉, 4개 카운티에서 1개로 좁혔다.

버겐 카운티로 정한 이유는 저자가 살고 있는 지역이며 다른 카운티보다 생활 수준이 높고 상태가 양호한 집이 많다. 이제 카운티 안에 있는 도시(city)를 좁혀 나가야 한다. 오픈 하우스를 다닐 때 일부러 새로운 도시를 포함해서 다녔다. 도시마다 인종, 학군, 지역 색깔, 느낌이 확연히 다르다.

미국 → 주(state) → 카운티(county) → 시(city)

거시적 관점에서 장소를 고를 때 흔히 듣는 말이 있다. "미국은 넓지만 시스템은 비슷하므로 어느 주(state)나 투자해도 된다." 과연 맞는 주장일까? 미국을 잘 알고 투자 경험이 충분한 베테랑은 가능하지만 초보 투자자는 위험하다. 초보 투자자는 자신이 살고 있는 주에서부터 시작하는 편이 안전하고 좋다. 투자자의 집과 가까운 위치일수록 관리도 편하다.

한국에서 투자하는 경우는 어떻게 해야 할까? 당연히 미국에 자주 오기 힘들므로 미국에서 믿을 만한 부동산 중개 회사를 소개받아서 진행하는 방법이 최선책이다. 이 경우는 캘리포니아, 텍사스, 조지아, 애리조나에서 직접 활동하는 한인 투자 회사의 도움을 받아서 투자를 진행할 수밖에 없다.

미시적 관점은 아래에 나오는 내용들이다. 초보 투자자들이 실수하는 부분이 있다. 거시적 관점의 위치를 먼저 정해야 하는데 미시적 관점의 요인을 우선순위로 생각한다. 미시적 요소를 기준으로 렌트 주택을 찾으면 투자의 방향성을 잃기 쉽다. 투자자는 거시적 요소와 미시적 요소를 균형 맞추면서 고려해야 한다. 처음에는 어렵지만 경험과 시간이 쌓이면서 이해가 된다.

(2) 주택이 앉아 있는 지형 살피기

지역이 정해지면 집중적으로 오픈 하우스를 보러 다닌다. 집을 볼 때 집만 보면 안 된다. 집은 땅과 함께 있으므로 땅도 봐야 한다. 땅(地)의 형상(形狀)을 본다. 땅의 경사, 기울기를 확인한다. 평평한 지대에 건축된 집이 제일 좋다. 산기슭 또는 내리막길에 있는 집은 지하실과 벽에 물이 스며 들어올 수 있다.

땅 모양이 반듯해야 좋다. 네모난 땅이 보기도 좋고 쓸모도 있다. 삐죽 튀어나온 땅 모양은 사용하지 못하는 부분이 많다. 여름에 집을 구경하면 나무가 울창하게 자라서 나무에 감탄하느라 지형을 제대로 파악하지 못하기도 한다. 인터넷 부동산 사이트에서 땅 모양을 먼저 확인하고 집을 봐야 한다.

진입로(드라이브웨이, driveway)는 차고로 들어가기 위한 도로다. 집 밖의 공공 도로가 아니고 집에 속한 길이다. 미국 집은 주차 장소가 중요한데, 차고가 있건 없건 최소한 드라이브웨이는 있어야 렌트할 때 유리하다. 그런데 진입로를 옆집과 같이 사용하는 땅 구조의 집이 종종 있다. 선배 투자자들의 조언에 따르면 이런 집은 투자하지 말아야 한다. 공동 사용하는 진입로는 구역 문제로 인해서 분쟁 발생의 우려가 있기 때문이다.

계단식 지형에 집을 건축하면 진입로의 경사가 심한 경우가 흔하다. 계단 윗부분(꼭대기)의 집은 경치와 전망(view)이 좋긴 하지만 눈과 비가 많이 오는 북부 뉴저지에서는 렌트 주택으로는 피하는 편이 안전하다. 눈과 빗길에 세입자의 차가 뒤로 미끄러지면 안전사고 문제가 발생할 수 있으므로 계단 아래쪽 집이 마음 편하다.

(3) 세입자 관리에 영향을 주는 주택 형태

미국 주택 유형은 간단히 싱글 패밀리(단독)와 멀티 패밀리(다세대)로 나눌 수 있다. 가구(유닛) 수로 구분한다. 1가구로 구성되면 싱글 패밀리이고 2가구에서 4가구로 구성된 주택은 멀티 패밀리다. 5가구 이상은 아파트(상업용)로 취급한다. 다세대는 면적당 가구 수가 늘어나므로 단독보다는 수익 면에서 유리하다.

투자자 입장에서는 수익이 좋은 멀티 패밀리 주택이 끌리기 마련이다. 저자의 엘름우드 파크 집은 2유닛의 다세대인데, 월세가 4,700불이다. 그런데 같은 가격의 다른 투자자의 단독 주택은 월세 4,000~4,200불을 받고 있다. 방 개수도 4개, 화장실도 2개, 땅 크기도 같지만 멀티 패밀리는 월세 총액이 많다.

하지만 단독과 다세대의 큰 차이점이 있다. 초보 투자자는 다세대 주택의 세입자 관리의 어려움을 모른다. 멀티 패밀리는 이익이 크지만 서로 다른 2가구가 같은 집에 살기 때문에 접촉 문제가 발생한다. 한국 아파트에서 겪는 층간 소음이다. 미국 집은 나무로 지은 집이 대부분이어서 윗집의 화장실, 발걸음 소리가 한국보다 훨씬 생생하게 들린다.

위아래 가구의 세입자들이 사이좋게 지내면 별문제가 없지만 아랫집에서 소음 때문에 경찰 신고와 집주인(투자자)에게 불만 제기를 계속하는 경우도 흔하다. 다세대 주택의 오픈 하우스에 가 보면 한 가구가 비어 있는 경우를 종종 본다. 대부분 층간 소음 때문에 세입자들 사이에 싸움이 나서 한 가구가 나간 경우다.

저자는 멀티 패밀리를 구할 때 위아래(top and bottom) 형태의 주택은 고려하지 않는다. 옆으로 연결(side by side) 형태의 주택이 안전하다. 엘름우드 파크 집은 옆으로 되어 있어서 구매했다. 옆으로 되어 있음에도 불구하고 벽을 사이로 소음이 들리긴 한다. 그래서 먼저 입주한 세입자가 반려동물과 아이들이 없는 사람들이어서 다른 세입자도 비슷한 조건으로 맞추느라 시간이 오래 걸린 문제점은 있다.

미국 주택을 구경 다니면 특이한 점을 발견한다. 모양이 비슷한 주택이 거리를 따라서 줄지어 있다. 위아래 2가구 다세대 주택만 있는 거리도 있고 귀여운 단독 주택만 있는 거리도 있다. 미국은 용도 지역(조닝, zoning)에 따라서 비슷한 주택끼리 군락을 형성하고 있다. 조닝의 주택 유형에 따라서 세입자 특징도 다르다. 단독 주택은 1가족 단위로 입주하므로 집안 내 소음에 대해서 투자자가 신경 쓸 일이 없다. 일반적으로 다세대 주택의 세입자는 집을 잘 관리하는 편이 아니다. 즉, 가구 수가 늘어나면 늘어날수록 투자자가 신경 써야 하는 부분이 많아진다.

초보 투자자에게 세입자 관리는 어려운 문제다. 세입자가 한인이 아닌 다른 민족이 들어올 경우 힘들어하는 한인 집주인도 많다. 언어와 문화가 다르고 영어가 힘든 집주인은 세입자를 어려워하거나 반대로 무시하는 경향도 있다. 저자는 처음에는 수익이 좋은 다세대 주택을 투자 대상으로 정했다. 시간이 지나면서 생각이 바뀌어서 관리가 쉬운 단독 주택을 먼저 구매한 후 다음은 2가구 주택을 구매했다. 단독 주택은 세입자가 1가구이므로 의견과 요구 사항이 간단해서 집주인이 대응하기가 수월하다.

주택 형태는 단순히 집의 모양과 디자인만 다른 게 아니다. 집에 거주하는 사람까지도 영향을 준다. 즉, 세입자 구성을 바꾼다. 집의 스타일에 따라서 세입자 관리가 확실히 달라진다. 세입자 관리 차원을 고려하면 싱글 패밀리가 쉽고 다음으로 2가구 멀티 패밀리다. 주택 가구 수가 늘어날수록 수익도 늘어나지만 세입자 관리의 복잡성 또한 같이 늘어난다.

(4) 교통, 편의 시설, 동네 분위기 확인

주택을 보러 다니다 보면 실내 장식과 외부 시설까지 마음에 드는 집을 만난다. 부인들이 좋아하는 스타일의 부엌과 산뜻한 화장실 인테리어의 집을 보면 투자자 본인이 살고 싶은 집도 있다. 그런데 이런 집이라도 고속 도로와 지방 도로의 접근성이 나쁘면 렌트용 주택으로는 순위가 뒤로 밀린다.

미국인들은 자동차가 있으니까 도로에서 멀리 떨어진 집도 나쁘지 않다고 생각할 수 있다. 물론 투자자 본인이 직접 살려고 하는 집이라면 틀린 의견은 아니다. 하지만 렌트용 주택은 도로가 가까워야 세입자가 빨리 들어온다. 국도와 지방 도로로 바로 진입 가능하면 할수록 다른 렌트 주택과 경쟁에 유리하다.

저자가 사는 버겐 카운티의 경우는 기차와 버스도 중요한 교통수단이다. 맨해튼으로 출근하는 세입자는 주차비와 다리 통행 요금 부담 때문에 기차와 버스를 선호한다. 집 근처에 버스 정류장이 가까우면 렌트 주택으로 좋다. 기차역은 약간 다르다. 기차역 바로 옆은 시끄러우므로 최소 5분 정도 떨어진 위치가 좋다.

편의 시설(amenity) 또한 중요하다. 근처에 쇼핑몰, 병원, 동네 상점, 식당이 있어서 10~15분 안에 갈 수 있는 거리면 세입자들이 좋아한다. 월마트, 코스트코, 한인 마트는 세입자들에게 좋은 인상을 주는 편의 시설이다. 특히 약국과 슈퍼마켓인 CVS, Walgreens, Shoprite 등이 있으면 바람직하다.

마음에 드는 후보 주택의 교통과 편의 시설은 구글 지도(google map)로 쉽게 확인할 수 있다. 그리고 직접 방문해서 동선을 확인한다. 동네 주변에 있는 상가도 방문해서 상점이 비어 있는지 분위기를 파악한다. 구멍가게(deli)에서 베이글과 커피를 마시면서 식장 주인과 대화를 한다. 상점에 오는 주민들의 표정을 살펴보면 동네 느낌을 어느 정도 알 수 있다.

(5) 위험 요인 조사와 보험 가격 파악

마음에 드는 집을 찾으면 순간적으로 두 가지 면을 보게 된다. 집의 겉모습과 내부 인테리어를 훑어본다. 자가 거주용 주택이건 렌트용 주택을 구매하건 두 가지는 기본이며 핵심이다. 하지만 주택의 좋은 점만 보면 분별력이 흐려진다. 주택은 움직일 수 없는 고정성 때문에 주변 환경으로부터 영향을 강하게 받는다. 특히 집을 둘러싼 부정적 환경 요인은 반드시 짚어 봐야 한다.

부정적 환경은 주택의 외형과 내부 디자인보다 훨씬 중요하지만 초보 투자자는 즉시 알아채기 힘들다. 대표적으로 4가지 요소를 꼽을 수 있다. ① 홍수, ② 화재, ③ 범죄, ④ 소음이다. 집이 아무리 최신식 모델이어도 이런 요소가 있다면 위험과 관련이 크다. 신중하게 검토한 후 투자할지 다른 주택으로 눈을 돌릴지 결정해야 한다. 환경 요인은 투자자가 바꿀 수 없기 때문이다.

물론 위험 지역에도 집은 존재하고 거래도 이뤄지고 있다. 하지만 거래 기간이 오래 걸리고 어떤 주택은 판매도 안 되고 렌트도 들어오지 않아서 폐허로 되기도 한다. 지역, 위치, 교통이 좋은 집이라 하더라도 위험 요소는 있을 수 있으므로 방심하지 말고 위험 요소가 어느 정도인지 반드시 확인해야 한다.

집을 판매하는 집주인(셀러)은 일부러 위험 요소를 말하지 않거나 오히려 숨기는 경우가 일반적이다. 모른 척하기와 시치미 떼기 전략을 취한다. 집주인은 높은 가격으로 집을 빨리 팔고 싶기 때문에 나쁜 점을 숨겨야 하는 이유가 충분히 있다. 판매자는 자신의 집의 약점을 절대로 노출하지 않는다. 그렇다면 구매자는 위험 요소를 발견하지 못할 수도 있다.

혹시 '투자자의 중개인이 미리 조사해서 알려 주지 않을까' 생각할 수 있다. 중개인이 워낙 꼼꼼하고 착하면 가능할 수도 있겠지만 지나친 희망 사항이다. 투자자가 위험 요소를 미리 파악한 후에 담당 중개인에게 세부적인 자료 조사를 질문하는 편이 안전하다. 투자자가 눈에 보이지 않는 위험 요소까지 고민하고 있음을 중개인에게 알려 줘야 중개인도 신경을 쓴다.

❶ 홍수 지역(flood zone)

플러드 존은 비가 오면 물이 주로 지하실에 들어오는 지역이다. 지하실이 없는 주택은 1층에 물이 들어온다. 홍수 지역이 나쁜 이유는 물이 집의 토대(foundation)를 악화시키므로 집 구조(structure)의 변형을 초래한다. 미국 집은 나무로 짓기 때문에 물이 들어오면 나무가 뒤틀리고 썩는 문제가 발생한다.

미국 동부 지역은 비가 오면 지하실에 물이 들어오는 경우가 있다. 특히 비가 2~3일 연속 오는 가을 장마철에는 물이 스며든다. 허리케인이 오면 홍수 지역 주민은 언제나 긴장한다. 홍수 지역은 홍수 대비 보험을 들어서 언제 있을지 모르는 홍수 피해를 대비해야 한다.

구매하고자 하는 집이 홍수 지역에 있는지 어떻게 알 수 있을까? 미국 연방재난관리청(FEMA) 홈페이지에 집 주소를 입력하면 바로 알 수 있다. 또는 부동산 사이트인 realtor.com에서 주소 입력 후 환경 위험(environment risk) 부분에서 쉽게 확인 가능하다. 홍수 위험 정도는 1부터 10까지의 숫자로 표시된다.

투자자가 웹사이트에서 구매하고자 하는 집이 플러드 존 안에 있는 사실을 발견하면 중개인에게 물어봐야 한다. 중개인이 보는 웹사이트는 보다 정확한 기록을 가지고 있다. 홍수 지역에 있는 집은 판매자가 주로 겨울에 내놓는다. 비가 많이 오는 여름과 가을을 피하는 작전이다. 그리고 지하실에 물이 들어오지 않는 것처럼 보이기 위해서 지하실을 깔끔하게 페인트칠을 하는 판매자도 있다.

렌트용 주택의 경우 홍수 문제는 거주하고 있는 세입자뿐만 아니라 집주인에게도 골치 아픈 문제다. 비가 올 때마다 지하실 또는 1층에 물이 들어오지 않았는지 항상 신경을 써야 한다. 그런데 홍수 지역이 아닌데도 지하실에 물이 들어오기도 한다. 이런 경우는 집을 구매하고 나서야 발견하는 경우가 흔하다.

홍수 지역도 아닌데 지하실에 물이 들어오는 경우는 지형과 토양이 큰 이유다. 땅 경사가 집 쪽으로 나 있으면 빗물은 기울기가 낮은 집을 향한다. 토양이 물을 빨리 흡수하지 못하는 토질이면 빗물이 점점 지하실 벽과 바닥으로 스며든다. 지하실에 물이 들어와서 세입자의 물건에 피해를 주기도 한다.

이렇듯 홍수 지역의 주택은 피해야 하지만, 만약 구매한다면 어떤 조치를 취해야 할까? 지하실에 배출 펌프(sump pump)를 설치한다. 지금은 펌프의 모터 성능이 좋아서 지하실에 물이 고이기 전에 수월하게 물을 밖으로 빼낸다. 간혹 오픈 하우스에 가면 썸프 펌프를 2개 설치한 지하실이 있다. 펌프가 2개나 있으면 물이 상당히 많이 들어오므로 굳이 구매하지 않는 게 안전하다.

❷ 화재 지역(fire zone)

산불 위험(wildfire risk)이 있는 지역을 의미한다. 미국 서부 캘리포니아가 대표적이다. 저자가 사는 뉴저지 북부는 산불 위험이 적어서 화재 지역 검사는 거의 하지 않는다. 화재 지역은 산불 보험을 들어서 대비해야 한다. 산불이 나면 막을 수 있는 방법이 거의 없으므로 보험은 필수로 들어야 한다.

산불 위험 지역 여부는 미국 산림청(USFS) 홈페이지에서 확인 가능하다. 특이한 점은 산불 지역에 있는 집이라고 해서 주택 가격이 저렴하지는 않다. 아마도 화재가 항상 발생하지 않고 보험으로 대비를 하므로 주택 가격에 큰 영향을 주지는 않는다. 홍수와 산불은 'riskfactor.com' 사이트에서 함께 확인할 수 있다.

리스크팩터 웹사이트 확인 방법은 검색창에 구매할 집의 주소를 입력하면 홍수(flood), 불(fire), 열(heat) 3개의 환경 요소의 강도를 숫자로 보여 준다. 열은 여름에는 더우므로 거의 모든 지역이 심각함(severe)으로 표시된다. 하지만 산불과 홍수는 안전한 1이어야 한다. 위험이 최저(mini-mal)여야 한다.

❸ 범죄율(crime rate)

범죄율은 범죄 건수 비율을 표시하는 지표다. 범죄율은 해당 지역의 안전 수준과 치안 상태를 나타낸다. 또한 주민 성향과 거주 안전성을 보여 준다. 범죄율이 높은 지역은 인종, 경제 수준과 연결된다. 즉, 세입자의 수준, 질과 직접 연결되어 있다.

범죄율이 높은 지역은 투자 가치가 전혀 없을까? 수익률로만 본다면, 투자 비용 대비 월세를 계산하면 비율상으로 좋은 지역도 있다. 범죄율이 높아서 건물도 낡고 이웃들도 무서워 보이지만 적은 비용으로 주택을 소유하고 렌트도 가능하다.

저자도 처음에는 적은 비용으로 투자용 주택을 찾았다. 이때 발견한 동네가 패터슨(Paterson), 이스트 오렌지(East Orange), 웨스트 오렌지(West Orange), 어빙턴(Irvington), 뉴어크(Newark) 등이다. 집 가격이 낮아서 멀티 패밀리도 저렴하게 구입 가능하다. 숫자상으로만 보면 투자 가치가 높아 보인다.

그런데 범죄율이 높은 지역을 다니다 의문이 생겼다. 내가 이 동네에 오는 세입자와 대화가 가능할까? 월세를 안 내거나 문제가 생기면 원만한 해결이 가능할까? 소송을 해서 문제를 해결하면 된다고 쉽게 말하지만 소송처럼 투자자의 시간과 돈을 낭비하는 힘든 일이 또 있을까? 캡 레이트는 왜 높을까?

초보 투자자에게 범죄율이 높은 지역은 투자 회피 지역이다. 범죄율이 낮은 지역에서 집을 찾는 노력이 문제를 미연에 방지하는 최선책이다. 투자자 본인이 관리하기 힘든 세입자와 주택은 피해야 한다. 한때 저자는 가장 저렴한 멀티 패밀리를 구입하기 위해서 총알이 날아다니는 동네도 마다하지 않고 다녔다. 지금은 범죄율이 높은 지역은 투자 목록에서 완전히 제외한다. 범죄율 조사는 'areavibes.com' 사이트를 이용한다.

에리어바이브 사이트의 검색창에서 우편 번호(zip code) 또는 도시 이름을 검색한다. 범죄율은 A~F 등급으로 표시된다. 범죄율이 높으면 F 등급이고 안전한 동네는 A 등급이다. 저자가 투자한 페어론과 엘름우드 파크 주택은 모두 A+ 등급으로, 안전하다. 그리고 이 사이트는 범죄율뿐만 아니라 다른 요소도 나와 있으므로 투자 대상 도시를 살펴볼 때 큰 도움이 된다.

❹ 소음(noise)

불쾌하고 시끄러운 소리인 소음은 볼 수 없어서 주택 구매 시 놓치는 요소다. 주택과 관련 있는 소음은 교통(traffic)이 제일 큰 부분을 차지한다. 차량 소음과 기차 소리는 집을 고를 때 주의해야 한다. 교통이 편리하면 도로와 기차역이 가까울 수 있지만 소음이 생활에 방해될 정도의 거리는 피해야 한다.

소음은 사람마다 느끼는 정도가 달라서 의견이 다르지만 소음은 주택 가치를 높여 주지는 않는다. 원하는 집이 교통량이 많은 사거리에 있다면 포기해야 할까? 완전 리모델링된 집이 있어서 가보니 기차 소리가 큰 기찻길 옆에 있다면? 물론 고속 도로 옆과 기찻길 주변에도 집이 있고 매매도 된다. 그렇다면 구매해서 렌트해도 될까?

저자는 소음 발생이 큰 위치에 있는 주택은 희망 목록에서 제외한다. 외관도 예쁘고 깨끗하게 수리가 된 집은 투자자를 유혹한다. 그래도 기차역 근처와 기찻길 주변은 투자용으로 나쁘다. 미국 집은 나무로 짓기 때문에 기차가 지나가면 집이 미세하게 흔들린다. 밤에는 기차 기적 소리가 커서 밤잠을 설친다. 기차 경적이 운치 있다고 추천하는 중개인도 있는데 주의할 필요가 있다. 밤잠을 계속 설치면 고문과 같다.

만약 자가 거주용 집인 경우는 집주인이 참고 살면 된다. 창문도 이중창으로 해서 기차 소음을 줄일 수 있다. 하지만 렌트용 주택은 세입자가 자주 이사를 간다. 집이 비는 기간과 빈도가 늘어난다. 기차역 근처의 주택은 저렴하지도 않지만 렌트는 높지 않다. 투자 대비 이익 환원율이 낮다. 투자자는 굳이 소음 지역에 투자해서 손해를 만드는 일은 피해야 한다.

고속 도로와 바로 인접해 있는 주택은 자동차 굉음으로 피로도가 높다. 주택가에 위치한 집이라도 교통량이 많고 사거리 코너에 있으면 어린 아이들이 있는 가족은 소음과 안전사고 위험 때문에 회피한다. 교통사고 노출이 심한 집은 피해야 한다.

투자자가 렌트용으로 주택을 구매할 때 소음 문제를 잊기 쉽다. 투자자는 30분 정도의 잠깐 동안만 오픈 하우스를 보기 때문에 소음을 놓칠 수 있다. 하지만 세입자는 계속 거주하므로 소음은 성가신 문젯거리다. 소음 정도(level)를 알기 위해서 리얼터닷컴(realtor.com)의 지도를 이용하면 편하다.

여름에 집을 보는 경우 나무가 우거져서 기찻길이 집 옆에 있어도 볼 수 없을 때가 있다. 집 내부를 구경하다 보면 창문이 닫혀 있으므로 내부에 정신이 쏠려서 기차가 지나가도 소리를 듣지 못한다. 그래도 집이 마음에 든다면 고민할 수도 있지만 기찻길 옆은 투자용으로는 바람직하지 않다.

(6) 모든 요소를 함축하는 학군

지금까지 렌트 주택 투자 시 확인해야 하는 요소를 보았다. 지역, 위치, 지형, 주택 유형, 교통, 편의 시설, 위험 요소 등을 검토했다. 각각을 나누어서 설명해서 따로 독립되어 있는 요소로 보이지만 모든 요소가 밀접하게 연결되어 있다. 이런 여러 요소를 하나로 집약하면 학군(school district)이 된다. 학군이 좋은 지역은 일반적으로 모든 면이 만족스럽다.

학군이 우수하면 주민의 평균 소득이 높고 교통이 편리하며 범죄율도 낮으며 편의 시설이 제대로 갖추어져 있다. 학군이 우수한 지역은 교육열이 높아 백인과 동양인(한인)이 많이 거주한다. 특히 최고의 학군을 자랑하는 동네는 주재원 가족이 많이 찾을 만큼 모든 면에서 안전하고 편리하다.

북부 뉴저지의 경우 데마레스트(Demarest), 클로스터(Closter), 크레스킬(Cresskill), 포트리(Fort Lee), 올드 타판(Old Tappan), 리지우드(Ridgewood), 테너플라이(Tenafly), 알렌데일(Allendale) 등은 학군이 좋아서 한인과 백인 모두 선호하는 지역이다. 학군을 비교할 때는 공립 고등학교를 기준으로 한다. 초등학교와 중학교로 비교하면 안 된다.

학군이 좋은 지역은 객관적으로 어떻게 알 수 있을까? 저자는 'greatschools.org' 사이트에서 검색한다. 동네 이름 또는 우편 번호를 넣으면 원하는 지역의 학교가 나온다. 등급은 1~10인데 숫자가 높을수록 학군이 좋다. 일반적으로 도시별로 고등학교가 있지만 인구가 적은 동네는 몇 개의 도시가 합쳐져서 하나의 학군이 된다.

그렇다면 무조건 학군이 우수한 동네에 투자하면 될까? 저자도 처음에는 투자 지역을 정하기 힘들어서 학군이 좋은 동네 중심으로 렌트 주택을 알아보았다. 그런데 초보 투자자 입장에서 여러 가지 한계가 나타났다. 우선 집 가격이 높아서 다운 페이먼트와 융자 액수도 높아진다. 재산세가 다른 곳보다 비싸다.

학군도 좋고 가격이 저렴한 집은 없을까? 상태 나쁜 집이 경매로 나오기도 하지만 수리 비용이 많이 든다. 안전한 투자를 위해서는 학군이 중요한 요소이지만 투자의 수익성을 고려하면 학군 등급을 약간 낮추면 유리한 경우가 많다. 높은 학군의 지역에서 150만 불 주택을 구입해서 6,000불에 월세를 놓는 것 보다는 약간 낮은 학군의 60만 불 주택으로 4,000불 월세를 받는 편이 투자 대비 수익이 좋다.

학군이 어느 정도 수준이 되어야지 투자 가치와 안전도를 모두 확보 가능한지 여부를 꾸준히 연구해야 한다. 저자는 5~7등급이 투자용으로는 무난하다고 생각한다. 학군에 따라서 주택 유형도 차이가 난다. 높은 학군 주민은 다세대 주택보다는 단독 주택을 선호한다. 낮은 학군으로 갈수록 다세대 주택도 투자 가치가 높다.

(7) 융자 가능 금액의 눈높이 맞추기

마음에 드는 집을 발견해도 구매 가능성이 100%가 되지 않는다. 수익이 높은 3유닛의 멀티 패밀리를 구매하고 싶어도 전액 현금으로 구매하지 못하면 융자를 받아야 한다. 융자는 내외국인 신분에 관계없이 나온다. 대신 얼마만큼의 대출을 받을 수 있는가는 투자자의 상황에 따라서 달라진다.

집을 구하기 전에 투자자가 얼마만큼의 대출을 얻을 수 있는지 미리 확인해야 한다. 한국에서 투자하는 한국인(외국인 신분), 미국 내에 거주하는 한인 영주권자과 시민권자, 연간 소득 수준, 신용 점수, 자영업 여부 등의 여러 조건에 따라서 본인이 받을 수 있는 융자 금액을 미리 알아봐야 한다.

융자 가능 금액을 알면 투자자가 어느 정도 액수의 집을 구매할 수 있는지 지침(guideline)을 얻는다. 저자도 융자 가능 금액을 알아보기 전까지는 80만 불의 다세대 주택을 염두에 두고 있었다. 그런데 융자 가능 금액을 알아보니 50만 불까지 받을 수 있었다. 즉, 투자자가 빌릴 수 있는 현실적인 최고 금액을 알게 된다.

융자 가능 금액을 알면 투자 가능한 주택의 전체 가격을 산출할 수 있다. 그러면 투자자가 찾아볼 수 있는 구매 가능한 주택 가격대가 형성된다. 물론 저자가 취하는 방법은 극히 보수적이고 안전 지향적인 투자 방식이다. 공격적으로 영혼까지 끌어모으는 영끌 투자를 한다면 자신의 투자 한계를 뛰어넘을 수 있지만 초보 투자자는 피해야 한다.

융자 가능 금액에 맞춰서 투자자의 눈높이를 조정해야 한다. 대부분 처음에 기대했던 가격보다 낮아지는 하향 조정을 하게 된다. 초보 투자자는 자존심이 상할 수 있지만 투자자는 객관적인 조건(상한선)과 싸워서 이길 수 없다. 대신 주어진 조건의 테두리 안에서 최적의 투자 방법을 찾아내서 투자 성공을 달성하는 게 현명하다.

투자자의 취향에 따라서 다르지만 융자 가능 금액의 테두리 안에서 먼저 주택을 구매해서 렌트 사업을 시작하는 편이 최고의 전략이다. 융자금을 많이 받기 위해서 기다리다 보면 몇 년은 금방 지나간다. 투자자는 자존심을 내려놓아야 한다. 낮은 융자 금액에 맞춰서 주택을 구매하고 렌트 비즈니스의 길을 걷는 방법이 바람직하지 않을까?

5. 투자용 렌트 주택 구매 사전 준비 절차

지금부터는 주택을 직접 찾는 과정이다. 계약하기 전 단계다. 구매 계약서에 사인을 하기 전에 마음에 드는 주택을 골라내는 선별작업이다. 앞 장에서는 투자용 주택을 구매하기 위한 기본 사항을 중심으로 설명했다. 투자 방향을 정하는 나침반 역할을 하는 요소다. 이번 장에서는 좀 더 구체적으로 범위를 좁혀서 후보 주택을 고르고 렌트용으로 적합한지 따져 보는 단계다.

(1) 후보 주택 목록 검색하기

어느 지역에 어떤 유형의 주택을 구매할지 큰 그림이 그려지면 원하는 주택이 있는지 찾아보는 단계다. 구매 가능한 집은 어떻게 알아볼 수 있을까? 대표적으로 부동산 중개인의 후보 주택 소개와 인터넷 검색으로 매물로 올라온 집을 찾는다. 이외에도 차를 타고 다니다가 집주인이 직접 집을 판다는 푯말(For Sale by Owner)도 집을 찾을 때 도움이 된다.

저자가 후보 주택을 알아보는 일반적인 방법은 인터넷을 이용해서 손품을 파는 작업이다. 미국 부동산 매물은 엠엘에스(MLS)에 대부분 올라온다. MLS는 Multiple Listing Service인데 부동산 중개인이 매물을 올리는 인터넷 공간이다. MLS는 주별로 웹사이트 주소가 다르다. 일반인은 올리지 못하고 중개인만 등록할 수 있으므로 정보의 신빙성이 높다.

뉴저지는 'NJMLS.com'을 통해서 매물을 쉽게 검색할 수 있다. 미국 전체 매물을 편하게 볼 수 있는 사이트는 질로우닷컴(zillow.com)이 있다. 저자는 2개 사이트를 중심으로 보면서 리얼터닷컴(realtor.com)을 추가해서 주택 매물을 살펴본다. 그 밖에 트룰리아(trulia.com), 레드핀(redfin.com)도 있다.

부동산 웹사이트는 각각 특징이 다르다. 개별 사이트에 올라온 매물이 똑같지는 않다. 여러 사이트를 보면서 자신에게 맞는 사이트를 몇 개 정해야 한다. 보기 편하고 필요한 정보가 집약되어 있는 사이트가 좋다. 너무 많으면 오히려 시간 낭비와 검색 피로로 지친다. 3~4개 사이트 정도가 알맞다.

부동산 사이트에서 집을 볼 때 ① 집 외부 모양, ② 내부 구조, ③ 거리, ④ 지도를 함께 확인해야 한다. 구글 지도(Google Map)를 통해서 집의 위치와 주변 경관을 점검한다. 입체적인 모습을 보기 위해서는 구글 어쓰(earth.google.com)를 반드시 이용해야 한다. 위의 사이트들은 검색이 무료이므로 부지런히 손품을 팔면 마음에 드는 주택을 놓치지 않는다.

웹사이트에 등록된 인터넷 정보를 통해서 후보 주택의 상태를 평가할 수 있다. 인터넷 검색만으로도 90% 정도는 비호감 주택을 걸러낼 수 있다. 집이 기찻길 옆에 있는지, 코너 집인지, 주변에 강이 있는지, 위험 시설이 있는지, 교통이 편리한지 등 필수 정보와 위험 요소를 확인할 수 있다.

부동산 사이트에 올라온 주택 중에서 사진이 너무 잘 나와서 종종 속는 경우도 있다. 대부분 포토샵 작업을 거쳐서 밝고 화사한 느낌을 준다. 특히 방과 거실을 넓고 천장을 높게 보이게 하는 사진이 많다. 꾸준히 사이트 사진을 보고 경험이 늘면 과대 포장된 사진과 허위 정보를 발견할 수 있는 능력이 생긴다.

(2) 주택 직접 보러 다니기

인터넷과 주변 사람을 통해서 투자 목표 주택의 정보를 얻은 후 반드시 실물을 확인해야 한다. 임장(臨場) 또는 쇼잉(showing)이라고 한다. 집을 보기 위한 편한 방법은 오픈 하우스(open house)다. 일반인들이 부담 없이 집을 구경할 수 있으며 주로 토, 일요일에 행사를 한다. 판매자의 중개인(리스팅 에이전트)이 진행하며 집의 외부와 내부를 자세히 볼 수 있다.

오픈 하우스 날짜와 시간은 부동산 사이트에서 쉽게 확인 가능하다. 원하는 지역, 가격대, 방 개수 등의 범위를 설정하면 오픈 하우스 목록이 나온다. 오픈 하우스 날짜와 시간을 확인하고 동선을 잘 짜서 다니면 하루에 4~6개 정도 둘러볼 수 있다. 차로 이동해야 하므로 고속도로를 미리 확인해 둔다.

직접 집을 보면 인터넷 검토로 알 수 없는 특이한 사실과 분위기를 발견한다. 투자자의 오감이 민감하게 작동할수록 얻을 수 있는 정보가 많아진다. 먼저 집이 놓여져 있는 땅(지형)을 본다. 땅이 기울어져 있는지, 거리에서 내리막길에 있는지, 땅에 꺼진 부분이 있는지 등을 살핀다. 비가많이 오는 미국 동부는 물이 집안으로 들어오기 때문에 빗물이 어디로흐르는지 알아야 한다. 집과 떨어진 위치에서 땅의 경사도를 확인한다.

집 외부를 볼 때 지붕이 오래되었는지, 외벽이 헐었는지, 빗물받이 연통이 제대로 있는지, 에어컨 실외기가 있다면 녹이 슬었는지, 외부 계단의 벽돌이 완전한지, 창문이 깨지지 않았는지 등을 확인할 수 있다. 만약이런 부분에 하자가 있어서 투자자가 직접 수리하려면 비용이 꽤 드니 자세히 살펴본다.

집 내부를 보면 자주 놀란다. 부동산 사이트에 올라와 있는 사진은 넓고 깨끗하게 나와 있는데 막상 실물을 보면 실망하는 경우가 의외로 많다. 방 크기는 침대가 들어가면서도 공간 확보가 가능한지 본다. 방이 너무 작으면 세입자들이 꺼려 한다. 부엌은 내부 공간에서 제일 중요한 위치를 차지한다. 깔끔한 느낌의 디자인과 갑갑하지 않을 정도의 크기여야한다.

지하실이 있는 집은 물이 스며들지 않았는지 확인한다. 벽에 볼록 튀어나온 흔적과 부식이 있으면 물 침투의 증거다. 홍수 지역은 아니지만 지하실에 물이 들어오는 집도 많다. 화장실은 부엌 다음으로 중요하다. 타일, 세면대, 변기, 욕조 상태를 본다. 깨끗하고 깨진 곳이 없어야 한다. 저자는 물을 직접 틀어 보면서 확인한다. 고장 난 부분이 있으면 공사비를 예측해 본다.

다세대 주택일 경우 전기와 수도 계량기를 확인한다. 전기 계량기 수가 가구 수와 일반적으로 일치한다. 특히 전기 패널(배선판)이 제대로 설치되어 있는지 본다. 전기선이 가지런히 정리되지 않으면 위험하므로 수리를 요청할 수 있는 부분이다.

집을 볼 때 감성에 치우치면 가려져 있는 흠을 발견하지 못한다. 중개인이 말이 많고 부산하면 차분하게 살펴보기 힘들다. 문제를 발견하지 못하고 구매하면 나중에 투자자 본인이 돈을 들여서 수리해야 한다. 집을 볼 때는 탐정과 수사관처럼 침착하게 장단점을 꼼꼼히 살펴야 한다.

초보 투자자는 처음에 오픈 하우스를 피상적으로 보게 된다. 하지만 계속 다니다 보면 시야가 점점 넓어지고 살필 수 있는 항목도 다양해진다. 발품을 팔면 팔수록 자신도 모르게 보는 눈이 확장된다. 혼자 보러 다니는 것보다 투자자들과 함께 다니면 정보를 공유하면서 서로 큰 도움이 된다.

오픈 하우스를 중개인과 함께 가면 도움이 될까? 시기마다 다르다. 초보 투자자가 오픈 하우스 경험이 전혀 없다면 중개인과 같이 봐야 한다. 그런데 횟수가 늘어나면 중개인보다는 투자자들과 다니면 더 큰 도움이 된다. 중개인은 주로 집의 장점을 강조하지만 투자자들은 단점도 진솔하게 대화한다.

(3) 주택 가치 평가와 수익성 계산하기

인터넷에서 후보 주택을 검색하고 오픈 하우스도 직접 확인했는데 100% 마음에 들면 바로 구매하면 될까? 중개인이 지금 놓치면 안 된다고 구매를 재촉하면 어떻게 해야 할까? 주택 공급이 부족한 셀러스 마켓이면 구매자의 마음은 급해진다. 하지만 투자자는 구매 결정을 하기 전에 반드시 해야 하는 작업이 있다. 자가용 주택이건 렌트용 주택이건 판매자가 내놓은 가격(price)이 주택 가치(value)와 맞는지 조사해야 한다.

땅 크기, 방과 화장실 개수가 비슷한 집들이 최근 얼마에 거래가 되었는지 알아보면 주택 가치를 짐작할 수 있다. 부동산 중개인이 주변의 주택 가격과 비교를 하는데, 이런 작업을 컴프(comps)라고 한다. 컴프는 'comparable sales'의 약자로 '비교 대상이 될 만한 거래'라는 뜻이다. 컴프는 투자자 본인이 할 수 있어야 한다. 간단히 할 수 있다. 과거에 판매된 집들과 현재 올라와 있는 집을 후보 주택과 비교하면 된다.

후보 투자 주택의 가치가 판매가와 비슷하거나 높으면 구입해도 된다. 하지만 투자용 주택의 경우 수익성을 따져 봐야 한다. 현금 100%로 구입하면 재산세만 내면 월세의 대부분을 수익으로 가질 수 있다. 하지만 융자를 받아서 구매하는 경우가 일반적이므로 대출 원금과 이자 등을 비용으로 계산해야 한다.

수익성을 계산할 때 월세에서 비용을 뺀 순이익 같아도 투자자 성향에 따라서 수익성 평가는 다르다. 공격적인 투자자는 숫자상의 수익이 별로 없어도 시세 차익을 원하면 수익성을 좋게 평가한다. 매달 들어오는 현금 흐름(cash flow)이 중요한 투자자는 순수익으로 확보되는 현금에 따라서 평가한다.

저자는 투자 당시 순수익이 매달 최소 $800~$1,000은 되어야 안전한 투자라고 생각한다. 왜냐하면 이 정도 순이익이 들어와야지 나중에 예기치 않게 발생하는 수리 비용을 충당할 수 있다. 또한 보일러, 히팅, 가전 제품 등의 예측 가능한 교체 비용도 필요하므로 예비 자금(리저브)을 모아 둘 수 있다.

초보 투자자가 주의할 점은 후보 주택이 마음에 들면 주위 사람이 단점을 말해도 귀에 들어오지 않는다. 주관적인 평가가 객관적인 분석을 압도하면 주택 가치를 시세보다 높게 판단하고 비싸게 구입하는 문제가 생긴다. 베테랑이 되기 전까지는 감정에 들뜬 결정은 내려두고 계산 결과를 존중해야 한다.

(4) 렌트 안전성 고민하기

수익성을 계산해서 순수익이 좋은 매물이면 구매하면 될까? 아직 아니다. 렌트 투자의 안전성 또한 고려해야 한다. 렌트 주택 투자이므로 렌트가 지속적으로 안전하게 유지 가능할지 고민해야 한다. 렌트 주택의 안전성은 재정적인 측면과 사회적인 측면으로 검토한다.

재정적 측면은 위에서 살펴본 수익성과 겹치는 부분도 있지만 범위가 넓다. 공실률이 몇 개월 지속되는 경우, 세입자가 사정이 생겨서 월세를 미루는 일, 변동 이자율로 융자를 했는데 이자 폭등 문제 등. 투자자는 재정 문제가 발생해도 렌트 투자를 안전하게 지속할 수 있는 재정 쿠션 장치를 준비해야 한다.

만약 미래의 재정 문제를 해결할 수 없는 수준이면 투자할 주택 가격대를 낮추는 투자 계획 변경도 필요하다. 즉, 비싼 멀티 패밀리 주택 대신 낮은 단독 주택부터 투자를 시작하는 방법이다. 투자 성격을 공격적인 투자에서 안전을 고려하는 보수 성향으로 방향을 돌린다. 투자자의 마음이 바뀌어야 가능하다.

사회적인 측면의 안전성은 주로 인구 구성과 관련되어 있다. 투자 지역에 인구가 꾸준히 증가하는 추세인지, 주변 이웃의 인종이 어떠한지, 직업군이 사무직 또는 노동직인지 등. 오픈 하우스를 볼 때 옆집 이웃과 거리에 다니는 주민을 보면 후보 주택 근처의 분위기를 감지할 수 있다.

인종 차별은 나쁘지만 인종별 특성은 무시할 수 없다. 투자용 주택은 세입자가 누가 들어오느냐에 따라서 집주인의 스트레스 강도가 달라진다. 초보 투자자가 제일 겁먹는 부분이 세입자와 유대 관계다. 또한 언어 장벽이 있는 경우 세입자와 의사소통에 문제가 발생한다. 세입자 문제는 뒤에서 자세히 다룬다.

세입자가 백인, 남미인, 아랍인, 한인, 인도인, 중국인 중에서 누구냐에 따라서 렌트 안전성이 좌우된다. 지역별로 세입자 성향이 다르므로 사회적 안전성은 지역성과 연결된다. 초보 투자자는 여러 요소를 고려해서 안전성을 판단하기는 힘들다. 중개인과 다른 투자자들의 의견을 반드시 경청해야 한다.

(5) 지속적 관리의 편의성 고려하기

투자자는 렌트 주택에 거주하지 않으므로 집 상태를 매일 확인할 수 없다. 물론 다세대 주택의 경우 한 가구에 주인이 살고 있는 하우스해킹(house hacking)이면 문제를 빨리 파악할 수 있고 관리도 편하다. 그러나 일반적인 경우는 투자자의 거주지와 렌트 주택의 위치가 떨어져 있기 때문에 접근 편리성과 관리 용이성이 중요한 고민거리가 된다.

렌트 주택 투자를 망설이는 대표적인 이유 중에 하나는 지속적으로 관리를 편리하게 할 수 없을 거라는 걱정이다. 세입자가 문제가 생겨서 연락을 하면 어떻게 조치를 해야 할지 모르는 경우 막막해진다. 휴가를 떠났는데 렌트 주택에 문제가 생겨서 세입자가 연락을 하지 않을까 하는 걱정도 있다.

저자가 뉴저지에서 렌트 주택을 하기 전의 첫 투자 주택은 부동산 관리 회사를 이용했다. 관리 회사가 모든 일을 처리했으므로 저자는 관리, 운영 마인드가 전혀 없었다. 지금은 저자가 독립 투자하고 직접 관리도 해야 하므로 관리의 두려움을 가지고 출발했다. 그런데 직접 부딪히고 경

험을 해 보니 관리 요령이 점점 생긴다. 역시 걱정, 근심의 장벽을 부숴야
한다.

① 투자용 주택은 투자자가 거주하는 곳에서 가까울수록 관리가 편하
   다. 저자는 처음 투자 주택은 차로 30분 거리 이내로 정했다. 앞 페
   이지의 단독 주택(페어론)은 집에서 18분, 뒤 페이지의 멀티 패밀리(엘
   름우드 파크)는 20분 거리 안에 있다.

② 간단한 수선은 투자자가 직접 한다. 요즈음에는 유튜브에 자세한 설
   명이 나오므로 투자자가 마음만 먹으면 보기 좋을 정도로 수선할 수
   있다. 저자는 벽 페인트칠, 부엌 바닥 장판 깔기, 화장실 변기 내부
   부품 교체, 블라인드 달기, 진입로 아스팔트 입히기 등. 전문 기술이
   없어도 할 수 있는 작업은 직접 했다.

③ 일반적인 수리는 이미 알고 있는 업체와 핸디맨을 통해서 해결한다.
   전문적인 수리 업체를 알 수 없을 때는 담당 중개인 또는 업체 사장
   님으로부터 소개를 받는다. 만약 소개받기가 힘든 경우는 투자 주택
   에서 가까운 업체를 검색해서 진행한다.

초보 투자자는 반드시 가까운 거리에 있는 주택부터 투자해야 관리 경
험을 쌓을 수 있다. 수리 과정을 직접 지켜보면 주택의 구석구석에 대해
서 이해가 깊어진다. 가까울수록 관리가 편해진다. 1년 정도 경험을 쌓은
다음에 거리가 떨어진 곳의 주택에 투자하는 방법이 안전하다. 차근히 넓
혀 가야 편리하다.

한국에서 투자하는 경우에는 미국에 거주하지 않으므로 투자자가 지속적으로 집 상태를 확인할 수 없다. 해외 투자의 경우 미국에서 집을 관리하는 회사를 선정하면 구입부터 관리까지 처리 가능하다. 한인이 많이 사는 캘리포니아, 뉴욕시, 조지아, 텍사스 등에는 한인 부동산 관리 회사에서 도움을 받을 수 있다.

관리 회사에 맡기면 모든 걱정이 사라질까? 아쉽게도 도덕적 해이(moral hazard) 문제는 남는다. 투자자는 자신이 투자한 주택이 제대로 관리되고 있는지 가끔 암행어사처럼 둘러봐야 한다. 특히 세입자가 이사를 나가면 잠깐 집이 빈다. 이때가 집 상태를 볼 수 있는 유일한 기회다. 휴가를 내서라도 자신의 투자 주택을 확인해야 한다. 믿는 도끼에 발등 찍히지 않게 조심해야 한다.

(6) 모든 단계에 익숙한 중개업자의 중요성

주택 투자의 전체 과정에서 제일 중요한 전문가를 꼽는다면 단연코 부동산 중개인이다. 다른 전문가들은 해당 분야가 각각 정해져 있지만 중개인은 구매뿐만 아니라 구매 전부터 구매 후의 모든 과정에 참여하면서 다양한 도움을 준다. 중개인을 에이전트(agent)라고 하는데, 첩보 영화에 등장하는 에이전트와 같은 역할을 한다. 또한 오케스트라의 지휘자와 같다.

좋은 중개인은 투자자의 계획을 정확히 파악하고 조언을 해 줄 수 있다. 투자자는 렌트 주택을 구매하고 싶은데 중개인은 자가용 주택만 소개하면 투자자의 입장에서는 답답하다. 구매자의 마음을 알고 같은 방향으로 뜻을 함께하는 중개인이 필요하다. 초보 투자자는 나쁜 중개인을 만날 기회가 많으므로 조심해야 한다. 중개인의 능란하고 기술적인 말솜씨에 주의해야 한다.

초보 투자자는 미국 부동산 경험이 적기 때문에 실수할 가능성이 높다. 투자자 혼자 준비하면 투자 방향을 잘못 잡기도 한다. 반드시 확인해야 할 부분을 놓치기도 한다. 주택이 거주용이건 투자용이건 부동산 중개인과 반드시 함께 준비해야 안전도를 높일 수 있다. 단, 좋은 중개인이 파트너가 되어야 한다.

미국에 중개인은 많다. 자격증(license)을 가지고 있는 리얼터는 어디서든지 만날 수 있다. 한인 중개인도 많다. 하지만 나에게 적합한 중개인은 어디서 만날 수 있을까? 중개인은 어떤 능력을 갖추고 있어야 할까? 내가 실수하지 않고 투자용 주택을 구입해서 수익을 얻는 데 도움이 되는 중개인의 조건은 무엇일까? 저자가 중요하게 생각하는 내용은 5개 정도다.

❶ 정직성

중개인의 제일 중요한 덕목이다. 부정직한 중개인은 정보 중에서 유리한 내용만 알려 줘서 거래를 자연스럽게 유도한다. 구매자에게 사실(fact) 정보보다는 감정과 분위기를 자극하는 정보로 구매를 유도한다. 수익성 평가보다는 느낌(기분)에 호소하는 중개인은 투자를 그르칠 수 있다.

부정직한 중개인은 소극적으로 필요한 정보를 감춘다. 즉, 위험 요소와 필수 고려 사항을 말하지 않는다. 구매자가 초보자일수록 중개인은 주택의 나쁜 요소를 말하지 않는다. 심지어는 구매자가 위험 요소를 눈치챌까 봐서 좋은 점만을 열심히 나열하면서 구매를 재촉한다. 더 큰 문제는 장점으로 말한 내용도 사실이 아니라 주관적인 감정 호소가 대부분이다.

투자자가 초보면 중개인은 빠른 거래 성사를 위해서 정직하지 못한 행동을 하곤 한다. 저자도 이중적인 태도의 중개인을 경험했다. 기찻길 바로 옆에 집이 나왔는데 기차 소리가 운치가 있다고 추천한다. 집 내부의 마루가 기울어져 있는데 미국 집은 나무로 지어서 원래 기운다고 말한다. 지하실에 물이 스며든다고 하니 미국의 모든 지하실은 물이 들어온다고 한다.

심한 경우에는 홍수 지역의 집인데도 전혀 언질을 주지 않는 중개인도 만났다. 저자가 주택 기록을 조사하다가 홍수 지역임을 알게 되었다. 중개인에게 홍수 지역은 위험하다고 말하니 그제서야 홍수 지역은 좋지 않다고 실토했다. 중개인은 처음부터 주택의 나쁜 점을 알고 있지만 거래 성사를 위해서 말하지 않은 것이다. 지금 생각해도 아찔한 악몽이다. 만약 그때 이런 집을 구매했다면 금전적 손해와 정신적 충격이 컸을 것이다.

물론 모든 주택에는 주인이 있다. 저수지 옆, 기찻길 옆, 주유소 옆, 사거리 코너에도 집이 있고 주인도 있다. 하지만 굳이 투자용으로 나쁜 주택을 내가 구매할 이유는 전혀 없다. 이런 위치의 집을 중개인이 추천하거나 서두른다면 무언가를 감추고 있다고 생각하면 된다. 주택 투자는 위험으로 가득 찬 모험이다. 위험을 줄여야 투자는 성공으로 다가간다.

❷ 전문성

정직하고 성실한 중개인을 만나면 안심이다. 그런데 정직성과 함께 중요한 조건은 부동산에 관한 전문가여야 한다. 말이 많은 중개인 중에서 부동산 전문 지식보다는 잡다한 이야기만 하는 사람도 흔하다. 부동산 거래와 관련된 에피소드는 투자자에게 도움이 되지만 다른 주제는 주택 분석에 혼란을 준다.

리얼터에게 가장 필요한 전문성은 부동산 매매 계약이다. 단순히 계약서를 쓴다는 의미가 아니다. 오퍼를 넣을 때 어떤 점을 고려해야 할지 작전을 세워야 한다. 주택 가격을 측정할 수 있는 전문성이 있어야 한다. 투자용 주택이므로 월세 예측을 정확히 해서 수익성이 얼마나 있는지 판단해야 한다. 렌트 주택을 볼 줄 아는 전문성이 필요하다.

막연히 현관문이 예쁘다고 추천하거나, 지하실이 환해서 좋다거나, 뒷마당의 나무가 멋지다고 강조하는 등 특정한 면에 감상적으로 접근해서 주택 구매를 권유하는 중개인은 전문성이 떨어지거나 정직성까지 의심해봐야 한다. 중개인은 막연한 느낌으로 주택을 평가하지 말고 숫자(number)로 타당성을 제시할 줄 알아야 한다.

같은 주택이라도 자가 주거용과 투자용은 절대적으로 구분해야 한다. 자가 주거용 주택은 평가 기준이 대부분 학군과 관계가 깊다. 하지만 투자용은 반드시 월세 수익이 발생해야 한다. 임대 수익 분석은 고려해야 할 변수가 자가용보다 훨씬 많다. 렌트 투자자에게 자가용 주택 기준을 가져와서 좋은 집이라고 주장하는 중개인은 전문성이 떨어진다.

미국에 많은 한인 부동산 중개인이 있지만 대부분 자가용 주택 거래와 관련 있다. 투자용 부동산은 접근 방법이 다른데 이해하지 못하는 중개인도 많다. 물론 중개인이 계약서도 작성하고 집 구경(쇼잉)도 같이할 수 있지만 투자 개념에 익숙하지 않은 중개인은 투자자에게는 도움이 되지 않는다.

❸ 투자 경험

투자자는 렌트 주택을 투자 개념으로 접근하는데, 중개인은 단순히 집을 구매한다고 생각하면 무슨 문제가 있을까? 이렇게 말하는 중개인도 있다. "집을 일단 사세요. 렌트가 안 나가면 본인이 살면 돼요. 손해 볼 일은 없어요!" 초보 투자자에게 그럴듯하게 들린다. 맞는 말일까? 투자용과 자가 거주용은 다르게 접근해야 한다는 평범한 사실을 무시한 무책임한 주장이다.

렌트용 주택에 투자해서 직접 관리를 하고 있는 중개인은 투자자의 마음을 정확히 파악할 수 있다. 같은 공감대를 형성하고 있으므로 투자자가 궁금해하는 내용을 제대로 이해하고 설명해줄 수 있다. 렌트 주택 투자와 관리의 어려운 점을 함께 느끼는 동병상련(同病相憐)의 유대감이 있다.

중개인이 유튜브와 책으로 지식을 쌓아서 투자용 부동산을 설명할 수는 있지만, 투자 경험이 전혀 없는 중개인은 투자자의 세심한 의도를 제대로 헤아리는 데 한계가 있다. 자가용 주택과 렌트용 주택은 많은 부분에서 차이가 있다. 융자, 주택 구조, 위치 등의 차이점을 무시하고 단순히 주택이란 관점에서 접근하는 중개인과 일하면 투자자는 손해를 볼 수 있다.

자가용 주택 거래 경험만 있는 중개인은 렌트용 주택 구매 시 고려해야 하는 변수를 모르거나 무시하는 경우가 있다. 멀티 패밀리를 소개하면서 월세도 예측 못 하는 중개인도 있다. 주변 교통 상황 조사도 안 하는 중개인도 있다. 세입자를 다루는 노하우가 전혀 없는 중개인도 있다. 초보 투자자를 위험에 빠뜨릴 수 있는 중개인이다.

❹ 의사소통

의사소통에는 두 가지 면이 있다. 첫째는 구매자(투자자)와 중개인의 대화, 둘째는 중개인과 판매자 측의 대화다. 미국에서 주택을 구매하므로 중개인은 영어와 한국어를 동시에 사용할 줄 알아야 한다. 주택 판매자가 한인일 수도 있지만 대부분 한인이 아닌 경우가 더 흔하다. 또한 세입자를 구할 때도 한인이 아닐 수 있다. 중개인이 영어에 능통해야 투자자가 편하고 안전한 거래가 가능하다.

간혹 투자자가 영어를 잘해서 판매자 또는 셀러 리얼터와 직접 대화를 하는 경우도 있다. 조건이 서로 맞으면 계약이 순조롭게 진행되지만 감정이 상하면 계약이 깨지기 쉽다. 투자자가 직접 나서기보다는 영어를 잘

하는 중개인이 필요하다. 계약은 서류가 중요하므로 굳이 영어 대화를 잘할 필요가 없다는 주장도 있지만 틀린 말이다. 계약서라는 결과는 중개인의 활약(의사소통)을 통해서 나온 산물이다.

중개인이 영어 대화에 능통해야 판매자의 애매모호한 마음을 즉시 파악하고 구매자가 계획을 신속하게 짤 수 있다. 저자의 중개인은 미국에서 대학을 나와서 영어를 원어민 수준으로 한다. 이 점이 주택 구매에 큰 힘이 되었다. 저자가 구매한 2개의 주택은 순위가 밀린 대기 제안(backup offer)으로 기다렸다. 저자는 구매를 단념했지만 중개인의 영어 감각과 센스(sense)로 계약에 성공했다.

두 번째는 중개인과 투자자의 의사소통이다. 투자자는 자신의 투자 목적, 원하는 주택 유형, 현금 보유 정도 등의 정보를 정확히 말해야 한다. 투자자가 솔직하게 중개인과 대화를 하면 투자 방향과 투자 방법의 길을 찾을 수 있다. 좋은 중개인은 좋은 투자자가 만들 수 있다. 투자자가 정직하고 부동산 공부를 적극적으로 하면서 준비해야 중개인도 호응한다.

❺ 적극성

영어와 한국어를 모두 잘하는 중개인이라 할지라도 내성적인 성격이면 답답하다. 판매자 측에게 궁금한 점을 물어봐야 하는데 묻지도 않고, 변호사와 오퍼 조건을 조정해야 하는데 투자자가 알아서 하라는 둥, 시청에 조사할 내용이 있는데 연락도 하지 않는 소극적인 중개인은 거래를 힘들게 만든다.

적극적인 중개인은 놓친 거래도 다시 성사시키며, 계약 조건도 투자자에게 유리하게 만들고, 세입자 월세도 적정 수준으로 올린다. 가만히 기다리기만 하는 굼뜬 중개인은 피해야 한다. 사실 중개인이 직접 발로 뛰기도 하지만 전화, 이메일, 문자 메시지를 활용해도 되므로 어렵지 않다. 부지런한 중개인을 만나야 초보 투자자가 편하다.

저자가 뉴저지에서 계약된 첫 번째, 두 번째 주택은 오퍼에서 모두 떨어졌다. 저자가 다른 집을 알아보고 있는 와중에도 저자의 중개인은 계속해서 판매자 중개인과 연락을 주고받았다. 혹시 1순위 구매자의 계약이 깨지면 우리에게 기회를 달라고 적극적으로 전화, 문자 메시지로 의사전달을 했다. 공교롭게도 계약이 깨졌고 리스팅 에이전트는 적극적인 저자의 중개인에게 연락했다.

그 결과, 두 집 모두 기적적으로 후순위인 저자에게 기회가 돌아왔고, 계약이 성사되었다. 또한 세입자를 구할 때도 저자의 중개인은 우량 세입자를 고르기 위해서 세입자들과 부지런히 대화하면서 투자자에게 이득이 되는 방향으로 노력했다. 성실한 중개인을 만나는 일은 하늘의 복이다.

투자자와 맞는 중개인을 만나기 위해서는 어떤 방법이 있을까? 주변에서 소개받는 방법, 광고(신문, 잡지)에서 찾는 방법이 있다. 저자도 두 방법을 다 이용해 봤지만 모두 실패했다. 주변에서 추천하는 중개인은 대부분 자가용 주택 거래 전문인이다. 렌트용 주택 투자는 거의 알지 못하는 중개인이다. 광고에서 만난 중개인은 말은 번지르르하게 하지만 계약을 빨리 끝내고만 싶어 했다. 광고에 나오는 중개인의 안 좋은 경험 때문에 특히 주의하고 있다.

구글에서 중개인을 검색해서 접촉을 하는 경우 댓글을 먼저 본다. 평점도 높고 댓글도 좋은 중개인이라면 전화를 해서 사무실에서 만난다. 중개인은 너무나도 친절하고 전문가답다. 그래도 투자자는 무조건 믿고 맡기면 안 된다. 사무실로 찾아온 투자자는 넝쿨째로 굴러 들어온 호박이다. 인성과 자질을 확인해야 한다. 어떻게 중개인의 마음 자세와 전문성을 알 수 있을까?

저자가 택한 방법은 직접 중개인 찾기다. 토요일과 일요일마다 열리는 오픈 하우스에 다니면서 한인 중개인을 만난다. 대화를 해 보면 인성과 전문성 모두 확인 가능하다. 다세대 주택을 오픈 하우스 하면서도 월세가 얼마인지 전혀 관심이 없는 중개인도 있고, 수리 경험이 없어서 비용 계산도 못 하는 중개인도 있고, 고객을 맞이할 준비도 없는 중개인도 있다.

투자자의 자동차와 옷차림을 보고 무시하는 중개인은 피해야 한다. 주택의 특정 부분을 강조해서 장점만 포장해서 자랑하는 중개인도 피해야 한다. 현장에서 만나고 경험하면 중개인의 본마음과 자세를 파악할 수 있다. 저자는 2년 동안 오픈 하우스를 다니고 나서야 마음에 맞는 중개인을 만났다.

(7) 투자용 부동산 계약 경험 있는 변호사

미국 부동산 거래 시 다양한 전문가의 도움을 받는다. 그중에 독특한 위치를 차지하는 사람이 변호사다. 한국에서는 변호사를 만날 경우는 민형사 문제와 관련이 있을 때지만 미국에서는 변호사가 부동산 계약 초반부터 계약 이후에도 중요한 역할을 한다. 한국에서 변호사는 사건 발생 후 법적 처리를 위해서 만나는 경우가 일반적인데, 미국 부동산 거래에서 변호사는 계약과정 전반에 걸쳐서 상담과 조언도 한다.

변호사의 역할을 제대로 알지 못하면 변호사 비용을 지불하면서도 필요한 서비스를 받을 수 없다. 변호사는 기본적으로 구매할 집의 등기, 저당, 담보 등의 법적 문제를 검토한다. 주택의 소유권과 관계있는 사항이므로 제일 중요하다. 타이틀 서치(title search) 작업은 필수 업무다.

또 하나 중요한 역할이 있다. 구매할 집을 검사(인스펙션)한 후 결과가 나오면 판매자 변호사와 투자자 변호사 사이에 흥정이 오간다. 이때 변호사의 조언을 받아서 셀러가 받아들일 수 있는 조건을 붙인다. 그렇기 때문에 투자용 주택 계약의 경험이 있는 변호사여야 능숙하게 계약 주도권을 행사한다.

미국 부동산 거래에서는 변호사가 법적 역할만 하지 않는다. 계약 시 어떤 사항을 빼고 더할지 작전을 세워 주는 책사(册使) 역할도 있다. 모든 변호사가 솜씨 좋고 자상하게 처리하지는 못한다. 저자도 아무 말 없는 변호사를 만난 적이 있다. 구매자를 보호하는 역할을 제대로 하는지 의

심마저 갔다. 시간이 지난 후 알게 되었는데 투자용 주택 거래 계약 경험이 없는 변호사였다.

변호사를 찾는 방법은 개인적인 친분보다는 부동산 중개인과 융자 담당자의 추천이 도움 된다. 중개인과 융자인은 인적 네트워크가 이미 형성되어 있으므로 적합한 변호사를 알고 있다. 변호사와는 반드시 한 번은 만나야 한다. 변호사의 인성과 성향을 파악하기 위해서 대면 접촉이 필요하다.

변호사와 만났을 때 계약 전체 상황을 성실히 설명하고 초보 투자자가 실수하는 예를 들면서 시작하면 신뢰할 만하다. 설명 자체를 귀찮게 여기는 변호사는 피해야 한다. 계약 관련 주제보다는 잡다한 이야기만 하는 변호사도 주의해야 한다.

변호사와 대화할 때는 의견을 모두 들은 후 질문을 해야 한다. 변호사는 부동산 투자를 하면서 만나는 최고 수준의 전문가이므로 투자자는 중간에 말을 끊는 행동은 삼가야 한다. 항상 먼저 듣고 질문은 나중에 하는 순서를 지키면 투자자에게 큰 도움이 된다.

6. 본격적인 주택 구매 진행 과정

지금까지 렌트용 주택을 구매하기 위한 준비 작업을 했다. 집 한 채 구해서 렌트 수익을 얻기가 어려워 보인다. 신경 써야 할 부분이 왜 이렇게 많을까? 미국 부동산 유튜브를 보거나 투자 세미나에 참여하면 쉬워 보이는데, 과연 그럴까? 이유는 익숙하지 않아서다. 용어, 절차, 참여인이 낯설기 때문이다. 미국 부동산 투자는 간단하지는 않지만 어렵지만도 않다.

이번 장은 마음에 드는 주택을 발견하고 구매하기로 결정한 후에 이루어지는 진행 과정을 보여 준다. 이제 정말로 집을 구매하는 과정이다. 일반적인 순서에 따라서 적었지만 실제로는 동시에 진행이 이루어지기도 한다. 어떤 절차는 앞뒤가 바뀌기도 한다. 저자는 순서가 뒤섞여서 당황했지만 각각의 절차마다 필요한 요건이 제대로 처리되고 있는지 확인하는 게 훨씬 중요하다.

(1) 판매자의 알림서(디스클로저) 확인

구매하기 위한 표적 주택(target house)이 정해지면 판매자의 디스클로저(disclosure)를 먼저 확인한다. 디스클로저는 판매자가 자신의 집 상태를 알려 주는 문서(공개서)다. 집의 어떤 부분이 고장 나서 수리했는지, 지붕은 언제 교체했는지, 보일러 수선 날짜, 창문이 깨져서 갈았는지 등을 표시한 서류다.

판매자가 스스로 디스클로저를 구매자에게 보여 줘야 하는 강제성은 없다. 디스클로저 공개는 의무 사항은 아니다(주마다 다름). 판매자의 리얼터가 자진해서 디스클로저를 공개하는 경우도 있지만 비공개가 대부분이다. 아예 디스클로저 존재 자체를 모르는 판매자도 많다. 저자도 오퍼를 넣기 전에 디스클로저가 있는 집은 오직 한 번만 있었다.

디스클로저가 있으면 인스펙션을 하기 전에 집 상태를 어느 정도 가름할 수 있어서 좋다. 지붕을 30년 전에 교체했다는 표시가 있으면 조만간 지붕 교체가 필요함을 알 수 있다. 하지만 디스클로저에 법적 구속력이 없는 주에서는 주의할 점이 있다. 디스클로저의 내용이 100% 정확하지 않기 때문이다.

집주인이 기억을 더듬어서 디스클로저의 항목을 기재하므로 내용이 부정확할 수 있다. 또한 판매자가 수리하고 교체한 유리한 내용만 적기도 한다. 홍수가 있어서 지하실에 물이 들어온 사실은 대부분 적지 않는다. 따라서 투자자는 디스클로저를 참고는 하되 모두 믿으면 안 된다.

디스클로저를 보고 싶으면 자신의 중개인에게 요청하면 된다. 꼼꼼한 중개인은 구매자가 요청하기도 전에 확인해 준다. 자신의 중개인이 디스클로저에 대해서 입을 다물고 있다면 존재 여부에 대해서 질문해야 한다. 공개된 디스클로저가 없다면 판매자 중개인에게 요청해 봐야 한다. 디스클로저가 없는 경우가 흔하므로 큰 기대는 하지 않는 편이 좋다.

디스클로저를 확인하는 시점에 큰 문제가 발견되면 투자자는 주택을 구매하지 않으면 된다. 구매자 중개인이 적극적인 성격이면 판매자의 리얼터와 디스클로저 내용에 관해 대화하면서 다른 고려 사항이 있는지 발견하기도 한다. 발견된 문제를 이용해서 판매자의 양보 여부와 흥정 가능성을 미리 살펴볼 수 있다.

(2) 융자 회사의 사전 승인(프리 어프루벌) 확보

투자자는 목표 주택의 디스클로저 문서를 살핀 후 특별한 문제가 발견되지 않으면 구매 신청서(오퍼) 작성 준비에 들어간다. 100% 현금 구매가 아니면 융자를 받아야 한다. 구매자는 얼마만큼 융자를 받을 수 있을까? 초보 투자자는 융자 금액이 많이 나오길 기대하지만 알아보기 전까지는 부정확하다.

프리 어프루벌(pre-approval)은 최종 융자가 승인되기 전에 어느 정도의 액수의 융자가 가능한지 미리 알려 주는 사전 승인이다. 투자자가 거래하는 융자 기관 또는 융자 회사에서 발급한다. 사전 승인은 구매자의 신용도, 은행 잔고 등을 고려하고 심사를 거치므로 신빙성이 높은 자료다.

프리 어프루벌은 구매자와 판매자 모두를 위한 거래 안전장치에 해당

한다. 예를 들면 투자자 본인은 융자 기관에서 50만 불의 모기지를 받을 수 있다고 생각하고 있다가 계약이 진행된 후 40만 불만 융자가 나오면 계약이 깨지게 된다. 그런데 사전 승인 액수로 40만 불을 미리 알고 있다면 다른 주택을 알아보거나 방도를 간구한다. 시간과 노력을 낭비하지 않아도 된다.

구매자 입장에서 프리 어프루벌은 계약을 안정적으로 진행하기 위해서 받는 게 필요하다. 판매자도 시간 낭비를 피하기 위해서 프리 어프루벌을 받은 구매자의 오퍼만 받기도 한다. 사전 승인 서류를 받기 위해서는 주택이 특정되어야 한다. 구매할 집이 정해진 후, 집 주소를 융자 회사에 보낸다. 융자 담당자는 집 가격과 렌트를 측정해서 융자 가능한 액수를 근거로 사전 승인 서류를 발급한다.

프리 어프루벌의 융자 금액과 은행에서 최종적으로 인정하는 융자 금액이 다를 수 있을까? 사전 승인은 50만 불을 받았는데 정식 융자는 적은 액수인 40만 불만 나올 수 있을까? 사전 승인과 사후 승인의 금액이 다를 수 있을까? 드물지만 발생한다. 융자 회사의 심사와 분석 능력이 떨어지면 사전 승인 금액을 정식 승인 금액보다 과다 평가 할 수 있다. 따라서 전문적이고 실력을 갖춘 융자 회사 선정이 중요하다.

저자는 셀러스 마켓(seller's market) 환경이어서 모든 판매자들이 프리 어프루벌을 요구했다. 저자는 오퍼와 함께 항상 프리 어프루벌을 같이 판매자에게 보냈다. 프리 어프루벌은 공휴일에도 발급 가능하다. 저자의 담당 융자 회사에서 받은 프리 어프루벌은 은행의 최종 승인 액수와 별

차이가 없이 정확했다. 전문성 있는 융자 회사 덕분에 프리 어프루벌 걱정은 하지 않았다.

(3) 중개인의 구매 신청서(오퍼) 작성과 제출

판매자의 디스클로저를 확인했다. 융자 회사에서 프리 어프루블을 받았다. 드디어 구매자 리얼터는 오퍼(offer)를 작성한다. 오퍼는 종이 서류로 작성 가능하지만 최근에는 온라인 문서를 이용한다. 오퍼 작성 자체는 시간이 오래 걸리지 않는 작업이다. 하지만 오퍼에 어떤 내용을 포함하느냐는 중대한 문제다. 중개인의 전문성과 재능(테크닉)이 발휘되는 순간이다.

구매 신청서에는 구매할 집의 주소와 가격이 중요한 내용이다. 중개인이 당연히 확인하지만 구매자가 차분히 검토해야 한다. 가격을 얼마로 정해서 오퍼를 넣을지 고민해야 한다. 판매자가 제시한 가격으로 할지 올려서 할지 내려서 할지 생각해야 한다. 당연히 주택의 가치 평가와 컴프(comp)가 중요하다.

가격이 중요한 이유는 다른 구매자들과 오퍼 경쟁을 하기 때문이다. 바이어는 좀 더 낮은 가격으로 구매하고 싶지만 판매자는 최고 가격(highest price)을 제안한 오퍼를 선택한다. 판매자에게 유리한 셀러스 마켓 상황이면 구매 가격은 터무니없이 올라간다. 저자도 4~5만 불을 올려서 오퍼를 넣었지만 더 높게 오퍼 가격을 쓴 구매자에게 경쟁에서 패배한 경험이 있다.

오퍼를 작성할 때는 까다로운 조건을 붙이면 안 된다. 다른 경쟁자의 오퍼를 이기기 위해서는 판매자가 수긍할 만한 조건만 달아야 유리하다. 일단 내 오퍼가 채택되어야 다음 단계로 진행 가능하므로 오퍼 작성부터 너무 욕심을 내면 처음부터 탈락할 수 있다. 구매 신청서와 함께 다운 페이먼트를 보여 주는 은행 잔고 입증 서류(bank statement)를 추가하면 좋다.

모든 조건 중에서 판매자가 가장 중요하게 생각하는 1순위는 가격이다. 투자자는 낮은 가격에 구입하고 싶지만 시장 상황을 고려해서 오퍼 가격을 정해야 한다. 가격을 예측하는 작업은 다양한 변수를 고려해야 한다. 최근에 팔린 주변 지역의 집 가격을 조사하고 구매할 집의 상태를 파악한 후 추정 가격을 정한다. 중개인의 컴프(comps) 프로그램 활용 실력이 중요하다.

다른 경쟁자를 이기기 위해서 가격을 높게 써서 오퍼를 넣으면 될까? 판매 가격은 50만 불인데 60만 불에 오퍼를 쓰면 어떨까? 가격이 무조건 높다고 해서 판매자가 오퍼를 수락하지는 않는다. 융자 문제와 연결되어 있다. 오퍼 수락 여부는 가격 이외에 다양한 변수가 작용한다.

(4) 판매자의 오퍼 수락과 구매자 결정

구매자가 판매자에게 오퍼를 넣으면 답변은 두 개 중 하나로 온다. ①

오퍼 승낙(억셉트, accept) 또는 ② 오퍼 거절(디나이, deny)이다. 판매자가 구매자의 오퍼를 받아들이면 거래 계약을 정식으로 진행하면 된다. 거절하면 대기자 명단에 백업 오퍼(backup offer)를 넣고 기다릴 수 있다.

구매자가 여러 명이어서 경쟁이 있으면 판매자는 날짜와 시간을 특정해서 오퍼를 마감한다. 구매자는 마음을 졸이면서 판매자의 결정을 기다린다. 판매자가 하루 이틀 정도 고민한 후 가장 좋은 조건의 계약을 선택한다. 판매자가 고려하는 조건은 최고 가격, 안전한 융자 확보, 높은 다운 페이먼트 등 다양하다. 물론 판매자 입장에서는 오퍼 가격이 1순위 선택 기준이다.

그런데 판매자의 승낙과 거절이 최종 결정은 아니다. 최종 결정이 아닌 이유는 무엇일까? 판매자가 오퍼를 승낙해도 뒤따라 진행되는 절차에 따라서 계약이 깨질 수 있기 때문이다. 처음에 오퍼가 거절되었다고 해도 1순위자와 계약이 틀어져서 다음 순위 구매자에게 기회가 오기도 한다.

저자의 오퍼는 대부분 거절되었다. 저자는 백업 오퍼로 대기자 명단에 올렸다. 다행히 1순위 구매자가 대출 문제와 과도한 수리 요청 때문에 원래 오퍼(original offer)가 깨졌다. 다음 순위인 저자에게 기회가 돌아왔다. 저자가 2순위인지는 정확하지 않다. 판매자 중개인이 솔직하게 말해 주지는 않는다. 저자는 오퍼가 거절된 후 약 4일~7일이 지나 연락을 받았다.

(5) 에스크로 오픈과 변호사의 협상 진행(어터니 리뷰)

판매자가 구매자의 오퍼를 승낙하면 보다 진지한 단계로 접어든다. 즉, 법적, 재정적 단계로 들어간다. 이제부터는 에스크로와 변호사의 역할이 중요하다. 한국에는 없는 절차이므로 미국에서 처음 부동산 거래를 하는 초보 투자자에게는 생소하다. 저자도 이 과정을 미리 공부해서 예상하고 준비했지만 이론과 현실은 약간 차이점이 있다.

에스크로(escrow)는 판매자·구매자와는 독립된 제3의 중립 기관이 부동산 거래와 관련된 서류와 금전 거래를 객관적으로 처리해 주는 업무를 의미한다. 에스크로를 처리하는 기관은 다양하며 에스크로 회사, 소유권 보증 보험 회사 등이 있다. 투자자가 에스크로 기관을 방문하거나 담당자를 만날 일은 없다.

판매자가 구매자의 오퍼를 수락하면 에스크로를 연다. 에스크로 오픈(open)이라고 한다. 에스크로 기관은 부동산 담보 등을 조사하며 부채, 법적 문제, 세금, 재산세 체납 등을 처리해서 구매자와 융자 은행을 보호한다. 에스크로 기관은 부동산 매매 계약서를 근거로 업무를 진행하므로 구매자는 계약서(contract)를 제대로 준비해야 한다. 계약서 준비는 구매자가 직접 하지 않고 변호사가 한다. 따라서 변호사의 능력과 감각이 중요하다.

부끄럽지만 저자는 오퍼와 컨트랙트를 혼동했다. 구매 신청서와 계약서를 같은 서류로 착각했다. 중개인이 작성한 오퍼를 토대로 집 검사 결과 등을 반영해서 다듬고 고쳐서 만든 서류가 계약서다. 계약서는 한 번에 완성되지 않고 판매자 측과 구매자 측의 변호사의 협상 과정을 거친 후 작성한다.

변호사가 계약서를 준비하고 계약 내용에 포함될 사항을 검토하는 과정을 어터니 리뷰(attorney review)라고 한다. 변호사는 기본 검토 사항을 빠지지 않고 살필 수 있어야 한다. 초보 투자자는 빼먹을 수 있는 내용을 변호사는 확인하고 검토해야 한다. 구매자의 변호사는 구매자에게 유리한 조건이 성사되도록 판매자 변호사와 협상(negotiation)해야 한다.

변호사도 중개인과 마찬가지로 적극적이고 성실해야 투자자에게 유리하다. 부동산 거래 경험이 있는 변호사는 판매자 측과 밀고 당기는 줄다리기 협상이 가능하다. 계약 진행이 늦어지고 힘들어지는 원인 중 하나는 변호사가 일을 신속하게 하지 않는 경우다. 변호사 입장에서는 부동산 거래 계약 수수료가 많지 않기 때문에 업무 처리 순서에서 밀리는 경우가 종종 발생한다.

(6) 계약금(디파짓) 입금과 보험(인슈런스) 가입

구매자는 변호사와 계약 내용을 조율하면서 계약금을 준비한다. 계약금은 어니스트 머니(earnest money)라고 한다. 주택 매매 시 계약을 체결하면서 구매자가 판매자에게 지급하는 판매 대금의 일부다. 한국 부동산 개념의 선금(先金)과 비슷하다. 실제 거래에서는 디파짓(deposit)이라고 불린다.

초기 계약금은 주택 가격의 약 3% 정도이지만 초과해서 지급하기도 한다. 저자는 거의 8~10%를 계약금으로 선지급했다. 오퍼할 때 다른 경쟁자보다 높게 정해서 제안했다. 혹시나 판매자에게 호감을 줄 수 있는 전략이라고 생각해서다. 계약금은 오퍼가 수락되고 3일 안에 지급해야 한다. 저자는 실제로는 3일이 훨씬 지나서 보냈다.

계약금은 한국의 경우 구매자가 판매자에게 직접 준다. 수표 또는 은행 계좌 이체로 지급한다. 미국은 다르다. 구매자는 자신의 변호사 또는 판매자의 변호사에게 계약금을 수표(check)로 보낸다. 구매자가 판매자에게 직접 수표를 보내거나 계좌 이체를 하지 않는다. 계약금 수표는 에스크로 기관이 보관한다.

계약이 성사될지 확정되지 않은 상태에서 선금을 내므로 구매자 입장에서는 불안하기도 하다. 만약 계약이 파기되면 선금을 돌려받지 못할 수 있을까 궁금하다. 구매자의 변호사가 법적 문제를 검토하지만, 판매자 측과 흥정을 하는 동안에는 최대한 계약금 수표를 늦게 보내기도 한다. 저자는 15일이 지나서 보낸 적도 있다. 협상 과정이 길어졌기 때문이다.

계약금 수표가 보내진 후 구매자는 자신의 은행 계좌에서 인출되었는지 확인한다. 인출되었으면 은행에서 입증 서류를 받아서 융자 회사에 제출한다. 계약금이 통장에서 빠져나가야지 융자 회사는 대출 절차를 본격적으로 착수한다. 계약금이 처리되지 않으면 융자 회사는 준비 단계 상태에 대기하고 있는다.

구매자는 집 보험을 준비해야 한다. 본인이 아는 보험 회사가 있으면 견적을 받는다. 특별히 아는 곳이 없으면 융자 회사에서 몇 곳을 소개한다. 처음부터 융자 담당자에게 여러 보험 회사의 견적을 부탁해도 된다. 보험 견적을 비교할 때 가격만 보면 안 된다. 같은 조건인지 확인한 후 가격이 저렴한 곳을 선택해야 한다.

집 보험(home insurance)은 융자 기관에서 중요하게 생각한다. 왜냐하면 주택을 담보로 구매자에게 돈을 빌려주므로 담보물인 집의 안전 확보가 필요하기 때문이다. 보험 가격은 단독 주택보다 다세대 주택이 비싸다. 여러 세대가 살면 좀 더 위험하고 집 훼손의 정도가 높다고 본다. 저자의 페어론 집은 약 1,000불이고 엘름우드 파크 집은 1,200불 정도를 낸다.

기본적인 집 보험 이외에 홍수 지역, 화재 지역, 지진 지역이면 홍수 보험, 화재 보험, 지진 보험을 추가로 들어야 한다. 위험 지역을 피하면 추가되는 보험 비용을 예방할 수 있다. 투자용 부동산을 구매하는 투자자는 순수익을 높이기 위해서 위험 지역은 제외해야 추가 부담이 없다. 집 관련 보험은 1년치를 모두 낸다.

(7) 검사관(인스펙터)의 집 조사(인스펙션)

인스펙션은 한국에는 없는 절차다. 한국에서 집을 구매할 때 구매자가 집 내외부를 둘러본 다음 특별한 이상이 없어 보이면 계약을 진행한다. 물론 미국도 인스펙션을 하지 않고 구매할 수 있지만 대부분의 정상적인 구매 과정에서는 인스펙션을 한다. 미국에서 인스펙션은 구매자의 권리 보호와 주택의 위험 발견을 위해서 필요하며 계약 과정을 좌우할 정도로 중요하다.

구매할 집의 상태를 조사하는 인스펙션(inspection)은 자격증이 있는 검사관(인스펙터)이 한다. 인스펙션은 구매자가 인스펙터를 고용해서 진행한다. 인스펙션은 법적 의무 사항은 아니지만 반드시 해야 한다. 인스펙션 비용을 아끼기 위해서 조사를 하지 않으면 구매 후 생각하지도 못한 문제를 만날 수 있다.

인스펙션은 오퍼가 수락되자마자 인스펙터와 연락해서 일정을 신속히 잡고 진행해야 한다. 능력 있는 인스펙터는 언제나 바쁘기 때문에 바로 연락해서 예약해야 한다. 인스펙션에서 문제가 발견되면 협상을 할지 또는 진행을 멈추고 끝낼지 판단을 빨리해야 투자자의 시간과 노력을 절약할 수 있다.

저자도 인스펙션의 결과를 받아 본 다음에 구매를 포기한 집도 있다. 오픈 하우스에서 집을 살펴봤을 때는 멀쩡해 보였는데 인스펙션 결과는 달랐다. 판매자는 지붕과 히팅 보일러가 새거라고 했지만, 조사 결과, 20

년은 넘었고 깨진 부분도 발견했다. 판매자의 뻔뻔한 태도에 계약을 진행하지 않았다.

인스펙션은 무료가 아니다. 구매자가 비용을 부담한다. 주택 유형과 규모에 따라서 가격이 다르다. 방과 가구(유닛)가 많을수록 가격은 늘어난다. 단독 주택보다 다세대 주택이 검사할 내용이 많으므로 인스펙션 비용이 높다. 이 비용은 세금 보고할 때 제출해야 하므로 자료를 잘 보관해야 한다.

검사관은 최소 5년 이상 경력이 있어야 집의 문제점을 제대로 발견한다. 모든 검사관은 자격증이 있지만 꼼꼼하게 검사하는 사람은 몇 안 된다. 능력 있는 검사관을 만나기 위해서는 미리 알아봐야 한다. 갑작스럽게 필요하다고 광고지에 나온 사람을 쓰면 후회할 수 있다. 중개인, 융자 담당자, 변호사에게 문의해서 검증된 검사관을 추천받는 방법이 안전하다.

인스펙션은 크게 네 부분으로 나뉜다. ① 집 자체 검사, ② 라돈 검사, ③ 터마이트 검사, ④ 기름 탱크 검사다. 네 개를 모두 검사할 경우 비용은 약 800불~1,000불 정도다. 검사를 할 때 구매자의 중개인과 구매자는 반드시 참여해서 검사관과 함께 다니면서 살펴봐야 한다. 간혹 구매자는 따라다니지 말고 쉬라고 하는 검사관이 있다면 잘못된 검사관을 만난 경우다.

터마이트 검사는 판매자가 해 주는 경우도 있다. 터마이트(termite)는 나무를 갉아먹는 벌레다. 인스펙터가 발견하기에는 한계가 있다. 인스펙터는 따로 터마이트 전문가를 쓴다. 만약 인스펙터 자신이 직접 터마이트 검사를 한다고 하면 효과는 거의 없다. 전문가를 따로 고용하는 인스펙터가 신뢰할 만하다.

만약 집에서 터마이트 벌레와 흔적이 발견되면 집이 무너질까? 무너질 상태면 외관으로 봐도 알 수 있는 정도다. 터마이트는 약품 처리를 통해서 방지할 수 있으므로 걱정할 필요는 없다. 비용은 약 1,000불 정도이며 판매자가 부담한다. 터마이트를 처리하면 입증 서류를 받아 둬야 한다.

인스펙션을 할 때 중개인과 구매자는 검사관을 따라다니면서 집에 대한 상세한 설명을 듣는다. 검사관이 어느 부분에 문제가 있는지 지적하면서 해결책도 제시하는 경우도 있다. 이때 배우는 생생한 정보는 집을 구매할 때 어떤 점을 주의해야 하는지 알려 준다. 또한 하자가 큰 경우는 변호사와 상담 후 협상에 이용한다.

인스펙션 과정을 시간 순서로 본다.

① 약속 시간에 검사관, 중개인, 구매자는 구매할 집 밖에서 만난다. 검사관이 가장 먼저 하는 작업은 지붕 검사다. 최근에는 드론을 띄워서 지붕을 본다. 지붕의 상태, 굴뚝, 빗물 연통 등을 살핀다. 지붕 부분은 수리 비용이 많이 들어가므로 노후되어 망가진 부분이 있는지 본다.

② 지붕을 본 다음에는 집 밖의 벽, 계단, 데크, 실외기, 빗물받이 연통

등을 검사한다. 금이 가거나 흔들리면 안전하지 않으므로 수리해야 한다. 나무로 가려진 부분은 나무를 치우면서 본다. 계단은 물이 스며들어서 부식된 경우도 있으므로 주의해서 본다. 집의 외부를 다 본 후에는 내부로 들어간다. 집 외부의 관리가 소홀한 집은 내부도 대부분 문제가 많다.

③ 집 내부에서 집중적으로 살펴볼 부분은 배관 시설이다. 배관은 기체와 액체가 흐르는 장치를 생각하면 이해가 쉽다. 액체 배관은 물이 흐르는 보일러(boiler), 히팅(heating), 수도관(plumbing)이다. 기체는 에어컨(AC)과 가스(gas) 장치다. 파이프와 연결된 모든 장치는 중요하다. 특히 열 점화 장치는 중요하므로 검사관이 시간을 들여서 살펴본다.

④ 전기 배선 장치(두꺼비집)와 전기선 상태를 검사한다. 번개로부터 집을 보호하기 위한 접지선(ground wire)이 제대로 설치되어 있는지, 배선관 뚜껑이 금속 덮개(metal cover)로 덮여 있는지, 불난 흔적이 있는지 확인해야 한다. 전기 관련 공사는 비용도 많이 들어가므로 꼼꼼히 살펴봐야 한다.

⑤ 전기 콘센트가 모두 정상적으로 작동하는지 살핀다. 화장실과 부엌에 있는 콘센트는 물과 가까운 위치이므로 안전장치가 반드시 있어야 한다. 콘센트 검사는 검사관이 귀찮아하는 경우도 있으므로 제대로 검사하는지 관찰해야 한다. 만약 검사관이 그냥 지나치면 콘센트가 정상인지 물어봐야 한다.

⑥ 페인트, 타일, 벽지, 마루 상태를 검사한다. 물 자국이 있거나 물이 스며든 얼룩이 있으면 물 피해가 발생했다는 증거이므로 좀 더 자세히 조사한다. 그런데 단순히 겉이 까지거나 페인트가 벗겨진 정도는 판매자가 수리를 거의 해 주지 않는다. 외형적(cosmetic)인 가벼운 생활 마모로 보는 경우에는 협상 대상에서 대부분 제외된다. 대신 더러운 부분이 넓다면 협상은 해 볼 수 있다.

⑦ 가전제품(appliance)인 냉장고, 오븐, 전자레인지, 식기세척기, 세탁기, 건조기 등을 본다. 이때 투자자는 제품과 모델 번호 스티커를 사진으로 촬영해야 한다. 간혹 판매자가 계약 후 제품을 바꿔치기하는 경우가 있기 때문이다. 촬영 사진은 중개인을 통해서 판매자의 변호사에게 이메일로 보내 두면 증거가 된다.

⑧ 천장과 다락을 살핀다. 빗물이 스며들어 왔는지 확인 가능하므로 중요하다. 빗물이 들어온 흔적이 있으면 지붕에도 문제가 있을 수 있다. 단열재(insulation)가 부서지거나 떨어져 있는지 본다. 단열재는 외부로 노출되지 않아야 건강에 안전하다. 단열재가 알루미늄 호일로 잘 싸여져 있는지 본다.

인스펙션은 약 2~4시간 정도 걸린다. 집에 가구와 물건이 있어서 가려져 있는 부분은 보지 않는 검사관도 있다. 판매자가 일부러 가려 둔 경우도 있으므로 살살 치워 가면서 확인해야 한다. 소파 뒤에 난방 시설인 베이스보드 덮개(baseboard cover)가 있으면 부품은 제대로 달려 있는지 본다. 검사관이 보지 않기도 하므로 투자자가 적극적으로 봐야 한다.

⑨ 지하실은 주택의 심장부에 해당한다. 배관 시설, 물 보일러, 히팅 시스템, 전기 배전판, 에어컨 제어판, 인터넷 허브 박스 등의 집합소다. 검사관도 지하실에서 보내는 검사 시간이 1시간을 넘는다. 또한 지하실은 빗물의 피해를 감지할 수 있는 곳이다. 집주인이 물이 들어온 흔적을 감추기 위해서 책상과 박스를 쌓아 두기도 하므로 치우면서 모서리와 벽을 봐야 한다.

⑩ 라돈(radon) 가스 검사는 측정기를 지하실에 이틀 정도 둔다. 지하실의 크기에 따라서 측정기 개수는 다르다. 라돈은 자연 방사능 중에서 인체에 심하게 해로운 무색무취의 비활성 기체다. 라돈이 발견되면 건강에 위험하기 때문에 라돈 제거 장치를 판매자에게 요청한다. 하지만 라돈 가스가 심하다면 투자용 주택으로는 추천하지 않는다. 혹시나 세입자에게 문제가 생기면 투자자는 소송에 휘말릴 수 있으므로 라돈이 없는 집이 안전하다.

⑪ 마지막으로 집 밖으로 나와서 기름 탱크(oil tank)를 검사한다. 미국은 가스를 이용하기 전에 기름으로 난방을 했다. 땅속에 있는 기름 탱크가 부식되면 인체에 해롭다. 주변 집에도 영향을 주며 소송이 걸리면 손해 배상을 해야 하므로 기름 탱크는 없는 게 안전하다. 기름 탱크가 발견되면 판매자에게 제거 요청을 한다. 기름 탱크가 없는 집이 안전하며 뒤탈이 없다.

투자자가 주의해야 할 부분이 있다. 바로 문(門)이다. 창문, 방문, 대문, 현관문, 옷장 문 등 모든 문은 집 전체에 있다. 검사관이 몇 개의 문만 열어 보고 지나치는 경우도 있다. 투자자가 부지런히 창문과 문을 열고 닫아 보면서 정상적으로 작동되는지 확인해야 한다. 미국에서 창문과 문수리, 교체 비용이 은근히 비싸므로 꼭 짚고 넘어가야 한다.

인스펙션은 짧은 시간에 이루어지지만 결과는 이후의 절차에 중대한 영향을 미친다. 인스펙션은 검사관에 따라서 무성의하게 진행되기도 하고 꼼꼼히 이루어지기도 한다. 성실한 전문가를 만나면 문제점과 해결방안을 들을 수 있으므로 큰 도움이 된다. 비전문적이고 불성실한 검사관을 만나면 집의 하자를 발견하지 못하고 계약이 이루어져 투자자에게 심각한 피해를 준다.

(8) 융자 기관(은행)의 집 가격 감정(어프레이절)

집을 100% 현금으로 구매하면 집 가격의 감정은 선택 사항이다. 융자를 이용해서 구매하면 융자 기관은 집 가치가 얼마인지 조사한다. 집 감정은 융자 기관의 의무 사항이다. 집 상태를 검사하는 인스펙션과 비슷해 보이지만 어프레이절(appraisal)은 집 가치(value)를 측정하는 일이 핵심이다. 집 가치는 숫자(가격)로 나온다.

어프레이절이 필요한 이유는 각각 다르다. 판매자는 자신의 집을 높은 가격으로 팔고 싶지만 현재 거래되고 있는 주변 주택의 시세를 무시할 수 없다. 은행도 돈을 빌려주는 입장에서 집 가치보다 많은 액수를 대출해 주면 위험하다. 구매자도 판매자가 제시한 가격이 과연 적정한지 궁금하다.

예를 들면, 판매자가 집을 60만 불에 내놓았다. 판매자가 생각하는 주택 가격은 60만 불이다. 그런데 은행의 감정 결과 57만 불이 나오면 무슨 일이 생길까? 구매자는 융자를 57만 불까지만 받게 된다. 그러면 3만 불의 차이가 발생한다. 구매자는 판매자와 협상을 한다. 집 가격을 융자 가능한 57만 불로 내려 달라고 요청한다. 셀러스 마켓이면 구매자가 차액 3만 불을 현금으로 준비해야 하는 경우도 생긴다.

융자 회사는 융자 기관(은행)에 전문 감정사 파견을 요청한다. 비용은 구매자가 미리 부담한다. 약 400불~ 700불이다. 감정사는 인스펙터처럼 집안 곳곳을 꼼꼼히 살펴보지는 않는다. 전체적으로 훑어보면서 외관상 부서진 부분이 없는지 확인한다. 단, FHA 융자를 얻은 경우에는 감정사가 좀 더 깐깐하게 검사하는 편이다. 감정사는 주변의 판매된 집 가격을 비교하는 컴프(comp) 작업을 한다.

감정하는 날에는 판매자 리얼터가 참석하기도 하지만 일반적으로 오지 않으므로 구매자 리얼터만 참여한다. 감정사는 감정 예정 가격을 미리 귀띔해 주지는 않는다. 감정 결과는 2~3일 정도 걸린다. 저자의 경우, 감정 결과가 판매자가 올린 판매 가격보다 조금씩 더 높게 나와서 융자를 받는 데 문제가 없었다.

(9) 구매자의 마지막 집 점검(파이널 워크쓰루)

집 검사(인스펙션), 융자 승인, 소유권 조사 등의 진행 절차가 정상 처리되면 계약은 마지막 단계까지 왔다. 양측 변호사들끼리 문제가 되는 부분은 사전 조율을 통해서 해결을 한 상태다. 즉, 부동산 용어로는 컨틴전시 리무벌(contingency removal)이 되었다는 뜻이다. 이제는 에스크로를 닫는 클로징(closing)과 열쇠를 받는 일이 남았는데 그 전에 해야 할 중요한 작업이 있다.

구매자는 구매할 집을 자세히 볼 수 있는 기회가 3번밖에 없다. 첫 번째는 오픈 하우스, 두 번째는 인스펙션, 세 번째는 파이널 워크쓰루다. 인스펙션 결과를 가지고 구매자는 판매자에게 문제 되는 부분의 수리와 교체를 요구하였다. 판매자는 집에서 이사를 나가고 집을 비워 준다. 구매자는 투자한 집을 마지막으로 살펴보는 최종 현장 점검(final walk-through)을 할 차례다.

투자용 집이건 자가용 집이건 구매자는 1~2달의 오랜 기간을 기다린 후 최종 단계에 도달한다. 구매자는 들뜨기 마련이다. 하지만 기분 좋게 쓱 둘러보듯이 현장 점검을 하면 안 된다. 중개인 중에서 "그냥 한 번 보고 나오면 돼요. 형식적인 거예요."라고 말한다면 빨리 마무리 짓고 싶은 본심이 드러난 것이다. 그러니 구매자는 끝까지 주의를 잃지 말아야 한다.

파이널 워크쓰루를 할 때 수리와 교체를 약속한 내용이 제대로 이루어졌는지 확인한다. 관청의 허가까지 얻어야 하는 부분도 살펴본다. 판매자가 고쳤다고 하는 말만 믿으면 안 된다. 구매자가 하나하나 점검을 해야 한다. 구매자의 중개인이 수리한 부분의 체크 리스트를 가져온다면 꼼꼼하고 프로다운 전문가다. 그런데 대부분 중개인도 들떠서인지 아무런 준비 없이 온다.

최종 점검 하는 날 예상하지 못한 문제를 발견할 수 있다. 판매자가 이사를 하면서 집을 상하게 하는 경우가 있다. 벽에 있는 장식, 액자, TV 등을 떼면서 벽을 망가뜨리기도 한다. 인스펙션 날짜와 계약 완료일까지는 30~60일 정도 걸리고 판매자 또는 세입자가 살고 있었으므로 인스펙션 당시의 상태와 비교해야 한다.

인스펙션 할 때 가전제품의 설치 모습, 모델 번호 라벨, 내부 상태를 사진 촬영 해 두면 좋다. 가끔 냉장고, 세탁기, 가스 오븐 등을 바꿔치기하고 이사 가는 판매자와 세입자도 있다. 이때 미리 찍어 둔 사진이 없다면 판매자에게 이의를 제기할 방법이 없다.

중개인이 경험이 많다고 이런 부분까지 챙겨 줄지는 의문이다. 계약이 99% 완료된 시점에 괜히 문제를 발견해서 지연시키고 싶어 하는 중개인은 없다. 결국 구매자가 꼼꼼히 검토하고 궁금한 점은 중개인에게 즉시 물어보고 방법을 준비해야 한다. 마지막 순간까지 집중력을 잃으면 안 된다.

검토할 사항을 목록으로 작성해서 종이 또는 핸드폰에 저장한 후에 현장 검사할 때 리스트를 보면서 검토하는 방법이 좋다. 인스펙션 때 찍어 둔 사진과 비교하면서 다른 점이 있으면 중개인에게 바로 물어봐야 한다. 현장을 떠나기 전에 의심 가는 부분은 즉시 묻고 답변을 들어야 한다.

문제를 발견하면 구매자는 변호사에게 보고한다. 수리를 약속한 부분이 고쳐지지 않은 점, 가전제품을 바꿔치기한 내용, 새롭게 망가진 곳을 사진 첨부 해서 신속하게 변호사에게 알린다. 증거가 확실하다면 판매자는 대부분 자신의 잘못을 인정하고 협상에 따른다. 투자자는 파이널 워크쓰루 당일은 탐정, 형사와 같은 자세로 임해야 한다. 결코 흥분하면 안된다.

(10) 에스크로 마감(클로징)과 서류와 열쇠 받음

판매자가 구매자의 오퍼를 승낙하면서 에스크로는 오픈되었다. 계약이 완성되면 에스크로는 마감된다. 이를 클로징(closing)이라고 한다. 즉, 계약과 관련된 모든 법적, 금전적 업무가 정상 처리 되어서 계약이 완료되면 에스크로를 클로징한다고 말한다. 클로징한 날짜(closing date)가 공식적인 주택 구매일이 된다. 에스크로를 오픈한 날이 구매일이 아니다.

에스크로 클로징은 융자 회사 또는 변호사 사무실에서 진행한다. 참석자는 주로 구매자, 구매자 리얼터, 구매자 변호사, 융자 회사 담당자 등이다. 판매자 쪽에서는 참여하지 않는 경우가 흔하다. 구매자는 변호사로부터 설명을 들으면서 수많은 서류에 직접 사인한다. 클로징을 할 때 새로운 내용이 추가되지는 않는다. 이미 알고 있는 사항을 변호사로부터 다시 설명을 들으면서 문서에 사인한다. 만약 내용이 기억나지 않으면 변호사에게 질문하고 설명을 들으면서 서류에 사인하면 된다.

클로징은 언제 하는 게 좋을까? 클로징 날짜는 계약서를 작성하는 처음 시기에 이미 판매자와 협상을 해서 정한다. 클로징 기간을 짧게 잡기 원하는 판매자도 있고 기간을 60일 이상 넉넉히 정하는 판매자도 있다. 구매자가 판매자의 입장에 맞추는 경우가 대부분이다. 저자의 경우 페어론 주택의 판매자는 빨리 클로징을 하기를 원했다. 반면 엘름우드 파크 주택의 판매자는 8월 31일로 클로징 날짜를 정해서 약 80일 동안이나 기다렸다. 투자자 입장에서 클로징 기간이 길어지면 자금이 묶여 있고 세입자를 늦게 받으므로 불리한 면도 있다.

클로징 서류에 사인을 모두 하고 나면 소유권 권리 증서(deed), 클로징 비용 서류, 융자 관련 서류, 인스펙션 관련 원본 서류 등을 받는다. 집 열쇠, 차고 리모컨 등도 이때 함께 받는다. 간혹 집 열쇠 중에서 부족한 경우도 있다. 어떤 열쇠는 아예 맞지도 않는다. 열쇠가 2개 이상일 텐데 1개만 주는 경우도 있다. 이런 부분까지 신경 써 주는 중개인은 프로 정신이 투철한 전문가다.

클로징하는 날 받는 서류는 서류철을 준비해서 한곳에 보관한다. 판매자가 건네준 주택 관련 서류도 모두 같이 보관한다. 렌트 주택을 계속 늘려 나가면 자료 정리는 간소할수록 편하다. 지금부터 투자자가 렌트 주택의 주인이 되었다. 마침내 한인 이민자가 미국에서 건물주가 되는 가슴 벅찬 순간이다. 새로운 기회와 도전이 초보 투자자와 함께 출발한다.

7. 투자자를 보호하는
조건부 계약 조항(컨틴전시) 활용

저자가 미국 부동산 거래에서 가장 생소한 단어를 꼽는다면 컨틴전시 리무벌(contingency removal)이다. 한인 전문가들은 잘 사용하지 않지만 미국인들과 책에서는 항상 중요하게 다루는 내용이다. 한인이 이 단어를 사용하지 않는 이유는 전문 용어가 굳이 없어도 부동산 거래에 지장이 없기 때문이다.

리무벌은 동사 리무브(remove)의 명사이브로 뜻은 '제거, 삭제, 없앰'이다. 컨틴전시를 없애는 행위가 컨틴전시 리무벌이다. 그렇다면 컨틴전시(contingency)가 무엇인지 알아야 한다. 'contingency'의 사전적 의미는 '만일의 사태, 우발사고, 우연성'이다. 컨틴전시 리무벌은 '우발사태의 제거'다. 한글 뜻은 알겠는데 도대체 무슨 우연한 일이 발생하는지 이해하기 어렵다.

구매자가 집을 구매하기 위해서는 다양한 조건들이 충족되어야 한다. 예를 들면 ① 집 상태는 사람이 살 수 있어야 하고, ② 은행에서 집 가치를 판매 가격으로 인정해 주어야 하며, ③ 융자가 정상적으로 나와야 한다. ④ 또한 주택 관리 기관이 있다면 기관이 인정하는 범위에 맞아야 하며, ⑤ 판매자가 가지고 있는 소유권에 문제가 없어야 한다.

그런데 만약 이런 조건(condition)이 충족되지 않으면 구매자는 어떻게 해야 할까? 집 상태가 나쁜 것을 알게 된다면? 은행 감정 결과를 보니 판매가보다 낮아서 융자를 완전히 받을 수 없다면? 판매자의 주택 소유권에 문제가 있다면? 과연 구매자는 어떤 결정을 해야 할까?

구매자는 계약을 거절할 수 있어야 한다. 구매자가 생각했던 상태, 조건, 상황보다 나쁘면 투자자는 구매하지 않을 수 있는 권리가 필요하다. 즉, 컨틴전시 내용은 구매자를 보호하기 위해서 원하지 않은 우발사태로부터 벗어날 수 있는 조항이다. 컨틴전시는 '조건부 계약 조항'으로 이해하면 된다.

조건이 충족되면 계약이 진행된다. 조건이 이루어지지 않고 우발사태가 지속하면 계약을 취소할 수 있다. 따라서 판매자 입장에서는 컨틴전시 상황이 지속되면 언제든지 구매자가 계약을 취소할 수 있으므로 불안하다. 따라서 판매자는 컨틴전시(우발사태)가 리무벌(제거)되기를 원한다. 즉, 컨틴전시 리무벌 단계로 넘어가야 계약 절차는 순조롭게 진행된다.

'contingency' 단어 자체를 중개인과 변호사가 사용하지 않지만 설명을 들으면 대부분 컨틴전시와 관련되어 있다. 구매 과정 부분에서 이미 나온 내용이므로 이해가 어렵지는 않다. 계약 내용에 조건부로 포함되는 사항은 다양하지만 대표적인 내용을 중심으로 설명한다. 투자자가 컨틴전시를 이해하고 사용하면 중개인과 변호사도 놀란다. 투자자의 공부하는 모습을 보여 준다.

(1) 인스펙션 컨틴전시(집 검사)

구매자가 집이 마음에 들어 오퍼를 넣고 판매자가 수락을 하면 계약이 정식으로 진행된다. 이때 즉시 착수하는 일이 집을 검사하는 인스펙션이다. 인스펙션 보고서를 받은 후 문제가 발견되면 구매자는 계약을 더 이상 진행하지 않을 수 있다.

인스펙션 컨틴전시(inspection contingency)는 검사관의 집 검사 결과 예기치 못한 문제가 발견되면 구매자가 계약을 깰 수 있는 조건부 조항이다. 그런데 아무 때나 구매자가 집에 문제가 있다고 계약을 취소하면 판매자는 손실이 크다. 에스크로가 오픈되고 17일 이내에 인스펙션을 이유로 취소할 수 있다.

그런데 만약 17일을 넘으면 계약을 취소할 수 없을까? 취소할 수 있지만 선금으로 지급한 계약금(deposit)은 돌려받지 못한다. 구매자가 선금을 많이 냈다면 빨리 인스펙션을 해서 계약을 진행할지 취소할지 결정해야 한다. 즉, 인스펙션은 빨리 할 수록 구매자의 계약금도 지키고 후속 절차 진행에 도움이 된다.

인스펙션 조건부 조항에 모든 내용을 넣을 수 있을까? 벽 페인트가 벗겨진 경우, 마당에 잔디가 죽은 경우, 창문 블라인드가 누렇게 변색된 경우 등 약간 가벼운 문제점을 이유로 계약을 취소할 수 있을까? 만약 이러한 내용을 계약 취소 조건을 걸면 판매자 측에서 오퍼를 승낙하지 않을 확률이 높다.

따라서 셀러스 마켓 상황에서는 사소한 점보다는 집 토대(foundation), 집 구조(strusture), 환경(environment) 문제를 조건부 조항에 넣는다. 그리고 수리에 비용이 많이 들어가는 부분도 포함한다. 지붕(roof), 냉난방(heating, boiler) 시설이 사용하기 힘들 정도로 고장 난 경우는 계약을 취소할 수 있다.

인스펙션 조건부 조항에 어떤 사항을 포함할지는 시장 상황이 판매자 우위인지 구매자 우위인지에 따라서 융통성 있게 적용해야 한다. 구매자의 이익을 보호하기 위해서 인스펙션 조건부 조항을 어떻게 효과적으로 활용할지 아이디어가 필요하다. 중개인의 경험과 노하우가 중요하다.

중개인과 변호사 중에서 인스펙션 조건부 조항을 하나도 넣지 않는 경우도 보았다. 구매자에게는 너무 위험한 일이다. 아무리 셀러스 마켓이어도 집 토대, 집 구조, 환경, 높은 수리 비용 등의 문제는 인스펙션 조건부 조항으로 넣을 수 있다. 이마저 포함하지 않는다면 구매자 보호를 포기한 계약이다.

저자는 페어론 집과 엘름우드 파크 집을 구매한 시기가 셀러스 마켓 상황이었다. 그래서 사소한 문제는 인스펙션 조건부 조항에 넣지 않고 중요하고 심각한 문제만 넣었다. 덕분에 판매자도 납득한 조건으로 받아들였다. 집 구매가 이성적이고 합리적인 판단으로 이루어질 듯하지만 감정에 많이 좌우된다. 따라서 판매자의 기분을 상하지 않는 선에서 무엇을 요구할지 중개인과 상의해서 정해야 한다.

인스펙션 컨틴전시 리무벌은 언제 할까? 인스펙션에서 문제가 전혀 발견되지 않거나 문제를 판매자가 해결해 주면 인스펙션의 우발 상황이 해결된다. 이때 인스펙션 컨틴전시는 제거된다. 실무에서는 "집 상태는 문제가 없습니다.", "판매자가 수리를 모두 마쳐서요. 이젠 해결되었네요."라는 말이 인스펙션 컨틴전시를 리무벌하는 말(의사 표현)이 된다.

(2) 론 컨틴전시(융자)

주택을 전액 현금으로 구매할 때는 전혀 문제가 되지 않는 컨틴전시가 론 컨틴전시다. 그런데 대부분의 투자자는 대출을 지렛대(레버리지)로 이용하므로 융자는 중요한 조건이다. 융자 컨틴전시(loan contingency)는 모기지(mortgage) 컨틴전시, 재정(financial) 컨틴전시라고도 한다.

은행에서 대출금이 나와서 투자자가 집을 구매할 수 있는 재정 능력을 가져야 계약이 진행된다. 그런데 은행에서 대출금이 충분히 나오지 않으면 구매자는 주택 구매를 포기할 수 있다. 구매자가 오퍼를 넣을 때는 대출이 당연히 나오리라 기대한다. 판매자도 구매자가 충분히 융자를 받을 수 있다고 기대하고 계약을 진행한다.

은행이 구매자의 재정 여건을 검토하면서 대출 금액이 충분히 나오지 않으면 구매자는 주택을 구매할 수 없는 일이 발생한다. 구매자는 계약을 취소하고 선금을 돌려받을 수 있다. 판매자가 가장 예민하게 신경을 쓰는 컨틴전시가 융자 조건부 조항이다. 다른 컨틴전시는 판매자의 책임이 있지만 구매자가 융자를 받지 못하는 문제는 전적으로 구매자 측의 책임이기 때문이다.

오퍼를 넣을 때 대출 사전 승인(pre approval)서류를 함께 제출하는 이유도 융자 가능성을 확인하기 위해서다. 하지만 프리 어프루벌 서류를 받았어도 융자가 정식으로 승인된 상태는 아니다. 구매자는 에스크로 오픈 후 21일 기간 동안 융자 기관으로부터 융자가 가능하다는 승인을 얻어야 한다.

프리 어프루벌도 받았는데 융자가 충분히 나오지 않을 수 있을까? 융자는 융자 회사와 융자 기관(은행)의 이중 구조로 되어 있어서 최종 융자가 나오지 않을 수 있다. 구매자는 주로 융자 회사 담당자와 대화한다. 사전 승인 서류(letter)는 융자 회사에서 받을 수 있지만 융자 승인 주체는 융자 기관인 은행이므로 최종 검토에서 대출을 거절 받을 수도 있다.

따라서 구매자는 풍부한 경험과 신뢰를 얻고 있는 융자 회사를 찾아야 한다. 또는 모기지 브로커를 거치지 않고 융자 기관인 은행과 바로 거래하면 융자 성공 여부를 보다 정확히 알 수 있다. 융자가 나오는 게 확실하면 융자 조건부 상황(모기지 컨틴전시)은 제거(리무벌)된다.

(3) 어프레이절 컨틴전시(집 감정)

은행에서 파견한 감정사는 구매할 집의 가치를 평가(appraisal)해서 집 가격을 결정한다. 감정 시점의 주택 시세를 판단한다. 은행의 감정 가격이 중요한 이유는 융자와 직접적인 관련이 있기 때문이다. 감정 가격만큼만 은행 대출이 나오므로 감정 가격은 판매자와 구매자 모두에게 중요한 기준 가격(criteria price)이 된다.

50만 불 주택을 예로 들면, 감정사가 구매할 주택을 감정한 결과 45만 불로 평가 결과가 나오면 어떤 일이 벌어질까? 판매자는 50만 불로 판매하고 싶어 하지만 구매자는 평가받은 가치인 45만 불보다 비싸게 사고 싶지는 않다. 50만 불은 판매자의 희망 가격일 뿐이다. 적정 가격은 감정 평가액인 45만 불이 되며 구매자가 원하는 가격이 된다.

평가액이 판매자가 팔고 싶어 하는 가격보다 낮게 나온 경우, 구매자는 판매자에게 판매가를 감정 가격으로 낮추어 달라고 요구할 수 있다. 그런데 판매자가 판매가를 감정가로 낮추지 않으면 문제가 발생한다. 구매자는 융자를 원래 예측한 만큼 받지 못한다. 구매자는 주택 구매를 위해서 융자가 나오지 않는 차액을 본인이 현금으로 마련해야 한다.

위의 예처럼 감정 가격이 45만 불이고 판매 가격은 50만 불이면 구매자가 5만 불을 현금으로 준비해야 한다. 구매자가 5만 불을 준비하지 못한다고 판단하면 계약을 취소할 수 있다. 판매자 입장에서도 구매자가 판매 가격만큼 융자를 받을 수 있는지 여부에 신경을 곤두세운다.

어프레이절 컨틴전시(appraisal contingency)는 은행 감정 가격이 예기치 못하게 낮게 나오는 상황이다. 구매자는 낮은 감정 가격으로 판매 가격을 낮춰 달라고 판매자에게 요청할 수 있다. 판매자가 낮춰 주지 않으면 구매자는 어프레이절 컨틴전시 조항에 근거해서 계약을 진행하지 않을 수 있다.

만약 감정가가 판매가보다 높게 나오면 어떻게 될까? 50만 불에 판매하는 집의 감정 결과가 53만 불로 나오면 구매자는 원래 가격인 50만 불로 진행하면 된다. 감정 가격이 높게 나오면 굳이 판매자에게 의무적으로 말할 필요는 없다.

① 저자의 페어론 집(단독 주택)의 예를 들면,
　판매자의 판매 가격: $399,000
　구매자(저자)의 오퍼 가격: $439,000
　은행의 감정 가격: $445,000

셀러스 마켓이어서 구매자들의 치열한 경쟁으로 오퍼 가격을 4만 불 더했다. 과연 은행 감정가가 얼마가 나올지 궁금했다. 43만 불로 나오면 9천 불을 깎을 생각이었다. 그런데 감정 가격이 오퍼 가격보다 높게 나와서 어프레이절 컨틴전시는 제거되었다.

② 저자의 엘름우드 파크 집(다세대 주택)의 예를 들면,
　판매자의 판매 가격: $540,000
　구매자(저자)의 오퍼 가격: $590,000
　은행의 감정 가격: $610,000

옆으로 지어진 다세대 주택(side by side)이어서 경쟁이 치열했다. 위아래(top & bottom) 스타일의 다세대 주택은 많지만 옆으로 된 멀티 패밀리는 희소하기 때문에 많은 투자자들이 오퍼를 넣었다. 저자는 5만 불을 높여서 오퍼를 넣었다. 은행 감정 가격이 61만 불로 나와서 어프레이절 컨틴전시는 제거되었다.

(4) 타이틀 컨틴전시(소유권)

모든 부동산은 주인이 있다. 투자자가 부동산을 구매하면 새로운 집주인이 된다. 판매자의 부동산 소유권이 구매자의 소유권이 된다. 렌트 투자자는 소유권을 먼저 획득한 후 소유권을 이용해서 임대를 통한 월세 수입을 얻는다.

저자가 부동산 투자를 하면서 낯설었던 단어 중 하나가 타이틀(title)이다. 한국에서 타이틀이라고 하면 '표제, 제목, 명칭, 직책'이다. 소유권이라고 할 때는 '오너십(ownership)'을 주로 사용한다. 그런데 미국에서는 부동산 소유권을 타이틀(title)이라고 한다. 소유권(타이틀)을 증명하는 서류(등기)는 디드(deed)다. 지금은 전산 처리 할 수 있어 종이 증서에 국한되지는 않는다.

타이틀 컨틴전시(title contingency)는 부동산 소유권의 조건부 계약 조항이다. 소유권에 문제가 있을 경우 구매자가 계약을 취소할 수 있다. 구매한 부동산의 소유권(타이틀)은 정당하고 합법적인 상태로 구매자에게 이전되어야 하기 때문이다.

구매자의 변호사는 판매자의 소유권에 문제가 있는지 조사한다. 판매자가 법적으로 소유 권한이 있는지, 저당과 담보가 부동산에 설정되어 있는지, 판매자가 본인의 융자를 제대로 지불했는지 등을 찾아본다. 즉, 변호사는 타이틀 검색(title search)을 진행한다.

소유권 상태가 깨끗하지 못한 문제가 발견되면 타이틀 컨틴전시 조항을 이용해서 계약을 보류 또는 취소할 수 있다. 저자의 엘름우드 파크 집의 경우 판매자가 소유권을 은행으로부터 서류상 이전 처리를 받지 않았다. 행정상으로는 이전되어서 큰 문제는 없었지만 기분이 찜찜하여서 계약을 보류했다. 다행히 판매자가 신속히 대응하고 소유권 문제가 깨끗해져서 타이틀 컨틴전시는 제거되었다.

소유권 문제는 구매 후 시간이 지난 후 갑자기 나타날 수 있다. 구매자 입장에서는 불안하다. 예를 들면, 판매자가 10년 동안 소유하고 있던 집을 투자자가 구매했는데 10년 전의 다른 옛 주인이 갑자기 나타나서 권리를 주장한다면 구매자는 난처해진다. 판매자는 자신의 소유권의 합법성에 책임이 있으므로 구매자를 위해서 소유권 보험(title insurance)을 든다. 구매자는 자신의 변호사에게 보험 가입 여부를 문의해서 확인한다.

(5) 에이치오에이 컨틴전시(공동 주택 규정)

HOA는 'Home Owners Association'의 줄임말이다. 한글로 번역하면 '집주인 협회'가 된다. 한국의 반상회와 비슷한 면도 있지만 공동 주택 단지의 주민 협의회로 이해하는 편이 맞다. 강력한 권한을 가지고 있다. 콘도, 타운하우스 등의 집을 구매해서 렌트를 준비한다면 투자자가 주의해야 하는 조직이다.

참고로 미국에서 아파트라고 하면 개인이 구매할 수는 없고 오로지 렌트와 리스만 가능한 주거 방식이다. 한국의 아파트 개념하고는 다르다. 겉모습은 아파트인데 구매와 판매가 가능하면 미국에서는 아파트가 아닌 콘도라고 한다. 법적 소유권 유무에 따라서 아파트와 콘도의 개념이 나누어진다.

미국 주택 중에서 일반적으로 콘도와 타운하우스에 HOA가 존재한다. 주택 소유자들이 단지 내의 공동생활을 관리하기 위한 조직이다. 단지 내 주민은 HOA가 정한 규정을 지켜야 하며 HOA가 부과하는 관리비와 수선 적립금 비용을 부담할 의무를 가진다. 투자자는 이런 비용을 포함해서 렌트 가격을 책정한다.

HOA 규정이 왜 컨틴전시에 들어갈까? 구매자가 집 검사, 융자, 감정, 소유권 등에 문제가 없으면 콘도, 타운하우스의 구매 계약을 진행하면 되지 않을까? 공동 주택이기 때문에 간단한 문제가 아니다. HOA 규정의 제약 조건으로 인해서 구매를 할 수 없는 우발 상황이 발생할 수 있기 때문이다.

HOA 규정으로 렌트용 주택 비율(ratio)을 제한하는 경우에는 구매를 해도 렌트가 불가능할 수 있다. 예를 들어 단지 내의 60%는 집주인이 살고 40%만 렌트가 가능한 HOA 규정이 있으면, 투자자는 투자한 주택이 40% 안에 드는지 먼저 확인해야 한다. 심한 경우는 HOA 중에서 렌트를 완전히 금지하는 곳도 있다. 오로지 집주인만 거주할 수 있는 HOA 규정도 있다.

모든 절차가 잘 진행되고 있는데 HOA의 제한 조건이 발견되면 투자자는 계약을 취소할 수 있다. 렌트가 불가능하면 투자자는 투자가 불가능하기 때문이다. 이런 우발 상황이 발생하면 투자자는 계약을 취소할 수 있어야 한다. 하지만 판매자 입장에서는 구매자가 렌트를 할지 본인이 거주할 용도인지 알지 못하므로 불안정한 상태에 빠지게 된다.

다행히 콘도나 타운하우스 판매자의 중개인은 구매자에게 미리 HOA 규정을 보낸다. 구매자는 투자용 렌트 주택을 구매하므로 콘도와 타운하우스를 구매할 때는 처음부터 렌트 가능 여부를 확인해야 중도에 계약을 취소하는 일이 생기지 않는다. 중개인과 변호사가 이 점에 주의를 기울이도록 문의해야 한다.

(6) 퍼밋 컨틴전시(허가)

퍼밋(permit) 컨틴전시는 일반적으로 사용하는 조건부 조항은 아니다. 앞에서 본 컨틴전시 조항에 포함되어 부수적으로 적용한다. 그렇다고 결코 사소한 내용이 아니다. 구매자 입장에서는 다른 컨틴전시 조항을 좌우하는 중요한 역할을 한다. 'permit'은 '허가, 허락, 승인'으로 해석하는데 누구로부터의 허가냐 하면 관청(borough)이다. 주택이 위치한 지역을 관할하는 시청은 주택과 관련한 각종 허가 사항을 처리한다.

집주인이 자신의 집을 수리하기 위해서는 행정 관청에 퍼밋(허가)를 신청하고 허가를 받아야 한다. 이를 '퍼밋을 연다(open permit)'라고 한다. 화장실을 새로 만들거나 집을 확장하는 공사를 하기 위해서 허가를 받아서 진행한다. 집주인은 공사를 마치고 가만히 있으면 안 된다. 시청에 연락해서 공사가 규정대로 이루어졌는지 검사를 받는다. 검사를 통과하면 퍼밋을 닫아야 한다(close permit).

만약 판매자가 퍼밋을 깔끔히 닫지 않고 집을 판매했다면 무슨 문제가 발생할까? 구매자는 퍼밋을 닫을 수 없는 사태가 생긴다. 공사 허가를 받은 집주인만이 오직 허가 완료를 관청에 신청해서 허가를 닫을 수 있다. 따라서 구매자는 구입할 집에 허가 신청이 아직도 열려 있는지 반드시 확인해야 한다.

만약 퍼밋이 열린 상태라면 허가 문제가 해결되기까지 구매자는 계약을 보류할 수 있다. 판매자가 허가를 닫기 위한 노력도 하지 않고 있다면 계약을 중단할 수 있다. 판매자는 자신이 허가를 열고 닫았는지 기억 못하는 경우도 있으므로 판매자의 말만 믿으면 안 된다. 반드시 시청에 확인해야 한다.

성실하고 꼼꼼한 중개인은 구매자를 보호하기 위해서 퍼밋 여부를 조사한다. 해당 관청의 주택 담당자에게 구매할 주택에 허가 사항이 열려 있는 내용이 있는지 문의한다. 퍼밋이 열려 있다면 판매자 측에게 퍼밋 문제를 해결하도록 요청한다. 또한 변호사에게도 연락해서 퍼밋 해결 상황을 서류로 준비한다.

이번 장은 조건부 계약 조항(contingency)을 살펴봤다. 컨틴전시는 계약 절차와 밀접히 연결되어 있다. 투자자가 집을 성급하게 구매하고 싶어질수록 컨틴전시를 대수롭지 않게 여긴다. 하지만 컨틴전시는 구매자를 보호하기 위한 안전 장치다. 투자자는 중개인, 변호사, 융자 회사 담당자에게 컨틴전시에 포함된 내용을 물어보면서 진행 상황을 확인하는 노력이 필요하다.

Landlording:
사려 깊은
집주인 되기

I와 II의 과정을 거쳐서 투자자는 렌트 주택을 구매한다. 저자가 준비와 구매 과정에 걸린 시간은 약 3년 정도다. 이제부터는 투자자는 신분이 몇 개 더해진다. 바로 집주인(랜로드)이다. 다른 표현으로는 건물주다. 또 다른 중요한 신분은 사업가(entrepreneur)이며 관리자(manager)다.

 III에서는 투자자가 주택 구매 후 해야 하는 일들에 대해 살펴본다. 렌트 주택 투자의 본격적인 단계는 지금부터다. 모든 과정의 핵심은 좋은 세입자(good tenant)를 얻기 위한 노력에 초점이 맞춰져 있다. 구매자의 역할도 투자자에서 서비스 센터, 보호자, 관리자, 사업가로 확장된다.

8. 렌트 주택 구매 후 처리해야 하는 숙제: 수리와 보수

모든 조건부 조항(컨틴전시)이 제거되고 계약서에 문제가 없으면 에스크로는 클로징되며 구매자는 주택의 법적 소유권을 넘겨받는다. 드디어 집 열쇠를 받는다. 치열한 구매 경쟁을 뚫고 집을 차지하게 되면 기쁨과 안도감이 몰려온다. 하지만 흥분은 잠시 내려놓고 구매자는 마음을 굳게 먹어야 한다. 앞으로 닥칠 일을 준비해야 한다. 이는 결코 단순하지 않다.

렌트용 주택을 구매하는 작업과 구매한 주택을 렌트용에 적합하게 꾸미는 일은 다르다. 구매한 집이 완벽해서 바로 렌트를 놓을 수 있으면 좋지만 새집이 아닌 한 여러 가지 손볼 일이 생긴다. 자가용 주택과 렌트용 주택의 큰 차이점이 있다. 자가용 주택은 집주인이 불편해도 참고 살 수 있지만 렌트용 주택은 세입자가 불편해하면 수리를 해야 한다.

세입자가 들어오기 전에 미리 문제를 발견하고 해결하면 일 처리가 편하다. 세입자가 입주한 후에 문제가 발견돼서 수리하면 세입자가 원하는 시간에 맞춰야 한다. 집주인 입장에서는 세입자와 수리업체의 시간 조정이 쉽지만은 않다. 세입자는 퇴근 후에 수리를 원하지만 수리 업체는 오후 4시 이전에 작업하기를 원한다. 문제점을 빨리 발견해서 세입자가 이사 오기 전에 수리하는 게 모두에게 편하다.

(1) 새롭게 발견되는 숨은 문제들

인스펙션과 마지막 집 점검(파이널 워크쓰루)을 통해서 상당 부분 집의 문제점은 확인 가능하다. 당시에 발견했던 고장은 판매자와 협상을 했거나 작은 결함은 구매자가 수리를 예측한다. 그런데 기존에 알고 있던 문제 이외에 새로운 골칫거리가 발견되기 때문에 투자자는 당혹스럽다.

집 검사를 할 때 검사관(인스펙터)이 집을 구석구석 살펴보고 문제점을 파악했지만 열쇠를 넘겨받는 동시에 새로운 문제도 함께 따라온다. 거주자가 이사 간 후 투자자는 조용한 빈집에 들어가 본다. 혼자 있노라면 감개무량하다. 그런데 곳곳에서 문제가 발견된다. 분명히 정상이었는데 왜 이렇게 되었지?

시간이 지난 후 문제가 발견되는 이유는 다양하다. 집의 모든 부분을 사전에 일일이 확인할 수 없다. 가려진 부분은 볼 수 없다. 모든 가전제품을 가동시켜 보는 데 한계가 있다. 인스펙터도 잊어버리고 검사를 빼먹는 부분이 있다. 보고도 그냥 지나쳐서 문제점을 미처 인지하지 못하기도 한다.

몇 가지 예를 들어 보자면,

① 마루와 방에 소파가 있으면 소파 뒷부분은 보이지 않는다. 그런데 소파 뒤에는 난방 시설 보드판이 있다. 인스펙터도 소파를 치우고 검사를 하지 못하므로 보드판이 망가지거나 난방이 안 되는지 점검

하기 어렵다.

② 겨울에 집을 구매하면 인스펙션할 때 에어컨을 틀어 보지 않는다. 여름에 집을 구매하면 난방(히터, heater)시설을 가동해 보지 않는다. 따라서 시간이 지난 후에 에어컨과 난방 장치의 상태가 나쁘거나 작동하지 않는 문제를 발견하게 된다.

③ 지하실의 문제점은 물이 스며들고 고이는 현상이다. 홍수 지역 여부에 관계없이 지하실에 물이 들어오는 집이 있다. 땅의 토양과 토지 기울기 때문에 비가 며칠 연속 오면 지하실에 물이 고이게 되는 경우에는 구매 후 비가 오면 문제가 드러난다.

④ 집주인으로부터 받은 열쇠가 맞지 않는 경우도 있다. 가전제품이 2년도 안 된 새 제품이어서 좋아했지만 갑자기 냉장고 안에서 물이 흐르고, 에어컨은 찬 바람이 나오지 않고, 식기 세척기는 거품만 발생하는 일이 생기기도 한다.

⑤ 창문에 블라인드가 있으면 블라인드 설치 비용이 절약된다고 좋아한다. 하지만 블라인드에 감춰진 창문이 깨졌거나 열리지 않는 문제는 자주 발생한다. 창문 안쪽의 틈새에 벌레가 많이 죽어 있으면 청소 업체를 불러야 할 경우까지 발생한다.

⑥ 미국 집은 마루 위에 카펫을 깐다. 인스펙션할 때 카펫을 완전히 들어서 마루 상태를 보지 못한다. 결국 이사 간 후에 마루 상태를 전체

적으로 확인 가능하다. 마루가 부서지고 깨진 부분을 발견하기도 한다.

그 밖에 발생하는 문제는 각양각색이다. 투자자들끼리 만나서 대화를 하다 보면 책 1권 분량이 될 정도다. 예기치도 못한 문제가 하나둘씩 발견되면 투자자의 마음은 복잡해진다. 투자자는 어떤 마음가짐이 필요할까? 문제가 생기지 않으면 좋지만 문제가 발견된다고 당황해하지 말고 해결 방안을 찾아야 한다.

(2) 고장 난 부분의 수리

주택 고장은 사는 데 불편함을 주는 요소이며 집 가치를 떨어뜨린다. 수리 비용이 많이 드는 부분은 인스펙션할 때 당연히 발견해서 판매자에게 수리를 요구해야 한다. 지붕 누수, 냉난방 시스템 고장, 온수 보일러 고장 등은 집을 구매하기 전에 반드시 발견해야 한다. 구매 후에는 투자자가 수리해야 한다.

수리는 돈이 들어가기 때문에 투자자는 망설인다. 작은 부분의 고장은 집주인 입장에서는 가볍게 생각하고 지나칠 수 있지만 세입자 입장에서는 불편함이 크다. 투자자는 수리할지 말지 망설이면서 시간을 낭비할 필요 없다. 구매 후 즉시 수리해야 작업도 편하고 들어오는 세입자가 기분 좋게 살 수 있다.

예를 들면 ① 가전제품의 문이 잘 맞지 않아서 열고 닫는 데 힘든 문제, ② 방문이 빡빡해서 열고 닫기 힘든 고장, ③ 초인종이 울리지 않는 문제, ④ 냉장고의 얼음 기계가 얼음을 만들지 못하는 문제 등이다. 불편해도 참고 사용할 수도 있지만 월세를 내는 세입자 입장에서는 당연히 정상적인 작동을 원한다.

투자자가 손재주가 있어서 간단한 고장은 수리할 수 있으면 직접 고치면 좋다. 저자도 쉬운 수리는 유튜브를 보면서 스스로 했다. ① 화장실 변기 내부의 낡은 밸브 교체, ② 찢어진 블라인드 교체, ③ 덧문(스톰도어)의 망가진 폐색 장치(클로저) 교체, ④ 고장 난 자물쇠 교체, ⑤ 누렇게 더러워진 스위치 덮개 교체, ⑥ 깨진 백열 전등을 LED로 교체 정도는 간단하다. 만약 기술자를 부르면 수리비가 200불 정도는 든다.

집주인 입장에서는 참고 살아도 된다고 생각할 수 있지만 고장 난 부분은 세입자가 입주하기 전에 미리 수리해야 한다. 수선할 때는 중고 부품으로 하지 말고 새 제품으로 깔끔하게 바꿔야 집에 대한 첫인상이 좋다. 중고 부품은 대부분 시간이 조금만 지나면 기존 제품과 문제가 발생해서 고장이 재발한다.

(3) 필수품의 새로운 설치

공기 청정기(purifier)와 식기 세척기(dishwasher)가 필수품일까? 필수품은 사람마다 지역마다 기준이 다르다. 집주인과 세입자 입장에 따라서도 다르다. 중개인과 구매자 사이에도 필수품에 대한 기준이 다르다. 저자는 식기 세척기는 미국 집에는 반드시 있어야 하는 필수품으로 생각했다. 그런데 오픈 하우스를 다니다 보니 식기 세척기가 없는 집도 많았다. 심지어 세탁기가 없는 집도 있다. 모든 렌트 주택에 세탁기가 없는 동네도 있다.

필수품 여부는 지역, 시기, 주택 유형에 따라서 유동적이다. 동네 수준에 맞으면서 사람이 사는 데 불편함이 없는 정도의 시설은 필수품이다. 세입자에게 어필이 되는 최소한의 설비는 설치해야 한다. 또한 그에 따른 비용이 들어가므로 투자자의 예산 범위에서 품질을 결정해야 한다. 저자가 고민한 필수품의 예를 들어 보겠다.

미국은 마루와 방에 불(등)이 없는 주택이 있다. 한국에서는 말도 안 되는 일이지만 미국에서는 흔하다. 집을 짓다가 만 듯한 느낌이 든다. 어떤 집은 모든 방, 거실에 천장 등이 없어서 컴컴하다. 천장에 등이 없으므로 스탠드형 전등을 켠다. 주로 대저택의 경우 분위기를 살리기 위해서 천장에 등이 없다.

스탠드형 전등이 운치도 있고 분위기도 살린다고 하지만 생활할 때는 불편하다. 방과 거실이 작은 집에는 공간을 차지하면서 집을 더욱 작게 보이게 만든다. 또한 전기선이 지저분하게 보여서 집을 구경하러 오는 세입자에게 그저 그런 인상을 준다. 그래서 작은 집일수록 천장에 등이 있어야 한다. 최근에는 저렴하고 예쁜 LED 등이 나와서 비용도 적게 든다.

페어론 집과 엘름우드 파크 집도 천장에 등이 없어서 LED 등을 설치했다. 구입은 홈디포 또는 아마존에서 저렴하게 구입 가능하다. 유튜브에 보면 설치하는 방법이 있지만, 저자는 감전 경험이 있어서 핸디맨과 전기업자를 통해서 설치했다. 특히 부엌은 반드시 LED 등을 설치해서 밝고 깨끗한 첫인상을 줘야 세입자의 마음을 쉽게 얻을 수 있다.

필수품의 또 다른 예를 들면 에어컨(AC)이다. 미국 집은 중앙 집중식 에어컨이 없는 집이 많다. 그렇다고 벽걸이형 에어컨과 스탠드형 에어컨이 있는 집도 적다. 구매 당시 센트럴 에어컨(central AC)이 설치되어 있으면 좋지만 없다고 해서 집 가격을 깎을 수 있지는 않다.

미국은 창문에 에어컨을 설치하는 비용이 200불 ~400불 정도 한다. 방과 마루에 필요하므로 1가구에 3대의 에어컨이 필요하다. 가격은 약 800불 정도 든다. 세입자가 에어컨을 직접 가지고 와서 달게 하는 집주인도 많다. 저자의 페어론 세입자는 전부터 사용하던 에어컨을 가지고 왔다.

저자는 에어컨을 필수품으로 생각한다. 집주인이 구매해서 설치하면 비용은 들지만 세입자들은 고마워한다. 특히 주변의 렌트 주택과 경쟁할 때는 예비 세입자들에게 호감을 줄 수 있다. 또한 세입자가 에어컨을 들고 이사 다닐 생각을 덜어 주기만 해도 렌트용 주택으로서 장점이 증가한다.

이외에도 필수품은 많다. 냉장고, 세탁기, 건조기 등도 마찬가지다. 마당에 잔디가 있는 집은 세입자가 잔디를 관리하는 조건이면 잔디 깎는 기계(lawn mower)는 필수품으로 생각할 수 있다. 필수품이 갖춰진 집과 없는 집을 대하는 세입자의 마음가짐은 달라지고 공실률도 낮출 수 있다.

(4) 재난 예방 차원의 시설

재난의 대표적인 예는 홍수와 화재를 들 수 있다. 홍수 지역(flood zone)과 화재 지역(fire zone)에 집을 구매하지 않으면 안전할까? 미국 서부 캘리포니아의 주택을 구매하면 화재(산불)에 대비해야 한다. 미국 동부는 홍수에 대비해서 시설을 갖추어야 한다. 위험 지역을 벗어나서 집을 구매해도 예기치 않은 재난은 발생한다.

홍수 지역이 아닌 위치의 주택을 구매해도 지하실에 물이 스며 들어오는 경우가 있다. 비가 며칠 연속 쏟아지는 날에는 지하실에 물이 들어오기도 한다. 집주인은 어느 정도 이해하면서 살 수 있지만 세입자에게 참으면서 살라고 요구할 수는 없다.

아는 투자자의 집은 홍수 지역도 아닌데 비가 3일 연속해서 많이 오면 지하실 바닥에 물이 들어온다. 원인을 알아보니 앞마당의 기름 탱크를 제거한 후 땅속에 물이 고이기 때문이었다. 비가 많이 오면 고인 물이 지하실로 스며들었다. 세입자가 들어온 후에 침수(flooding) 문제가 발견되어서 세입자도 놀라고 투자자도 놀랐다.

하지만 방법은 있다. 지하실 한 귀퉁이에 배수 펌프(sump pump)를 설치했다. 지하실 바닥에 있는 물을 미리 모아서 자동적으로 퍼내는 장치다. 예전에는 펌프가 커서 흉물스러웠지만 지금은 작고 귀여우면서 모터 성능까지 좋다. 비가 많이 오면 세입자에게 펌프가 제대로 기능을 하는지 확인한다. 100% 물을 처리해서 지하실에 물이 고이는 문제는 완전 해결되었다.

화재 지역이 아니어도 집안에서 화재가 발생할 수 있으므로 소화기(fire extinguisher)는 3개 정도 구비해 둔다. 원래 1개는 판매자가 부엌에 설치하므로 구매자는 2개를 추가로 사서 보일러 장치와 히터 옆에 둔다. 소화기 수명은 약 10년 정도인데 작은 사이즈는 짧은 경우도 있으므로 만료일을 확인한다.

화재경보기(smoke alarm)와 일산화 탄소 감지기(carbon monoxide detector)는 의무적으로 설치해야 한다. 부엌, 지하실, 보일러실을 확인하고 없으면 달아야 한다. 홈디포 또는 아마존에서 구매해서 잘 보이는 곳에 부착한다. 전기선 연결용이 아닌 건전지만 넣으면 되는 제품이어야 편리하다.

재난 예방 차원의 장치는 투자자 입장에서는 설치 비용이 아까울 수도 있다. 하지만 비용 대비 효과는 크다. 세입자는 걱정 없이 마음 편하게 거주할 수 있다. 집주인과 세입자의 관계에 신뢰감을 높인다. 투자자도 재난 스트레스를 덜 수 있다. 세입자는 집주인이 자신들의 거주 환경에 신경을 쓴다고 믿음을 갖게 된다. 투자자와 세입자 모두에게 이득을 가져다주는 윈윈(win win) 상황이 된다.

재난 정도는 아니지만 지하실이 있는 집은 곰팡이(mold)가 문제가 되는 경우도 있다. 지하실이 건조하다고 해도 문을 닫고 밀폐된 환경이 지속되면 곰팡이가 조금씩 피어난다. 물이 들어오는 지하실은 벽 아래부터 곰팡이가 나타난다. 여름과 가을의 비가 많이 오는 계절은 지하실이 축축해지면서 곰팡이가 자라는 최적의 환경이 된다.

미국인은 곰팡이가 폐렴과 관련되어 있다고 보아서 상당히 위험한 요소로 여긴다. 따라서 집을 구매할 때 곰팡이가 보이면 판매자에게 전문업체를 통해서 제거를 요청한다. 그런데 판매자가 곰팡이 제거 비용을 아끼기 위해서 페인트칠을 해서 곰팡이를 덮는 눈속임으로 구매자를 속이기도 한다.

이유야 어쨌든 곰팡이를 발견하면 투자자는 자신의 집이므로 곰팡이를 제거해야 한다. 그리고 지하실에는 반드시 제습기(dehumidifier)를 설치해야 한다. 집주인이 제습기를 구매해서 지하실에 미리 설치해 두면 예비 세입자들에게 좋은 인상을 준다. 제습기는 용량이 있으므로 지하실 크기에 맞는 사이즈가 필요하다.

저자의 페어론 집에는 담당 중개인이 큰 용량의 최신형 제습기를 선물해서 설치했다. 물을 빼는 선과 볼트는 따로 구입해서 제습기와 연결해야 한다. 엘름우드 파크 집은 세입자가 제습기를 가져와 직접 설치해서 저자는 구매할 필요가 없었다.

(5) 페인트 칠하기와 바닥 수선

미국 집의 특이한 점은 한국처럼 벽에 벽지를 바르지 않는다. 간혹 벽지를 한 집도 있지만 대부분 벽에 페인트를 칠한다. 처음 미국에 이민 와서 살기 시작한 아파트는 베이지색 페인트였다. 월세가 저렴한 아파트여서 벽지가 아닌 페인트로 칠했다고 생각했다. 그런데 집을 구하기 위해서 오픈 하우스를 다니면서 미국 집의 99%는 페인트로만 칠하고 벽지는 바르지 않는다는 점을 발견했다. 바닥은 나무 마루도 있고 카펫을 깐 집도 있다. 위생 문제로 인해 카펫보다는 나무 마루를 선호한다.

새집 또는 리모델링한 집을 구매한 경우 페인트와 바닥이 완벽하므로 구입 즉시 렌트하면 된다. 새집이 아니면 벽과 바닥 상태를 확인해야 한다. 오픈 하우스에서는 벽과 마루의 상태를 완벽히 파악하기 힘들다. 가구, 커튼, TV가 있어서 벽의 페인트는 가려져 있다. 마루가 나무 또는 라미네이트라고 할지라고 커다란 카펫이 있으면 마루 상태도 정확히 알 수는 없다.

거주자가 이사 가고 난 후 마지막 검사(파이널 워크쓰루)를 할 때 텅 빈집의 벽과 마루를 보면 가구가 있었을 때와 다른 점이 눈에 띈다. 가구가 없는 집은 마치 마스크를 벗은 또는 화장을 지운 얼굴과 같다. 특히 판매자가 거주한 지 오래되었으면 페인트칠은 더러워져 있으며 마루는 상한부분이 보인다. 세월의 흔적이므로 당연한 현상이다.

낡은 상태 그대로 렌트를 놓으면 무슨 일이 벌어질까? 월세를 낮게 받을 수밖에 없다. 좋은 세입자가 들어올 확률이 낮아진다. 더러운 상태의 집은 세입자가 더럽게 쓴다. 더러운 상태와 나쁜 세입자의 악순환 고리에 빠진다. 집주인이 깔끔하게 만들어 놓고 예비 세입자들이 구경 와야 좋은 반응을 기대할 수 있다.

집 한 채를 페인트칠하면 가격이 얼마나 나올까? 약 45평 집 내부만 칠하면 약 5천 불 정도 든다. 생각보다 비싸다. 저자는 페인트칠을 직접 했다. 홈디포에서 롤러, 붓, 페인트를 구매해서 방, 마루, 부엌, 천장을 칠했다. 저자가 처음으로 단독 투자한 집이어서 정성껏 페인트 칠하기에 도전했다.

마루는 왁스(wax)로 닦아서 깔끔하고 보기 괜찮으면 페인트칠을 마친 후 왁스 작업을 몇 번 하면 된다. 낡은 곳이 심하면 윗부분을 긁어내는 샌딩(sanding)을 한 후에 코팅하면 새 마루같이 보기 좋다. 이 작업은 개인이 혼자 하면 허리가 너무 아프다. 대신 샌딩 전문 업체에 맡기면 하루만에 완성된다.

텅 빈 집의 벽과 마루는 집의 첫인상(first impression)을 결정하는 핵심 부분이다. 특히 부엌과 화장실의 벽과 마루에 이전에 살던 사람의 흔적이 남아 있다면 좋은 월세는 받기 힘들다. 구매한 집의 거주 지역이 학군도 좋고 주민 소득이 높으면 산뜻한 인상을 주어야 우수한 세입자를 받을 수 있다.

첫인상이 좋아야 세입자가 첫눈에 반한다. 저자는 페어론과 엘름우드 파크 집은 페인트칠만 했다. 마루에 샌딩과 코팅을 할 필요성이 있었지만 비용 때문에 다음으로 미뤘다. 앞으로 5년 후에 세입자가 바뀌면 페인트 와 마루 샌딩을 해서 지금보다 밝고 깨끗한 인상을 만들 계획이다.

(6) 기적을 만드는 블라인드

미국에서 창문과 창틀을 새걸로 교체하는 작업은 비용이 많이 든다. 창문이 망가진 경우에는 할 수 없이 창 전체를 새걸로 바꿔야 한다. 저자 도 페어론 집의 작은 방은 창 전체를 교체했다. 현대적 느낌의 새 창문이 어서 방 전체가 살아나는 느낌이다. 하지만 창문이 쓸 만하면 굳이 교체 하지 않아도 된다. 대신 창틀을 흰색 페인트로 칠하면 된다. 창틀 색만 바꿔도 산뜻해지면서 방 분위기까지 밝아진다.

그런데 이상하게도 창틀에 페인트칠을 해도 뭔가 부족한 점을 느낄 때 가 있다. 창문이 허전해 보인다. 이유는 블라인드(blinde)가 없기 때문이 다. 집주인이 블라인드를 설치하기도 하고 없는 채로 렌트를 하기도 한 다. 저자는 모든 창문에 블라인드를 설치했다. 블라인드가 있으면 집 내 부 분위기를 한결 안정감 있게 보이는 효과를 가져온다. 블라인드의 존재 감은 기대 이상의 효과를 가져온다.

예전 거주자가 블라인드를 최근에 했으면 투자자는 이득을 본 셈이다. 그런데 저자의 경우 엘름우드 파크 집의 오른쪽 유닛은 블라인드를 13년 동안 사용했다. 블라인드 자체는 망가지지 않았지만 흰색 블라인드가 누렇게 변색될 정도였다. 방, 거실, 부엌을 흰색 페인트칠을 해도 낡았다고 느낀 이유가 변색된 블라인드 때문이었다.

변색된(discolored) 블라인드 모두를 흰색 새 제품으로 교체했다. 창문 크기를 자로 잰 후 홈디포와 아마존에서 가격을 비교한다. 가성비가 제일 좋은 블라인드를 구매해서 직접 달았다. 블라인드는 종류가 다양하므로 어느 위치에 달지 먼저 결정한 후 디자인을 골라야 한다. 고급스러운 느낌을 원한다면 이중 줄무늬 스타일(dual zebra) 블라인드가 안성맞춤이다.

저자가 구매한 집은 방이 모두 크지 않은 보통 크기다. 어떻게 하면 방, 부엌, 거실을 넓고 아늑한 분위기로 만들 수 있는지 고민했다. 듀얼 제브라 블라인드가 신의 한 수였다. 부엌에 달아 보니 아늑하면서도 포근한 느낌을 만든다. 방에 다니 따스하고 넓어 보이게 만드는 효과를 보여 준다. 횡단보도(crosswalk) 디자인의 듀얼 제브라 블라인드 덕을 톡톡히 보고 있다. 가격은 일반 블라인드보다 비싸지만 만족한다.

(7) 가전제품 교체 고민

주택에 세입자가 편하게 살기 위해서 가전제품은 필수 품목이다. 냉장고, 가스레인지, 오븐, 전자레인지, 식기 세척기, 세탁기, 건조기는 기본적인 가전제품이다. 새집을 구입하면 가전제품이 처음부터 새 제품이므로 걱정할 필요는 없다. 오픈 하우스에 가면 간혹 가전제품이 있어야 할 자리가 텅 비어 있는 경우가 있다. 판매자가 나중에 설치해 주는지 중개인을 통해서 알아봐야 한다.

확률적으로 렌트 주택은 대부분 누가 살고 있는 집을 구매하므로 가전제품도 중고다. 중고 상태는 천차만별이다. 작동이 정상이면서 외관도 깨끗하게 이용한 경우, 겉은 멀쩡한데 잔고장이 자주 나는 상태, 외부 모양도 낡고 작동은 하지만 성능은 별로인 경우 등 다양하다. 투자자가 이용해 보지 않았으므로 상태를 정확히 예측하기는 쉽지 않다.

인스펙션을 할 때 가전제품도 검사를 한다. 정상적인 작동이 되지 않으면 판매자에게 수리, 교체를 요구해야 한다. 문제는 낡았는데 작동이 되면 판매자에게 교체를 요구할 수 없다. 투자자가 취할 수 있는 현명한 방법은 세입자가 사용하다가 고장이 나면 그때 수리 또는 교체를 하는 것이다. 물론 기름 얼룩(oil stain)은 말끔히 제거해야 한다.

저자의 페어론 집의 냉장고는 2년도 안 된 상태의 최신형 삼성 제품이다. 세입자가 이사 오고 2개월 후에 냉동고에 문제가 생겨서 냉동 기능이 고장 났다. 거의 새 제품이므로 팬(fan)만 교체 수리했다. 엘름우드 파크 집의 냉장고는 냉장실에 물이 계속 떨어졌다. 모델도 구형이어서 교체할까 생각했다. 기술자의 조언으로 전원을 뽑은 후 냉장고 문을 활짝 열고 건조시켰다. 다행히 물 떨어짐(drippimg) 문제가 해결되어 정상적으로 이용하고 있다.

엘름우드 파크의 오른쪽 집은 세탁기와 건조기가 매우 작은 크기의 오래된 모델이다. 집을 구매할 때부터 마음에 들지 않았지만 작동은 잘되므로 그대로 두었다. 그런데 세입자가 입주해서 사용하다가 2달 정도 지나자 세탁기가 고장 났다. 세탁기 배수구가 막혀서 물이 빠지지 않았다. 수리할까 고민하다가 LG 새 제품으로 교체했다. 세입자는 지금도 고마움을 표시한다.

가전제품은 교체 시기를 잘 파악해야 한다. 미국은 수리 비용이 교체 비용과 비슷한 경우가 흔하다. 수리와 교체 중에서 어떤 쪽이 장기적으로 좋을지 판단해야 한다. 교체할 때는 세입자가 살고 있는 동안에서 바꾸는 방법이 비용면에서 유리하다. 캐쉬 플로우를 이용해서 교체 비용을 마련한다. 가전제품은 미국 세일 행사를 이용해서 구입하면 할인 가격의 혜택을 받을 수 있다.

9. 좋은 세입자 구하기와 안전 장치 확보

집수리를 마치면 중개인에게 렌트 놓을 준비가 되었다고 말한다. 중개인은 집을 방문해서 집의 안과 밖을 사진 촬영한다. 인터넷에 무슨 내용을 적을지는 중개인과 대화를 하면서 정한다. 중개인은 렌트 소개서를 인터넷에 올린다. 투자자는 호기심과 기대감을 품고 예비 세입자들의 연락을 기다린다.

집주인은 언제나 좋은 세입자(good tenant)를 원한다. 좋은 세입자란 어떤 자격을 가져야 할까? 첫째, 월세를 미루지 않고 정확한 액수를 내야 한다. 둘째, 집을 망가뜨리지 않고 살아야 한다. 셋째, 집의 관리할 부분을 소홀히 여기지 않고 주의를 기울인다. 넷째, 이웃에게 불편을 주는 행동은 하지 않는다.

초보 투자자가 자신만만하게 착각하는 부분이 있다. 집을 구매해서 수리만 하면 마음에 드는 세입자가 바로 들어와서 산다고 생각한다. 안타깝게도 좋은 세입자를 찾기 위해서는 집을 구매하는 만큼의 노력과 시간이 든다. 절대 가볍게 생각할 부분이 아니다. 세입자는 많지만 좋은 세입자를 구하기 위해서는 긴장을 풀지 말아야 한다.

좋은 세입자를 구하기 위해서는 반드시 중개인과 협력해서 준비해야 한다. 구매자 혼자서 감당하기에는 많은 함정이 있다. 중개인은 합법적으로 세입자의 배경을 자세히 조사할 수 있으므로 투자자 보다 정보 접근 범위가 훨씬 넓다. 또한 중개인은 다양한 배경을 가진 세입자를 만난 경험이 있으므로 세입자를 고르는 감각이 있다.

(1) 투자한 렌트 주택과 어울리는 세입자 찾기

내가 투자한 소중한 집에서 문제를 일으키지 않고 안전하게 잘 살 수 있는 세입자는 누구일까? 좋은 직장을 다니면서 월세를 꼬박꼬박 낼 수만 있다면 누구든지 세입자가 되어도 괜찮다고 생각한 적이 있다. 신용점수가 800점으로 높고 월급을 많이 받으면 좋은 세입자로 생각했다. 하지만 어리석은 생각이었다.

집과 거주민(세입자)은 서로 어울려야 한다. 집의 위치와 구조가 마음에 들지 않는 경우 집주인은 자신을 집에 맞추어 가면서 살 수 있다. 하지만 세입자는 이사를 가든지 혹은 불편하기 때문에 집을 험하게 사용하게 되는 경우도 있다. 세입자가 주택에 맞춰서 참고 살면 좋지만 먼저 주택과 세입자가 서로 어울리도록 배려해야 한다. 그래야 집과 세입자 모두 별다른 사고 없이 평온하게 지낼 수 있다.

작은 방이 2개인데 어른 6명이 같이 산다고 하면 집과 세입자 수가 어울리지 않는다. 미국은 나무로 만든 집이 대부분이어서 마루를 걸으면 삐거덕 소리가 나곤 한다. 방 개수에 비해서 성인 어른이 많으면 집을 상하게 하는 문제가 발생한다. 오픈 하우스를 볼 때 집 내부가 많이 상했다면 대부분 방 숫자에 비해서 세입자가 많이 살기 때문이다.

계단이 많은 3층 집의 경우 몸이 불편한 노인분이 거주하면 안전사고 위험이 있다. 지하실에 세탁실이 있는 경우 빨래를 가지고 계단을 오르내리기도 힘들다. 투자자가 계단이 없는 단층 집(one-story)을 렌트하는 경우에는 노인분이 거주해도 안전하다. 저자의 페어론 집은 지하실에서 위층까지 층수가 3층이나 된다. 거동이 불편하신 노인분이 렌트를 구하러 오셨는데, 계단 정보를 미리 알려 드리니 단층 집으로 마음을 바꾸셨다.

먼저 집의 특징을 확인하고 집이 수용할 수 있는 세입자의 유형과 범위를 정한다. 그리고 집과 맞는 세입자를 선별하는 순서가 필요하다. 이 점이 자가용 주택과 렌트용 주택의 차이점이다. 내가 살 자가용 주택을 고를 때는 사람에 맞춰서 집을 고른다. 투자자 입장에서는 렌트용 주택이 먼저 정해지고 세입자를 나중에 골라야 한다. 집에 맞는 사람을 찾아야 한다.

멀티 패밀리는 단독 주택보다 세입자 선정에 세심한 주의를 요한다. 벽을 사이로 2가구가 붙어 있으므로 서로 존중하는 생활 습관이 있는 세입자가 중요하다. 저자도 엘름우드 파크 집은 다세대 주택이어서 세입자를 고를 때 기간이 오래 걸렸다. 왼쪽 집에는 24살 젊은 청년들이 먼저 이사를 왔다. 아이와 반려동물이 없는 조용한 성격의 직장인들이었다. 오른쪽 집의 세입자를 고를 때 비슷한 조건의 세입자를 찾느라고 시간이 더 걸렸다.

집은 투자자 마음대로 고르고 구매할 수 있지만 세입자는 마음대로 고르면 골치 아픈 문제가 발생한다. 내가 투자한 렌트 주택의 위치와 유형에 맞는 세입자 구성원이 들어와야 평안하게 장기적으로 거주할 수 있다. 세입자가 살면서 자신과 맞지 않는 집이라고 판단하면, 계약이 끝나자마자 바로 나가 버린다. 공실률이 늘어나므로 투자자에게는 손해다. 처음부터 세입자를 구할 때 시간이 들더라도 주택과 맞는 세입자를 구하는 게 안전하다.

(2) 미국의 다양한 인종적 특징 이해

한국도 외국인 노동자가 많아지면서 세입자 인종이 다양해졌다. 미국은 한국보다 더욱 넓은 인종 분포가 펼쳐진다. 한인 집주인이 한인 타운과 한인 밀집 지역에 주택을 렌트하면 세입자로 한인을 원한다. 언어와 문화가 같은 한인이 세입자로 들어오면 관리가 편하기 때문에 당연하다. 뉴저지 한인 타운인 팰리세이즈 파크(Palisades Park)에서는 한인 세입자를 구하기 쉽다.

하지만 한인 타운을 벗어나면 세입자 인종 스펙트럼은 상상을 초월하여 확대된다. 저자가 만난 예비 세입자를 보면 알 수 있다. 동양인, 백인, 흑인의 일반적인 구분을 넘어선다. 중동 아랍인, 남미인, 중국인, 동구 유럽인 등 다양하다. 세부적으로 나누면 시리아 난민, 남미 도미니카 불법 체류자, 벨라루스 이민자, 아프리카 이민자, 정통 백인 등 무궁무진하다.

현재 저자의 주택에 사는 세입자는 미국 태생의 백인과 흑인이다. 처음에는 한인이 들어오길 바랐지만 한인이 원하는 조건이 까다로워서 조건이 느슨한 미국인들로 세입자를 정했다. 한인 세입자의 조건을 맞추다가는 리모델링 비용만 10만 불은 추가로 들어가야 해서 포기했다. 저자도 한인이므로 다른 민족과 인종을 세입자로 받아도 되는지 걱정했다.

렌트용 주택을 한인 타운에서 구입할 경우 투자 대비 순이익이 떨어지므로 한인 타운을 벗어나서 구하게 된다. 그러면 당연히 세입자도 한인보다는 미국인 등의 다양한 인종과 만나게 된다. 저자도 미국의 인종적 다양성을 받아들였다. 세입자 범위를 한인으로 한정하지 않고 넓히니 세입자 스펙트럼도 또한 넓어졌다. 세입자 후보 그룹의 인종이 확대되었다.

인종이 다양해지면 생기는 문제는 언어다. 남미 지원자 중에는 영어를 전혀 못하는 사람이 많았다. 집에 문제가 생기면 집주인과 세입자가 대화를 해야 하는데 영어로 의사소통이 안 되면 문제 해결이 힘들어진다. 중개인이 한두 번 정도는 도와줄 수 있지만 계속해서 부탁할 수는 없다.

정보 보조금을 받는 섹션에일(Section8) 세입자가 있다. 저자가 섹션8을 알게 된 계기는 오픈 하우스를 보러 다니면서다. 멀티 패밀리를 구하기 위해서 다니면 이상하게 지저분한 집이 종종 있다. 외관은 깔끔한데 내부는 정리 정돈이 되어 있지 않고, 더럽고, 방 개수에 비해 많은 식구가 살기도 한다. 어떤 곳은 오픈 하우스를 함에도 불구하고 문을 열어 주지 않아서 구경 온 투자자들이 전혀 들어가지 못하기도 한다. 판매자 중개인에게 이유를 물어보면 대답은 "세입자가 섹션8이다."였다. 도대체 섹션8이 무엇이길래 문도 열어 주지 않을까?

섹션8으로 분류된 주민은 저소득층으로서 정부에서 월세의 일정부분을 지원받는다. 월세가 2,000불인데 정부에서 1,500불을 지원하면 섹션8 세입자는 500불만 내면 된다. 정부에서 월세를 지원하므로 안전하지만 섹션8 세입자는 집을 엉망으로 사용하는 경우가 많다. 또한 친척과 친구를 몰래 데려와 살기도 한다.

월세가 꼬박꼬박 들어오는 것도 필요하지만 집 관리 또한 중요하다. 세입자가 집을 깨끗이 사용해야 공사 비용도 줄어든다. 하지만 단순히 섹션8이라는 이유로 거절하면 차별 사유가 되므로 집주인은 주의해서 의사표현을 해야 한다. 집주인이 직접 거절 표시를 하지 말고 중개인을 통해서 해야 안전하다.

(3) 나쁜 렌트 지원자를 거르는 장치 활용

미국은 세입자를 보호하는 정책이 강하다. 캘리포니아는 대표적인 세입자 우호 성향이 높은 주정부다. 세입자가 거주하고 있는 동안은 월세를 내지 않아도 바로 쫓아내지 못한다. 최악의 경우에는 집주인이 변호사를 고용해서 퇴거 조치(eviction)을 진행해야 한다. 돈과 시간이 소모되는 동시에 세입자는 고의적으로 집을 망가뜨리기도 한다.

렌트 투자의 성공은 좋은 세입자와의 만남과 직결되어 있다. 좋은 세입자를 만나기 위해서는 나쁜 세입자 후보를 탈락시키는 방법이 효과적이다. 왜냐하면 좋은 세입자 찾기는 힘들지만 나쁜 세입자를 후보자 명단에서 제거하기는 쉽다. 나쁜 세입자를 제외하다 보면 좋은 세입자를 만난다.

예비 세입자가 렌트 주택이 마음에 들면 지원서(application)를 제출한다. 중개인은 지원자의 신용 점수(credit score)를 조사한다. 신용 점수는 740점 미만이면 좋지 않다. 신용 점수가 나쁘면 왜 그런지 이유를 알아봐야 한다. 대부분 연체(overdue) 문제가 있다. 신용 카드, 고지서, 월세를 늦게 낸 과거 기록이 현재 신용도에 영향을 준다.

저자의 페어론 집의 세입자는 신용 점수가 700점을 넘지 못했다. 한인 기준으로 봐서는 나쁜 점수다. 젊은 청년 세 명의 신용 점수가 620, 640, 680였다. 이유가 궁금했다. 은행, 고지서, 카드 기록에는 연체가 전혀 없었다. 원인은 학생 융자였다. 대학 등록금을 전액 융자로 받으면 대학 졸업 후 몇 년 동안은 신용 점수가 낮을 수밖에 없다. 연체가 이유가 아니므로 신용 점수가 낮음에도 불구하도 세입자로 정했다.

만약 월세를 늦게 지불한 기록이 있는 지원자라면 위험하다. 투자자는 월세를 받아서 융자 원금과 이자, 재산세 등을 충당해야 한다. 세입자가 월세를 반복해서 늦게 지불하면 투자자 입장에서는 여유 자금이 부족해져서 재정과 정신적 면에서 힘들어진다. 심할 경우에는 융자금 지불 연체로 이어질 위험도 크다.

지원자의 직업 역시 중요하다. 직장에서 얼마 동안 꾸준히 근무했고 월급은 얼마인지 확인한다. 부부가 함께 일하면 전체 월급 액수를 본다. 월급 총액수가 월세의 3배 이상 되어야 안전하다. 3배 미만이면 월세를 낼 수 없는 일도 발생한다. 세입자의 직업은 동네 수준, 학군과도 관련이 있다.

거짓말하는 지원자는 세입자로서 적합하지 않다. 저자의 경우, 혼자 사는 남성 지원자의 신용 점수가 800점을 넘고 연소득도 1억 원 이상이어서 렌트 계약을 수락하고 면접(인터뷰)을 했다. 그런데 느낌이 이상해서 물어보니 부인과 아이가 있었다. 부인과 자녀는 신분이 없는 불법 체류자이므로 남편 혼자 살 거라고 거짓말을 하고 나중에 몰래 같이 살 계획이었다. 객관적인 조건은 완벽했지만 정직하지 못해서 렌트를 거절했다.

렌트 지원서를 받으면 인종별로 스테레오타입(stereotype)이 만들어진다. 주의해야 할 지원자는 아랍인, 남미인, 인도인이다. 그러면 아시아인과 백인은 안전할까? 반드시 그렇지도 않다. 따라서 지원자 중에서 마음에 드는 후보자와 꼭 만나서 대화를 해야 한다. 인종별 세입자 편견은 선배 건물주들의 오랜 렌트 경험의 산물이므로 완전히 무시할 수도 없다.

사진으로 볼 때는 지원자의 인상이 후덕해 보였는데 직접 만났을 때 무서움을 느낀 지원자도 있다. 도미니카 50대 남자가 지원서를 내서 신용 점수가 좋아서 만났다. 그런데 얼굴과 눈빛에서 풍겨 나오는 살벌한 느낌에 온몸이 오싹했다. 또한 중개인들끼리 대화를 주고받았을 때는 통하는 듯해도 직접 지원자와 만나 보면 간단한 영어로 의사소통이 힘든 지원자도 있다.

나쁜 지원자를 거르기 위해서는 중개인의 경험과 육감이 중요한 역할을 한다. 중개인은 지원자들과 전화 통화를 해야 한다. 목소리를 직접 듣고 대화를 나누면 세입자의 인간성을 어느 정도 파악할 수 있다. 서류만 보고 판단하는 중개인은 실수할 수 있다. 나쁜 지원자를 거절할 때는 차별(discrimination)이 되지 않도록 주의를 해야 한다.

다음 질문은 반드시 렌트 지원자에게 해야 한다.

① 우리 집에 렌트를 원하는 이유는 뭔가요? "잠깐 6개월 정도만 살 집을 찾다가 발견했어요.", "뒷마당이 너무 예쁘고 동네가 조용하고 좋아서요." 답변만 들어 봐도 누가 좋은 세입자가 될지 알 수 있다. 집을 단순히 잠자는 건물이 아닌 삶의 보금자리로 생각하는 지원자가 좋은 세입자가 될 확률이 높다.

② 직장에 출퇴근하는 거리와 시간이 괜찮나요? "고속도로를 바로 탈수 있어서요. 25분밖에 안 걸려요.", "출퇴근 시간에 30분이나 걸리네요." 답변에 묻어 나오는 감정을 읽으면 렌트 후보자의 성향을 알 수 있다. 위 질문과 답변은 저자가 직접 하고 들은 내용이다. 부정적 답변을 한 세입자는 후보자 명단에서 제외한다.

(4) 보증금과 세입자 보험 가입

렌트는 월세와 보증금(security deposit)으로 이루어진다. 미국의 렌트 보증금은 한국처럼 많지는 않다. 월세 액수만큼 또는 월세의 1.5배 정도까지 보증금을 받는다. 월세가 2,000불이면 보증금은 2,000불~3,000불 수준으로 정해진다. 고급 콘도와 아파트의 경우는 보증금을 2배까지 받기도 한다.

보증금이 필요한 이유는 세입자가 사용하는 동안 집을 망가뜨린 부분이 있을 경우, 수리 비용으로 충당하는 용도다. 또는 청소 비용으로 사용하기도 한다. 보증금이 있으면 세입자는 주의해서 집을 사용하게 된다. 집주인은 보증금을 많이 받고 싶어 하기도 한다. 보증금이 높아지면 세입자 부담이 커지므로 동네 관행을 보면서 맞추는 게 현명하다.

저자의 페어론 집은 월세의 1.5배를 보증금으로 받는다. 월세가 3,300불이므로 보증금은 4,950불이다. 엘름우드 파크의 왼쪽 집도 보증금이 1.5배다. 월세가 2,500불이므로 보증금은 3,750불이다. 오른쪽 집은 보증금을 1배만 했다. 월세가 2,200불이므로 보증금은 2,200불을 받았다.

집주인은 보증금을 쓰면 안 된다. 은행 계좌를 구분해서 따로 보관해야 한다. 세입자 보증금 계좌(rental deposit account)를 만들어서 보증금을 입금한다. 만약 은행에서 계좌를 만들어 주지 않으면 저축 계좌(saving account)를 만들어서 입금해 둔다. 보증금 계좌를 보여 달라고 하는 세입자도 있다.

세입자와 집주인을 보호하는 장치 중에서 세입자 보험(renters insurance)이 있다. 세입자가 이사 들어오기 전에 가입하는 보험이다. 렌트 주택에 살면서 예기치 않게 발생하는 도난, 화재, 배수관 등의 피해로부터 세입자를 보호하는 제도다. 세입자 보험(렌터스 인슈런스)이 세입자와 집주인 모두에게 좋음에도 불구하고 모르는 사람이 많다. 세입자도 자신이 보험료를 내면서까지 왜 가입을 해야 하는지 반감이 있기도 하다. 중개인은 세입자에게 보험 가입 필요성을 납득시켜야 한다.

(5) 반려동물과 흡연 그리고 신발 착용 문제

미국은 반려동물 사랑이 극진한 나라다. 세입자의 60%가 반려동물과 함께 살고 있다. 즉, 렌트 지원자의 60%는 반려동물을 기른다. 그런데 집주인 입장에서는 반려동물과 렌트 주택은 우호적인 관계보다는 서로 대립 관계로 인식한다.

대표적인 반려동물인 개와 고양이는 나무 마루를 상하게 하는 요인이라고 본다. 마루를 발바닥으로 긁는 습성이 있어서 나무 마루의 표면이 벗겨진다. 특히 마루, 방, 계단에 카펫을 깐 집은 개와 고양이 털을 걱정한다. 실제로 세입자가 이사 나간 후 털 제거 작업 비용이 500불~1,000불 정도 든다. 심할 경우에는 카펫을 걷어내고 새로 깔아야 하는데, 비용이 세입자의 보증금을 다 사용해도 모자라기도 하다.

다양한 이유로 임대인은 반려동물이 없는 세입자를 선호한다. 그렇다면 반려동물 때문에 렌트 지원자를 거절하면 차별에 해당할까? 아니다. 임대인은 반려동물을 이유로 해서 지원자를 얼마든지 제외 가능하다. 그런데 계속해서 반려동물을 키우는 지원자만 있다면 어떻게 해야 할까?

모든 반려동물을 거절하지 말고 반려동물을 구분해서 지원을 받으면 된다. 개는 몸무게 5kg 이하로 작으면 된다고 조건을 걸 수 있다. 또한 고양이는 2마리까지만 가능하다고 수를 제한할 수 있다. 크기와 몸무게 제한은 자유롭게 정할 수 있다.

저자의 페어론의 세입자는 작은 개와 토끼를 키운다. 처음에는 반려동물 지원자를 모두 거절했지만, 보다 좋은 세입자를 선택하기 위해서 양보했다. 개와 고양이는 이해되었지만 토끼도 반려동물로 키울 수 있다는 점은 처음 알게 되었다.

반려동물도 거주하는 가족(생물)이므로 계약서에 들어간다. 종류, 크기, 몸무게 등을 기입한다. 반려동물을 키우면 세입자는 애완동물비(pet fee)를 따로 지불한다. 지불 방식은 계약할 때 한번에 200불~500불 내는 경우가 일반적이지만, 자유롭게 계약 가능하다. 저자는 개 50불, 토끼 50불을 매달 따로 받는다.

집안에서 담배를 피우는 문제는 화재 위험 때문에 심각하게 취급한다. 저자는 페어론 집의 월세 계약 시에는 특별히 흡연 문제를 신경 쓰지 않았다. 왜냐하면 담배를 방에서 피우는 사람이 없다고 생각했기 때문이었다. 그런데 엘름우드 파크 집을 구매할 때는 흡연이 심각한 이슈였다. 왜냐하면 옆집이 담뱃불 때문에 화재가 나서 지붕까지 탔기 때문이다. 그래서 임대 계약 시 집안에서 담배를 피우지 않도록 조항을 추가했다.

한국에서는 집에 들어오면 당연히 신발을 벗고 맨발 또는 슬리퍼를 신고 생활한다. 그런데 미국에서는 집 내부에서도 밖에서 신던 신발을 신고 들어온다. 신발을 신고 카펫과 마루를 밟고 다니면 카펫은 더러워지고 나무 마루는 빨리 상한다. 비와 눈이 오는 날에는 축축하게 젖은 신발은 마루와 카펫에 치명적이다.

임대인은 임차인이 집 내부에서는 신발을 신지 않기를 바란다. 하지만 강요할 수는 없다. 계약서에 신발 착용 금지 조항을 넣어도 되지만 세입자가 신발을 신고 다니는지 확인하기는 불가능하다. 저자는 계약 조항을 만드는 대신 슬리퍼를 선물했다. 다행히 세입자들은 모두 신발을 벗고 슬리퍼를 신고 생활한다.

(6) 동네 분위기와 이웃 주민의 의견 전달

미국에서 렌트 주택을 운영할 때 걱정하는 부분 중 하나가 세입자의 파티(party)다. 미국 드라마와 영화를 보면 밤늦게까지 음악을 크게 틀고 춤추고 술 마시는 파티 장면이 나온다. 렌트 주택을 직접 관리하기 전까지는 저자와 파티는 전혀 관계없는 일이었다. 그러나 렌트를 준비하면서 파티가 신경 쓰이기 시작했다.

파티를 매 주말마다 하는 사람들이 있다. 남미인들은 풍류를 즐기는 취향이 강해서 금~토요일 저녁에 파티를 자주 한다. 술, 핫도그, 음악만 있으면 밤새도록 즐기는 열정을 가지고 있다. 남미인들이 모여 사는 지역에는 세입자의 파티를 특별히 신경 쓰지 않아도 된다. 이웃들도 대부분 파티를 즐기며 파티에 관용적이기 때문이다.

그런데 조용한 이웃만 사는 거리의 렌트 주택을 구매할 경우에는 상황이 달라진다. 저자가 페어론 집을 구매하고서 잔디를 깎고 있는데 개를 산책시키는 옆집 주인을 만났다. 이웃은 어떤 세입자가 들어올지 관심을 갖고 물어봤다. 젊은 청년들이라고 하니 바로 질문했다. "젊으면 밤에 파티를 자주 할 텐데요. 우리 거리는 조용해서요. 걱정되네요. 괜찮을까요?"

저자는 세입자를 구하기 전부터 파티 문화에 대해서 중개인과 대화를 했다. 밤 10시 이후에는 파티를 못 한다고 렌트 지원자에게 미리 규칙을 전달했다. 엘름우드 파크 집도 주변 이웃들이 너무 조용하고 평화스럽다. 파티는커녕 사람 발자국 소리도 들리지 않는 골목이다. 지원자들이 파티 금지 조건에 동의한 경우만 세입자로 고려했다.

멀티 패밀리의 경우 파티 소음은 같은 집에 사는 다른 가구와 문제가 생긴다. 세입자를 구할 때 항상 파티에 관한 이웃 주민과 옆 가구의 고민을 전달해야 한다. 저자는 계약서에 밤 10시 이후 파티 금지 조항을 추가했다. 경찰 신고에 따른 골치 아픈 문제를 해결하는 점도 있지만 미리 고지함으로 안전장치를 마련하는 취지다.

(7) 인터넷 사이트의 특징과 예비 세입자 성향

세입자를 구하기 위해서 부동산 웹사이트에 렌트 주택을 올리는 방법을 많이 사용한다. 투자자가 모든 웹사이트에 자유롭게 올릴 수 있지는 않다. 중개인만 등록할 수 있는 웹사이트가 있다. 사이트마다 특징이 다르고 보는 지원자의 성향도 구분된다. 저자가 이용하는 웹사이트를 중심으로 알아 본다.

① 'www.NJMLS.com'은 뉴저지의 공식적인 부동산 웹사이트라고 보면 된다. 투자자는 렌트 주택을 등록할 수 없다. 오직 중개인 자격이 있어야 가능하다. 따라서 올라온 주택은 공신력을 가지고 있다. 렌트를 구하는 지원자도 자신을 대변하는 중개인을 가지고 있는 경우가 많으므로 검증된 지원자가 많다.

② 'www.zillow.com'은 미국 전역을 다룬다. 젊은 층이 많이 보는 부동산 사이트다. 중개인뿐만 아니라 일반인도 렌트 정보를 등록할 수 있다. 누구나 올릴 수 있어서 편하지만 내용이 틀릴 수도 있으므로 주의해야 한다. 등록할 때 비용이 든다.

③ 'www.craigslist.org'은 한국의 인터넷판 벼룩시장과 비슷하다. 누구든지 렌트 집을 올릴 수 있다. 편리하지만 문제점도 있다. 이 웹사이트를 보고 렌트 문의를 하는 지원자는 대부분 섹션8이 많다. 신용점수가 낮은 사람이 주로 지원을 하므로 세입자를 구할 때 추천하는 사이트는 아니다.

④ 'www.heykorean.com'은 미주 한인들이 보는 사이트다. 한글로 올릴 수 있으므로 편하다. 지원자가 당연히 한인이어서 언어 소통이 편하다. 문제가 있다면 중개인의 수수료를 깎아 달라고 떼를 써서 중개인을 힘들게 한다. 주인과 직거래를 원하기도 하는데 지원자들이 신분과 조건을 속이기도 한다. 한인 타운과 한인 밀집 거주 지역에서는 세입자를 구하기 쉬운 방법이다.

렌트 주택을 구매할 때 중개인과 함께 작업을 했듯이 세입자를 구할 때도 중개인과 반드시 같이 일해야 한다. 집주인만 중개인이 있으면 안되고 렌트 지원자도 자신의 중개인이 있어야 진행이 편하다. 중개인들끼리 렌트 가격과 조건을 융통성 있게 조율할 수 있기 때문이다. 렌트도 협상이 중요하다.

저자의 경험으로는 검증되고 안전한 세입자는 대부분 중개인을 통해서 연락이 왔다. 투자자가 올린 사이트를 보고 직접 연락하는 지원자는 자격 요건에 하나씩 문제가 있었다. 좋은 세입자를 구하기 위한 첫 단추는 중개인과 함께 준비하는 과정이다. 인종이 다른 세입자를 선택하면 생기는 걱정거리는 언어와 문화차이로 인한 오해다. 투자자가 영어가 힘들면 반드시 영어가 능통한 중개인의 도움을 받아야 한다.

코로나 기간 동안 나쁜 세입자 때문에 재정적 정신적으로 고통을 받은 건물주가 많았다. 돈이 있어도 월세를 내지 않는 세입자, 강제 철거 제한 조치를 악용하는 세입자의 경험담이 많다. 그럼에도 불구하고 세입자와 좋은 관계를 유지하면서 코로나 패닉을 극복한 건물주도 많다. 좋은 세입자를 만나야 좋은 렌트 수익을 얻을 수 있고 건물주도 편하다.

9장에서는 좋은 세입자를 구하기 위해서 고려해야 하는 세부사항을 보았다. 신용 점수가 높은 지원자만 뽑으면 되지 않을까? 굳이 복잡하게 여러 변수를 신경 쓸 필요가 있을까? 저자도 미국의 세입자 성향과 권한을 모를 때는 크레디트 스코어만 중요하다고 착각했다. 신용 점수는 1순위 여과 장치가 분명하지만 완벽하게 안전하지는 못하다.

신용 점수만 믿고 계약한 세입자가 월세를 늦게 내고 지하실을 개조해서 불법 거래를 하거나 음주 가무로 이웃을 괴롭히는 사례는 많다. 결국 지원자의 인성이 중요하다. 투자자의 집을 아끼고 월세 약속을 잘 지키는 지원자를 찾아야 한다. 현실적으로 주택을 구매하는 작업보다 세입자를 고르는 일은 숫자 계산뿐만 아니라 감정이 중요한 역할을 한다.

10. 세입자 이사 후 생기는 사소하지만 민감한 일

주택 구매 후 수리를 깔끔하게 마친 후 세입자가 정해져서 이사를 오면 새로운 단계의 해결거리가 생긴다. 사람이 살기 위해서 필요한 공공 서비스와 간단한 장치가 필요하다. 집주인이 해 주지 않기도 하지만 새로운 지역에 이사 온 세입자가 당황하지 않도록 도와준다면 세입자는 집주인을 고맙게 생각한다.

'월세와 보증금을 받았으니 나머지는 세입자가 알아서 하겠지'라고 생각하기보다는 세입자가 빨리 편하게 정착할 수 있도록 집주인이 도와주는 편이 바람직하다. 집주인은 자신이 투자한 집에 거주한다면 어떤 점이 필요할지 미리 생각하고 준비를 해 두면 세입자의 질문에 신속하고도 적절히 대응할 수 있다.

집주인에게는 사소하고 성가신 일이지만 세입자 입장에서는 민감한 일이다. 집주인이 세부적인 사항(detail)을 놓치지 않는다면 세입자는 집주인에 대한 좋은 느낌으로 출발한다. 세입자가 안심하고 편하게 살 수 있는 환경을 준비해 놓으면 세입자도 집을 아껴서 사용할 확률이 높아진다.

(1) 전기, 가스, 수도, 인터넷 사용을 위한 등록

미국은 같은 동네일지라도 공공 서비스 공급자가 다양하다. 한국은 전기, 가스, 수도, 전화는 전국적으로 일원화되어 있지만 미국은 몇 개의 기업이 있으므로 소비자가 선택할 수 있다. 같은 동네일지라도 집의 위치에 따라서 보다 편리한 서비스를 제공하는 회사가 다르다. 투자자 입장에서는 성가신 일이다.

인터넷 서비스는 다소 복잡하다. 미국은 주마다 공급 업체가 다르다. 공급 업체를 2개 정도 찾은 다음 해당 지역에서 인터넷이 가장 잘 연결되는 업체를 정해야 한다. 뉴저지 북부는 버라이존(Verizon) 회사의 광통신 인터넷인 파이오스(Fios)가 속도가 빠르다. 하지만 파이오스 서비스가 지원되지 않는 지역도 있다. 그러면 옵티멈(Optimum) 회사를 이용하면 된다.

저자는 공공 서비스 회사를 알아내기 위해서 전 주인(판매자)에게 도움을 구한다. 어떤 회사의 서비스를 이용하고 있었는지? 인터넷을 사용했으면 허브 박스(hub box)는 어디에 있는지? 다세대 주택의 경우에는 요금이 가구마다 따로 나오는지? 전기와 가스는 같은 회사를 사용하는지?

공급 업체를 알아낸 후에는 회사의 웹사이트를 방문한다.
버라이존 인터넷, 전화, TV는 'www.verizon.com', 옵티멈 인터넷, 전화, TV는 'www.optimum.com', 전기와 가스는 'www.pseg.com'(한국이 아닌 현지 웹사이트 기준 열람 가능)에서 확인한다.

수도는 좀 더 복잡하다. 시에서 관할하는 경우도 있고 회사에서 관리하는 지역도 있다. 페어론은 시에서 수도와 하수도를 관리해서 따로 알아볼 필요가 없었다. 엘름우드 파크는 수도 업체가 따로 있어서 알아봐야 했다(www.pvwc.com).

해당 업체를 미리 알아 두어야 투자자가 집을 구매한 즉시 자신의 이름으로 등록을 할 수 있다. 세입자가 들어오기 전까지는 집주인인 투자자가 모든 비용을 내야 한다. 집 구매 후 수리한다고 잊어버리고 있으면 수도, 전기, 가스가 끊길 수 있다.

세입자가 정해져서 이삿날이 다가오면 투자자는 이사 가는(moving-out) 날을 인터넷으로 신청하면 된다. 세입자에게 반드시 웹사이트를 알려 주면서 이사 오는(moving-in) 날을 기준으로 서비스를 등록하라고 알려야 한다. 전기, 가스, 수도는 끊기지 않도록 세입자가 신청했는지 한 번 더 확인해야 한다.

인터넷 서비스는 전화, TV와 묶음 상품이 있고 급한 일은 아니다. 세입자에게 어떤 회사가 이 지역에서 서비스를 하는지만 알려 주면 된다. 그런데 간혹 인터넷 허브 박스가 없는 집도 있다. 놀랍게도 전 주인이 인터넷을 사용하지 않고 산 경우에는 인터넷 허브 박스가 없다.

저자의 엘름우드 파크의 다세대 주택의 경우 왼쪽 집은 버라이즌 인터넷 회사의 허브 박스와 인터넷 선(케이블)을 발견해서 세입자에게 버라이즌을 추천했다. 오른쪽 집은 인터넷 케이블이 방에 있어서 인터넷 사용이 가능하다고 판단했다. 그런데 세입자가 이사 오고 난 후 버라이존 허브 박스가 없는 것을 알게 되었고 회사에 신청해서 새로 설치했다.

공공 서비스 업체를 알아보고 정리하는 일은 돈이 들지 않으므로 부담이 없지만 영어 검색이 힘들면 알아보는 데도 힘이 든다. 자신의 중개인에게 알아봐 달라고 부탁하거나 클로징할 때 변호사나 융자 담당자에게 물어봐도 알 수 있다. 또는 이웃 주민과 대화할 때 알아봐도 된다.

집주인이 공공 서비스 사용과 등록에 관한 정보를 세입자에게 알려 주면 서로 신뢰 관계가 형성되기 시작한다. 준비성 있는 세입자는 미리 알아보기도 한다. 그러나 이사 준비로 바쁜 세입자가 알아보기에는 번거롭고 성가신 일이다. 집주인이 미리 확인한 다음 A4 종이에 목록을 만들어서 프린트해 주는 편이 좋다. 이사 오는 날부터 세입자를 감동시킬 수 있는 서비스다.

(2) 쓰레기와 재활용 수거 방법과 절차

세입자들이 꼭 물어보는 질문 중에 하나가 분리수거다. 어떤 요일, 몇 시에, 어떤 물품을 수거하러 오는지 궁금해한다. 세입자가 이사 온 후에 관할 시청에 전화하거나 방문해서 직접 알아볼 수 있다. 하지만 집주인이 미리 알아서 요일별 수거 품목을 알려 주면 세입자는 무척 고마워하고 감탄마저 한다.

같은 동네일지라도 거리마다 수거 시간이 다르기 때문에 주변 이웃집의 수거 통을 보는 게 확실하다. 저자는 분리수거를 알아보기 위해서 매일 아침 옆집과 앞집의 수거 통을 확인해서 목록을 만들었다. 다음은 엘름우드 파크 집의 수거 내용이다.

- 월요일: 8시~9시, 생활 쓰레기 & 낙엽
- 화요일: 8시~9시, 플라스틱 & 캔 & 유리병의 재활용품
- 목요일: 8시~9시, 종이 & 박스

분리수거 할 통도 준비해야 한다. 집주인이 모른 척하고 세입자가 수거 통을 구입하길 바라기도 하지만 집주인이 미리 사 두면 세입자가 고마워한다. 뉴저지는 통 색깔로 수거품을 구분한다. 모양은 직사각형과 원형인데 동네마다 다르므로 이웃집에서 어떤 모양을 사용하는지 확인하면 된다.

- 검정 통: 생활 쓰레기
- 파랑 통: 재활용 분리수거
- 회색 통: 종이 & 박스

통은 홈디포와 로이스에 구입하면 된다. 너무 작은 용량은 부족하다. 45갤론(galon) 정도는 되어야 넉넉하게 사용할 수 있다. 통을 살 때 뚜껑(lid)이 포함되어 있으므로 잊지 말고 챙겨야 한다. 바퀴 달린 통이 이동이 편리하므로 가격이 약간 비싸더라도 바퀴 있는 통이 좋다.

수거 통이 다른 이웃집과 혼동될 수 있으므로 통 외부 표면에 번지수를 적어야 한다. 저자는 숫자 스티커를 사서 붙인다. 수거 통 3개는 렌트

를 놓기 전에 사 두면 지원자들에게 집을 구경할 때 좋은 인상을 줄 수 있다. 또한 뒷마당의 허전한 공간을 채워 주는 역할도 한다.

(3) 잔디 깎기, 낙엽 청소, 눈 치우기는 누가 할까?

타운하우스와 콘도를 구매해서 렌트를 하면 잔디 깎기, 낙엽 청소, 눈 치우기는 전혀 문제가 되지 않는다. HOA 비용에 세 가지 작업이 포함되기 때문에 관리실에서 업체를 구해서 작업을 한다. 그런데 일반(단독, 다세대) 주택을 구매하면 세 가지 작업을 누가 하는가가 중요하다.

잔디, 낙엽, 눈은 보기에는 좋지만 관리를 소홀히 하면 집의 외관을 흉측하게 만들며 집과 세입자의 안전에 위협을 가져다준다. 잔디는 집을 감싸고 있다. 앞마당과 뒷마당의 잔디가 가장 큰 부분을 차지하며 옆 부분은 작다. 물론 집 크기가 클수록 마당의 범위에 비례해서 잔디도 넓어진다. 파릇하고 정열된 잔디가 있으면 집의 조경이 멋져 보이며 집의 가치도 올라간다.

잔디는 제때 잘 깎아 줘야 한다. 잔디를 깎지 않고 방치해 두면 집에 나쁜 영향을 준다. 잔디는 물을 머금는 특징을 가지므로 잔디가 길어지면 마당을 축축하게 만든다. 땅이 축축하면 비가 올 때 배수 능력이 떨어져서 물이 지하실로 스며들게 한다. 축축해진 땅에서는 나쁜 냄새가 나며 벌레가 많아진다. 더불어 잔디밭에 잡초가 함께 자라는 일까지 발생한다. 잔디는 관리가 필수다. 때마다 깎아 줘야 하고 물도 줘야 한다. 그러면 누가 이 일을 해야 할까?

집주인이 잔디 관리를 해야 할까? 세입자가 해야 할까? 집주인은 투자용 집이므로 집에 살지 않는다. 2주에 한 번씩 렌트 주택을 방문해서 잔디 자르는 일은 사실상 불가능하다. 더욱이 집주인이 렌트 주택에 자주 오면 세입자도 불편해한다. 따라서 세입자를 구할 때 잔디 관리 주체를 계약 조항에 넣으면 된다. 저자는 세입자가 잔디 관리 책임을 지도록 했다.

세입자가 잔디를 관리하기로 했지만 방법은 세입자마다 다르다. 저자의 페어론 세입자는 자신들이 직접 잔디를 깎지 않고 업체에 맡기고 있다. 잔디 업체를 어떻게 구했는지 물어보았다. 이웃집에 잔디 업체가 왔을 때 관리를 요청했다고 한다. 이웃집 잔디를 깎는 요일에 같이 하므로 가격은 단독으로 했을 때보다 할인된 가격을 적용받고 있다고 한다.

엘름우드 파크 집의 세입자들은 자신들이 직접 잔디를 깎는다. 잔디 깎는 기계를 사 달라고 해서 홈 디포에서 구매에서 제공하였다. 24살의 젊은 청년들이어서 열심히 잔디를 깎고 나뭇가지도 깔끔히 치우고 있다. 잔디 깎는 일은 세입자의 성격과 관련 있다. 성격이 느긋하면 잔디가 꽤 자라야 깎는다.

여름에 중요한 일이 잔디 깎기라면 가을에는 낙엽 치우기다. 낙엽이 쌓인 모습을 보면 운치도 있고 좋지만 제때에 치우지 않고 두면 비가 오면서 잔디가 땅에 달라붙는다. 미끄러워서 위험할 뿐만 아니라 땅을 축축하게 만들어서 배수에도 나쁘다. 낙엽 치우기도 잔디 깎기와 마찬가지로 계약 시에 세입자 관리 의무 사항으로 넣으면 된다.

겨울이 되면 뉴저지는 눈이 많이 온다. 집앞 인도 부분의 눈 치우기도 계약 시 세입자 의무로 추가하면 된다. 미국 동부 지역은 잔디 깎기, 낙엽 치우기, 눈 치우기는 집 관리의 필수 내용이다. 집주인이 거주하지 않는 렌트용 주택 관리는 결국 세입자의 몫이다. 멀티 패밀리의 경우는 투자자가 업체를 고용해서 세 가지 작업을 맡기기도 한다.

세입자가 만약 이 3개의 작업을 소홀히 하면 어떤 문제가 생길까? 여름에 잔디는 쑥쑥 자라서 잡초처럼 보이며 심할 경우에는 집을 폐허처럼 보이게 만든다. 가을에 낙엽을 치우지 않으면 집을 전체적으로 지저분하게 보이게 한다. 겨울에 눈을 제설하지 않으면 사람들이 미끄러져서 다칠 위험이 커진다. 결과적으로 집 보존 상태를 해치며 세입자 안전까지 위협한다.

또한 이웃과의 관계도 나빠진다. 같은 골목의 이웃집들은 잔디를 깔끔하게 제초해서 보기 좋은데 자신의 세입자들은 게을러서 잔디가 잡초처럼 된다면 이웃들이 불쾌해한다. 잔디뿐만 아니라 낙엽, 눈도 치우치 않고 수북히 쌓아 두면 주변에 민폐를 끼치게 된다. 관리가 너무 소홀하면 이웃 주민이 시청에 신고도 한다.

또한 행정 관청의 공무원이 다니면서 검사를 하고 규정에 어긋나면 벌금을 부과한다. 두 번까지 어기면 경고를 주지만 세 번째는 벌금이 나온다. 집 앞의 눈을 치우지 않아서 행인이 미끄러져서 넘어지면 소송 문제까지 발생한다. 여러 문제점 때문에 관리 업체를 고용하는 방법도 고려할 만하다.

(4) 야외 조명 시설: 넘어져서 다치면 안 돼

미국에 살면서 가장 당혹스러운 점은 밤이 너무 어둡다는 사실이다. 거리뿐만 아니라 집도 불을 거의 켜지 않고 살아서 불빛 보기가 힘들다. 타운하우스와 콘도와 같은 공동 단지가 아닌 미국 주택가의 골목은 컴컴하다. 가로등도 거의 없고 있어도 불빛이 누렇다. 한국의 눈부신 LED 등이 즐비한 거리와는 차이가 많다.

저자가 야외 조명에 대해서 고민하게 된 계기는 밤에 작업을 하면서다. 렌트 주택 벽 페인트칠이 늦어지면서 늦은 밤에 집 밖으로 나왔다. 밖은 칠흑같이 어두웠다. 계단이 있다는 생각을 미처 못 하고 발을 헛디뎠다. 만약 세입자가 살다가 다쳤다면 문제가 커질 수 있다. 생각만 해도 소름 끼쳤다.

미국은 세입자가 집주인을 상대로 소송을 하는 일이 흔하다. 물건이 망가지거나 도난 사건은 세입자가 가입한 세입자 보험(renters insurance)으로 해결하면 되지만 신체 상해는 집주인이 보상을 해 줘야 할 수도 있다. 세입자 가족에 어린아이들이 있으면 더욱 안전에 주의를 기울여야 한다.

주택 구매 시 집 외부에 조명 장치가 있는지 확인해야 한다. 조명이 들어오는지 모든 스위치를 작동해 본다. 불이 들어오지 않으면 전구에 문제가 있는지 전기 장치가 문제인지 파악한다. 주택을 구매하기 위해서 살펴볼 때 대부분 밤이 아닌 낮에 방문한다. 오픈 하우스도 밝은 낮에만 한다. 따라서 중개인과 구매자는 외부 전기 시설을 중요하게 생각하지 않는다.

저자도 실수한 부분이다. 엘름우드 파크 집 뒷마당에 예쁜 육각형 가로등이 있다. 3개 등이 있어서 뒷마당에 운치를 더해 준다. 집을 낮에만 봐서 불을 켜 볼 생각도 하지 않았다. 마지막 점검 날에도 그냥 지나쳤다. 가로등에 불이 들어오지 않는 사실을 세입자들이 이사 오고 나서야 알았다. 뒷마당에 분리수거 통이 있어서 밤에 쓰레기를 버리러 나가면 컴컴해서 불이 들어오면 좋겠다고 세입자가 알려 줬다.

뒷마당의 가로등과 보조 등을 수리하려고 하니 시설이 너무 오래되었다. 전기선도 삭았다. 땅을 파는 매설 작업까지 필요하고 복구 공사비가 많이 들어서 포기했다. 고민 끝에 태양광 패널(solar panel) 전등을 달았다. 앞마당, 뒷마당, 옆 마당에 설치했다. LED 불로 무척 밝고 움직임을 감지하는 센서 기능이 있다. 가격은 1개에 20불 정도짜리로 구입했다. 세입자도 전기 요금 부담이 없어서 좋아한다.

태양광 패널 조명이 현관 계단, 뒷마당, 앞마당의 자동차 진입로, 분리수거 통 구역, 창고까지 모두 비춘다. 한 집당 4개를 달았다. 100불도 안되는 가격으로 캄캄한 저녁의 위험 문제는 해결되었다. 태양광 패널 조명을 설치할 때에는 사다리에 올라가서 작업해야 하므로 안전사고에 주의해야 한다.

(5) 보안 장치 설치: 마음 편하고 안전한 삶을 위하여

대표적인 보안 장치는 보안 카메라(CCTV)를 의미한다. 집 외부의 4면을 카메라가 녹화하면서 실시간으로 관찰한다. 수많은 오픈 하우스를 다녀 봤지만 보안 카메라가 있는 집은 몇 개 없었다. 당시 CCTV가 있는 집을 보면 안전을 꽤 신경 써서 좋은 느낌을 받았다. 하지만 렌트 주택에 CCTV 설치를 생각하는 투자자는 별로 없다. 저자도 처음에는 고려하지 않았다.

그런데 저자의 페어론 집은 처음부터 보안 카메라가 설치되어 있었다. 전 주인이 보안회사 ADT를 이용하고 있어서 카메라 4개가 집 외벽에 설치되어 있었다. 카메라는 구글 시스템과 연결되어서 핸드폰으로도 볼 수 있다. 보안 장치 설치는 업체마다 가격이 다르지만 저렴하지는 않다. 카메라 4개 설치 비용은 1,000불~2,500불 정도 한다.

집수리에 비용이 들어가는데 굳이 보안 카메라까지 설치할 필요가 있을까? 저자도 처음에는 부정적이었지만 렌트 주택에는 필요한 장치라고 본다. 투자자와 세입자 모두에게 좋다. 투자자는 자신이 투자한 집이 제대로 관리되고 있는지 확인할 수 있다. 또한 집 외부에서 발생하는 우발 사고의 증거 확보에 도움이 된다. 혹시나 있을지도 모르는 세입자의 안전 사고 소송에 대비 가능한 증거물이 된다.

보안 카메라는 와이파이와 연결되어서 세입자들은 핸드폰으로 언제든지 집 주변을 확인할 수 있다. HD 고화질 카메라 덕분에 낮과 밤에 선명하게 볼 수 있다. 세입자들이 마음 편하게 거주할 수 있는 환경을 조성하는 데 도움이 된다. 페어론의 세입자는 보안 카메라에 대만족하고 있다. 자신들이 집을 비우고 마음 편하게 외출 가능하다. 반려동물이 뒷마당에 뛰노는 모습도 CCTV로 보이므로 세입자들이 좋아한다.

저자는 페어론에 보안 카메라를 설치한 후 엘름우드 파크 집 2가구에도 모두 설치했다. 물론 비용 부담이 되지만 사고 발생에 대비해서 안전장치에 투자한 셈이다. 보안 장치로는 설치비가 비싼 CCTV만 있는 게 아니다. 문마다 달려 있는 자물쇠도 부피는 작지만 세입자의 안전을 위해서 반드시 필요하다.

미국 집은 의외로 문고리와 자물쇠가 고장 난 경우가 종종 있다. 오픈하우스에 가면 저자는 문을 모두 열어 보면서 다니는데 신축 집의 경우에도 문고리 위치를 잘못 달아서 자물쇠가 작동하지 않는 경우를 자주본다. 문고리와 자물쇠 작동 여부는 중개인이 신경을 쓰지 않는 부분 중에 하나이므로 투자자가 꼼꼼히 살펴야 한다.

미국에는 현관문에 설치하는 링 비디오 도어벨(ring video bell)이 인기높다. 집에 찾아온 사람과 실시간으로 핸드폰 화면으로 대화도 할 수 있으며 24시간 녹화 기능도 있다. 가격은 200불 이하이며 집주인이 미리 설치하기도 하지만 세입자들이 스스로 설치하기도 한다. 위의 3가지 정도를 잘 갖추고 있으면 세입자들도 건물주에 대해서 신뢰감이 높아진다.

(6) 전자 기기 이용: 슬기롭게 사용하기

미국 동부의 뉴저지 주택들은 신축 건물이 아니면 거의 80년~100년 정도 된다. 저자의 페어론 집은 1942년도, 엘름우드 파크 집은 1947년도에 건축되었다. 몇 세대를 걸쳐 집주인이 바뀌면서 리모델링과 업데이트의 흔적을 볼 수 있다. 특히 전 주인이 전자 제품에 관심이 많아서 스마트 홈(smart home)을 만들었으면 예전에 보지 못했던 전자 기기를 접하게 된다. 저자는 새로운 전자 제품이 친숙하지 않아서 집을 구매하고 나서 기기 작동 방법을 몰라서 헤매곤 한다.

대표적으로 구글 네스트 온도 조절 장치(google nest thermostat)가 있다. 예전에는 집안의 난방을 조절하는 장치는 기기판에서 화살표를 이용해서 온도를 조정하면 되었다. 그런데 구글 네스트 써모스타트는 와이파이(wifi)와 연결되어야 정상적으로 작동한다. 저자는 구글 네스트를 사용해 본 적이 없어서 세입자가 이사 와서 와이파이를 연결하기 전까지는 작동하지 못했다. 다행히 페어론에 이사 온 세입자는 구글 네스트 사용법을 알아서 난방 장치를 바로 사용할 수 있었다.

그런데 엘름우드 파크 집은 와이파이를 연결해도 구글 네스트 장치가 작동하지 않았다. 무슨 문제일까? 저자도 도무지 알 수 없어서 냉난방(HVAC) 업체를 불렀다. 전주인이 구글 네스트 장치가 작동할 수 없는 상태에서 멋지게 보이기 위해서 달아 놨을 뿐이었다. 집을 여름에 구매하다 보니 히팅 시스템을 주의 깊게 살펴보지 못했다. 투자자의 큰 실수다. 다행히 다른 기판으로 교체해서 정상적으로 가동하게 되었다.

또 하나 유행하는 홈 스마트 장치로는 앞에서 살펴본 링 도어벨(Ring Doorbell)이다. 초인종에 카메라와 스피커 장치가 내장되어 있다. 링 기기도 와이파이와 연결해서 핸드폰으로 외부인의 방문을 확인할 수 있다. 링 도어벨은 모양은 비슷해도 설치 방법이 다양하며 작동 방법도 다르다. 렌트 주택에 이 장치들이 있다면 반드시 이용 방법을 숙지해서 세입자에게 알려 줘야 한다.

가전 제품도 최신 기종은 사용법을 알아야 세입자에게 설명이 가능하다. 미국에서도 한국 가전 제품은 신뢰도가 높다. 신축 주택과 리모델링 주택은 대부분 삼성과 LG 가전 제품을 설치한다. 한국 가전 제품에는 터치 패널을 이용한 신기능이 다양하다. 집주인은 세입자가 이사 오자마자 편리하게 사용할 수 있도록 작동 방법을 설명해야 한다. 고장 예방 차원이기도 하다.

(7) 전기가 나갔어요: GFCI

세입자에게 긴급 연락이 오는 이유 중에 제일 흔한 경우는 부엌의 전기가 나갔을 때다. 구체적으로는 전기 콘센트가 갑자기 작동하지 않는다는 내용이다. 세입자도 놀라지만 건물주인 투자자도 놀라게 된다. 전기 업체를 불러야 할까? 전기 공사는 비용이 많이 드는데 무슨 문제일까? 전기 누전은 화재 위험도 있는데 집은 안전할까? 건물주는 온갖 상상을 하게 된다.

하지만 GFCI를 알고 있으면 문제는 어이없게도 간단하게 해결된다. 부엌 콘센트의 전기가 끊어졌다면 반드시 GFCI 버튼을 눌러 보면 된다. 대부분 콘센트의 전기가 정상적으로 들어온다. GFCI는 'Ground Fault Circuit Interrupter'의 약자다. 누전 차단기다. 심한 전기 충격으로 전류 불균형이 발생하면 위험을 예방하기 위해서 전기를 끊어 주는 장치다.

누전 차단기는 화장실, 부엌에 주로 설치되어 있다. 콘센트 중에서 버튼이 있는 디자인이 GFCI 장치다. 가전 제품을 동시에 여러 개 사용해도 누전 차단기가 순간 과다 전기 이용을 감지해서 전기를 끊어 준다. 전기가 나가면 세입자는 고장으로 생각하기 때문에 집주인에게 급하게 연락을 한다. 당황하지 말고 GFCI가 무엇인지 어떻게 사용하는지 순서대로 세입자에게 설명해 주면 된다. 지금까지 부엌의 콘센트 전기가 안 들어오는 경우는 GFCI 장치의 작동이 원인이었다.

물론 세입자가 집에 이사 오기 전에 GFCI에 대해서 설명을 듣지만 세월이 흘러서 전기 차단 현상이 발생하면 놀라기 마련이다. 집주인인 투자자도 덩달아 당황해하지 말고 먼저 GFCI를 생각하고 조치를 취하면 된다. 또한 부엌에 GFCI 설명을 작게 프린트해서 냉장고 옆 부분에 붙여 두면 미리 대비할 수 있다.

(8) 월세는 어떻게 내요?

세입자가 정해지면 월세를 받는다. 처음 계약할 때는 첫 월세와 보증금은 중개인을 통해서 전달받는다. 처음에는 개인 수표는 안 된다. 현금도 안 된다. 계좌 이체도 안 된다. 오직 은행환(money order) 또는 보증 수표(cashier's check)만 가능하다. 이유는 세입자가 이미 은행에 돈을 지불하고 받은 수표이므로 부도 위험이 없기 때문이다. 건물주를 보호하는 의미가 크다.

그러면 2개월째부터 세입자는 월세를 어떻게 내면 될까? 즉, 집주인은 어떤 방법으로 월세를 받으면 될까? 저자의 페어론 집과 엘름우드 파크 집은 렌트 투자용이다. 더불어 개인 이름으로 운영하지 않고 사업자를 내서 관리하는 방법을 선택했다. 집마다 다른 사업자가 관리한다.
- 페어론 집: 투게더 하우징 엘엘씨(Together Housing LLC)
- 엘름우드 파크 집: 웰링 하우징 엘엘씨(Welling Housing LLC)

렌트 주택 투자에서 가장 일반적인 LLC로 사업자를 등록했다. 뉴저지의 부동산 임대 사업자이기 때문에 편리한 송금 방법인 젤레(Zelle), 페이팔(Paypal), 벤모(Venmo)를 이용할 수 없다. 사업자는 사업자 전용 은행 계좌가 있지만 사업자 계좌로는 젤레, 페이팔, 벤모로 월세를 받을 수 없다(은행마다 다름). 저자도 몰랐던 사실이어서 당혹스러웠다. 한국하고는 너무 다른 규칙이다.

왜냐하면 월세는 젤레, 페이팔, 벤모를 이용해서 받으면 불법이기 때문이다. 물론 위 방법을 통해서 받는 건물주도 있지만 원칙적으로 합법적인 수단은 아니다. 저자의 청년 세입자들은 본인들이 자주 사용하는 방법으로 월세를 낼 수 없음을 알게 되자 약간 실망했다. 그렇다면 계좌 이체(wire transfer)를 하면 어떨까? 한국에서 계좌 이체는 너무 자연스럽고 편리한 방법이다.

그런데 이상하게 세입자들은 계좌 이체를 별로 원하지 않는다. 저자의 모든 세입자들은 계좌 이체를 해 본 적이 없다고 해서 놀랐다. 그러면 어떻게 월세를 편하게 받을 수 있을지 고민이 생겼다. 중개인이 알려 준 방법이 있다. 은행 웹사이트에서 고지서 지불(pay bill) 서비스를 이용해서 월세를 받을 수 있다고 한다. 세입자가 자신의 은행에서 건물주 주소로 월세 수표 발송을 신청하는 방식이다. 은행에서 직접 수표를 발행하므로 편하다. 문제는 수표가 정확히 도달하지 않는 배달 사고가 있으면 월세 수령이 좀 더 시간이 걸린다.

최신 은행 시스템의 가장 편리한 제도를 이용해서 월세를 받을 수 없음을 알게 되니 마음이 불편했다. 결국 저자는 가장 전통적인 방법인 세입자의 개인 수표(personal check)를 직접 받는 방법을 선택했다. 저자가 렌트 주택에 한 달에 한 번씩 찾아가서 세입자를 만나고 월세를 수표로 직접 받고 있다. 받자마자 근처 은행으로 가서 창구, ATM을 이용해서 사업자 계좌에 입금한다.

월세를 직접 받으러 가니 좋은 점도 있다. 집을 한 달에 한 번씩 볼 수 있어서 기쁘다. 내가 투자한 렌트 주택의 상태를 확인한다. 세입자를 주기적으로 만나서 불편한 점이 있는지 물어본다. 저자의 페어론 집과 엘름우드 파크 집의 거리는 10분밖에 안 걸려서 다니기도 편하다. 찾아갈 때마다 작은 선물을 준비해서 전해 주니 세입자도 좋아한다.

최근에는 엘름우드 파크 왼쪽 집의 세입자는 저자의 집 근처로 직장을 옮겼다. 퇴근 후 월세를 저자의 집으로 직접 전달해 주기 위해서 방문한다. 저자는 부동산 관리 회사를 이용하기 전까지는 직접 수표를 받는 방법을 사용할 생각이다.

Ⅲ에서는 렌트 주택 구매 후 투자자가 착한 세입자를 얻기 위한 작업과 착한 건물주가 되는 과정을 살펴봤다. 자신이 살 집이라면 이렇게까지 할 필요가 없는 부분도 있다. 하지만 렌트 주택은 좀 더 안전 장치 확보에 신경을 써야 한다. 처음에 수리를 잘해 두고 필수 장비를 갖춰 두면 다음부터는 자동으로 작용해서 투자자의 스트레스와 시간이 줄어든다. 패시브 인컴(passive income)은 먼저 액티브 노동(active work)이 뒷받침되어야 가능하다.

Reseting:
초보 투자자의
마인드셋 리세팅

미국 부동산에 뜻을 두고 투자 방향을 정한 초보 투자자는 성공 가능성보다는 실수와 함정에 빠지기 쉽다. 이유는 부동산이 아닌 투자자의 마음 때문이다. 어디에서 정확한 부동산 정보를 얻을 수 있는지? 한국과 미국 부동산은 어떻게 다른지? 유튜브에서 주장하는 무지개 빛 투자 방법은 맞는지? 부동산 투자로 성공한 사람들의 책 내용은 상상일까, 사실일까?

미국 부동산 투자에서 초보자의 행운(beginner's luck)이 존재할까? 주식, 코인, 카지노에서는 초보자의 행운으로 돈을 번 이야기를 들을 수 있지만 부동산은 다르다. 주변 사람들의 장밋빛 낙관론에 솔깃해서 준비 없이 미국 부동산 투자를 하면 지옥으로 떨어진다. 부동산 투자는 큰 액수의 초기 자금이 들어가므로 한 번 실수는 투자자를 복구 불가능한 늪에 빠뜨린다.

Ⅳ에서는 저자가 초보 투자자로서 미국 부동산 현장에서 겪은 난해함과 혼동을 짚어 본다. 저자도 다른 초보 투자자와 똑같은 환경에서 갑갑함, 애매모호함, 두려움, 불안감을 가지고 출발했다. 부동산 투자 초기에 얽매여 있던 편견과 극복, 렌트 주택 투자를 하면서 아쉬웠던 점, 미국 부동산 투자에 퍼져 있는 오해를 살펴본다. 저자의 부끄러운 부분이지만 예비, 초보 투자자에게는 큰 도움이 될 내용이다.

11. 초보 투자자가 가지기 쉬운 고정관념

초보 투자자는 경험과 지식은 적으면서 편견과 고집은 풍부하다. 정보가 많다고 언제나 바람직한 결정을 하는 것은 아니지만 초보 투자자는 미국 부동산 정보를 너무 적게 가지고 있다. 그나마 가지고 있는 정보도 한쪽으로 치우쳐 있거나 틀린 내용으로 가득 차 있기도 하다. 왜곡된 정보에 근거한 투자 목표가 정해지면 검토와 수정 없이 돌진한다. 또는 정보만 모으다가 투자를 망설이면서 기회를 놓치기도 한다.

자신의 부족함을 채우기 위해서 초보 투자자는 여기저기 기웃거리기도 한다. 듣는 말마다 투자하면 엄청 돈을 많이 벌 거라고 생각해서 기뻐 들뜨기도 한다. 초보이기 때문에 어쩔 수 없기도 하다. 이번 장은 렌트용 부동산에 투자하는 초보 투자자가 가지기 쉬운 마인드셋(mindset)을 극복하고 보다 넓고 자유로운 마음으로 투자에 임하기 위한 내용이다. 저자도 초반에는 맞다고 생각했지만 렌트 주택을 투자하고 관리하면서 변했다.

(1) 가장 좋은 미국 부동산 투자 방법은 하나다

미국 부동산 투자를 접근할 때 초보 투자자는 이미 마음속으로 정해 둔 방법이 있다. 플립(flip)이 최단 시간에 투자 대비 수익이 높다고 들은 초보자는 플립 투자만이 최고라고 생각한다. 리츠(Reits) 투자가 안전하게 수익을 창출한다고 정보를 얻은 초보 투자자는 리츠만 고려한다. 옥션(경매)으로 이익을 얻기 쉽다고 들으면 옥션만 최고라고 생각하는 초보자도 있다.

플립에 투자하건 리츠에 투자하건 경매에 투자하건 렌트 주택에 투자하건 실패하지 않고 성공하면 된다. 하지만 문제가 있다. 이미 해당 분야에서 성공한 베테랑 투자자의 성공담은 초보 투자자에게 희망은 주지만 바로 적용해서 똑같은 효과를 보기에는 한계가 있다. 베테랑 투자자들이 들였던 노력, 시간, 공부 과정의 기본 조건을 초보 투자자도 갖추어야 성공할 수 있다.

좋은 투자 정보를 어디서 들었든지 간에 초보 투자자는 미국의 부동산 투자는 한 가지만 있지 않고 다양한 방법과 종류가 있음을 받아들여야 한다. 그리고 공부해야 한다. 어떻게 접근하면 될까?

① 우선 미국의 대표적인 투자 방법 몇 개를 선택한다. 모든 방법을 발견할 필요는 없다. 각각의 투자 방법이 가지고 있는 장점과 단점을 같은 비중으로 검토한다. 장점만 부풀려서 보면 안 된다. 단점과 한계도 반드시 진지하게 확인해야 한다.

② 투자 방법을 분석하면서 투자자 자신과 맞는 투자 종류를 찾는다. 투자자의 성향과 더 잘 어울리는 투자 스타일이 있다. 모든 투자 방식이 자신과 맞으면 좋지만 이런 경우는 거의 없다. '실패는 성공의 어머니다.'라는 격언은 부동산 투자에는 맞지 않는다. 부동산 투자는 거액이 들어가므로 평범한 일반인은 한 번 실패하면 경제 회생이 불가능하므로 꼼꼼히 따져 봐야 한다.

③ 몇 가지 투자 방법 중에서 자신과 맞는 유형을 찾았으면 단점으로 인한 비용과 위험을 최소화할 수 있는 방법을 알아본다. 플립 투자는 공사를 아무리 빨리 예쁘게 해도 판매까지 8개월이 넘게 걸리면 수익률이 10% 아래로 급격히 떨어진다. 렌트 주택 투자는 세입자가 없어서 집이 비면 투자자가 몇 개월 치의 융자금과 재산세 등을 내야 한다.

④ 투자 종류가 같아도 세부적 사항은 차이가 있다. 렌트 주택에 투자하면 주택 유형에 따라서 투자 방식과 유형도 달라진다. 단독 주택, 다세대 주택, 5가구 이상의 아파트 등. 같은 렌트 투자이지만 융자부터 주택 위치 선정까지 다른 접근이 필요하다.

초보 투자자는 미국 부동산 투자 방법이 여러 가지가 있음을 인정하고 비교 분석 후 자신의 경제적 여건과 성향에 적합한 투자 방식을 추진해야 안전하다. 처음 투자가 성공해야 다음번 투자가 가능해진다. 한 분야의 투자가 성공하고 노하우가 쌓이면 다른 분야로의 투자가 자연스럽게 이어진다. 종잣돈을 모두 투자하기 전에 잠시 고민하고 공부하는 시간이 필요하다.

(2) 렌트 주택의 월세는 투자자의 수익이다

건물주가 되면 주변에서 항상 물어보는 질문이 있다. "월세를 얼마 받아요?". 월세가 얼마라고 말하면 월세 금액 전부를 투자자가 가질 수 있는 듯 착각한다. 저자의 페어론 집 렌트는 3,300불이며 엘름우드 파크 집은 4,700불이다. 두 집에서 들어오는 월세를 합치면 8,000불이다. 상당히 큰 액수다. 하지만 저자에게 남는 현금(cash flow)과는 상당한 차이가 난다.

렌트용 주택에 투자할 때 매달 순수익이 얼마가 될지 정확히 계산해야 한다. 너무나도 당연한 말이지만 초보 투자자는 수익만 생각하고 비용은 고려하지 않는 경우가 흔하다. 즉, 월세는 얼마인지 정확히 알지만 지출 되는 액수는 어느 정도인지 자세히 파악하지 않는 모순된 행동을 한다.

투자 상담을 하면 비용은 전혀 언급하지 않고 월세 총액만 강조하는 중개인과 컨설턴트도 있다. 주의해야 한다. 특히 렌트 주택 투자가 처음 인 경우에는 비용이 눈에 보이지 않으므로 고려하지 않기도 한다. 이익보 다는 비용을 먼저 생각하는 습관이 필요하다. 월세에서 빠져나가는 지출 이 뭔지 확인해야 한다.

순수익(net benefit) = 이익(benefit) - 비용(cost)

가끔 순수익과 이익을 같다고 착각하는 초보 투자자도 있다. 수익은 이익과 비용으로 구성되어 있다. 이익은 렌트 주택에서 들어오는 월세다. 간단하고 미리 정해져 있기 때문에 이익은 알기 쉽다. 반면 비용은 단순하지 않다. 융자 원금, 융자 이자, 재산세의 세 항목이 대표적인 비용이다. 여기에 추가해서 주택 보험이 든다. 그리고 타운하우스와 콘도이면 HOA 비용이 든다. 멀티 패밀리 주택의 경우 집주인이 공공 서비스 비용을 대신 내주면 수도 요금, 난방비 등이 추가로 들어간다.

이 정도가 비용이라면 그나마 계산이 어려워 보이지는 않는다. 그런데 렌트 주택은 장기 수선 충당 비용과 예상하지 못하는 비용도 고려해야 한다. 지붕, 보일러, 히터 교체 등은 큰 비용이 들어가는 장기 수선비에 해당한다. 예상하지 못하는 비용으로는 갑자기 발생하는 수리 비용이다. 세입자가 들어오고 약 한두 달 동안은 생각지도 못한 고장이 발생해서 비용이 든다. 이때 잔고장으로 나가는 지출이 소소하지만 합치면 월세 총액을 모두 깎아 먹기도 한다.

렌트 주택에서 수익은 패시브 인컴(passive income)으로 표현된다. 만약 세입자가 이사 와서 수리비가 들어가면 렌트 초반기에는 마이너스 인컴 (minus income)이 되기도 한다. 이때 가장 많이 떠오르는 의문은 "도대체 렌트 수익은 언제 가능할까?"다. 한두 달 정도 지나면 수리할 부분도 없어지고 세입자도 새로운 거주 환경에 적응하면서 렌트 수입은 플러스가 된다.

렌트 주택 투자에서 비용 계산은 생명이다. 비용 계산은 이익과 비용의 숫자 비교다. 특히 비용 부분은 꼼꼼하게 목록으로 만들어야 놓치지 않는다. 비용 리스트에서 몇 개를 빠뜨리고 계산하면 순수익이 나오지만 실제로는 손해인 경우가 생긴다. 어떤 투자자는 비용 계산에 재산세를 넣지 않는 실수를 해서 구매 후 자신의 월급으로 비용을 충당하는 경우를 봤다.

렌트 주택의 월세 전액은 투자자의 수익이 아니다. 월세에서 비용을 빼고 남은 액수만 이익이 된다. 그런데 월세 이익은 1년 내내 고정적이지 않다. 비용이 변동되기 때문이다. 이익을 높이기 위해서는 월세를 높이는 방법과 비용을 낮추는 방법이 있다. 어떤 방법이 쉬울까? 두 방법 모두 결코 쉽지 않지만 비용을 낮추는 노력이 효과적이다. 렌트주택 투자의 성공은 정확한 비용계산과 비용 절감이 기본 바탕이다.

(3) 세입자의 요구(클레임)는 천천히 처리한다

세입자가 전화나 문자 메시지로 문제점을 말하면 기분이 어떨까? 투자자 입장에서는 나름대로 수리를 마치고 별다른 문제가 없어 보여서 렌트를 놓았다. 세입자가 이사 오고 나서 여기저기 고장이 생기고 신속하게 수리해 달라고 하면 어떨까? 저자의 경우는 당혹감과 궁금증으로 가득했다. '내가 한 달 동안 수리했는데. 세입자가 잘못 사용했나?', '전 주인이 나를 속였나?'

자신이 살던 집을 렌트하면 집의 내부 사정을 속속들이 알고 있으므로 어디가 고장 났고 사용하기 불편한지 안다. 집주인은 렌트를 놓기 전 사는 동안 수리를 계속한다. 본인의 주거용 주택을 렌트용으로 돌리면 유리한 점이 많다. 반면 처음부터 렌트용 주택을 구입하면 인스펙션 후 수리와 공사를 하고 세입자를 받는다. 투자자는 렌트 주택에 살아 본 적이 없으므로 모든 곳의 기능을 완벽하게 알 수 없다. 인스펙션은 중요하고 커다란 부분을 중심으로 검사를 하므로 세세한 문제점을 발견하는 데 한계가 있다.

집을 고쳐서 렌트를 놓고 세입자가 입주해서 살기 시작하면 '집 앓이'가 생긴다. 집이 새로운 사람을 맞이하면서 소소한 문제가 나타난다. 집주인 입장에서는 세입자가 참고 그냥 살아도 될 듯하다. 그러나 세입자는 자신이 내는 월세에 적합한 서비스를 당연히 받고 싶어 한다. 세입자는 살 만한 집이라고 생각해서 이사 왔는데 처음에는 발견 못 한 문제가 점차 발견되니 기분도 상한다.

세입자가 수리를 요청하면 집주인은 어떻게 해야 할까? 저자가 가장 많이 들었던 충고는 '천천히 서두르지 말고 대응하라!'였다. '세입자의 불만을 다 들어주면 계속해서 요구하므로 지연전략이 필요하다.'가 주된 이유다. 그러나 세입자의 불편함에 대응과 처리가 늦어지면 세입자는 인격적 모멸감을 느끼게 된다. 그러면 세입자는 집주인을 돈만 생각하는 자린고비로 간주한다. 세입자는 집을 아껴서 사용할 동기 부여도 사라지므로 집 상태는 나빠진다. 결국 집주인과 집에 손해가 된다.

저자는 세입자가 불편 사항을 알려 오면 바로 답변을 주고 대부분 다음날 또는 이틀 안에 방문한다. 고장 난 부분을 확인하고 어떻게 조치를 해야 할지 결정한다. 저자가 고칠 수 있으면 하고 전문적인 수리가 필요하면 업체에 연락해서 약속을 잡는다. 저자는 세입자와 언제나 문자 메시지로 대화를 주고받는다. 세입자들에게 사진 또는 동영상으로 문제 되는 부분을 보내라고 요청한다.

렌트 투자의 목적이 패시브 인컴인데 수리는 비용이 들어가므로 투자자 입장에서는 즐거운 일이 아니다. 하지만 문제가 발견된 초기에 즉시 수리한다면 세입자의 생활 환경 개선뿐만 아니라 투자자 자신의 집을 보호하는 일석이조의 효과가 있다. 또한 세입자를 만날 때 투자자는 당당함과 뿌듯함을 가질 수 있다. 만약 고장 난 부분의 수리를 계속 미루면서 세입자를 만나야 한다면 미안하고 불편하지 않을까?

다음은 저자가 경험한 세입자가 말한 작은 문제점이다. 작다고 본 이유는 수리 비용이 다소 적게 들면서 수리 기간이 이틀을 넘지 않아서다. 렌트 주택이 늘어날수록 잔고장도 비례해서 생긴다. 수리(수선)는 저자가 직접 한 내용도 있고 전문가의 도움을 받기도 했다. 세입자의 연락에 겁먹지 말고 해결책은 반드시 있으므로 당당하면서도 예의 바르게 처리하면 된다.

❶ 냉동실과 얼음 기계가 안 돼요. (업체 수리)

냉장고에서 윙 하는 소음과 쿵 하는 소리가 나면서 냉동 기능과 얼음 기계(ice machine)가 작동을 멈췄다. 세입자가 이사 오고 나서 보름 정도 지나서 연락이 왔다. 냉장고는 삼성 제품으로, 2년도 안 된 고급형이다.

냉동 식품 보관에 문제가 생겼다. 세입자는 특히 아이스 커피를 만들지 못한다고 낙심했다. 냉장고 수리 업체를 불러서 냉장고 팬(fan) 2개와 제빙기를 바로 교체하였다. 삼성 냉장고는 보증 기간이 1년이어서 혜택은 받지 못했다.

❷ 연기 감지 알람 장치가 계속 울려요. (핸디맨의 무료 점검)

지하실에 있는 알람 장치가 계속 울려서 추수 감사절에 연락을 받았다. 세입자는 가스가 누출된다고 무척 걱정했다. 그날은 공휴일이어서 다음날 조사했다. 알람 장치가 지하실 천장에 붙어 있어 뜨거운 열이 알람 센서를 자극했기 때문이다. 지하실 벽 쪽으로 옮기니 소리가 나지 않았다. 스모크 알람(smoke detector)은 설치 위치가 중요하다는 사실을 배웠다.

❸ 난방 히터가 작동하지 않아요. (업체 수리)

구글 네스트 장치(google nest thermostat)를 이용해서 난방 온도를 조절하는 경우에는 와이파이가 연결되어야 인터넷 제어를 할 수 있다. 온도가 올라가지 않는다고 연락이 왔다. 문제는 구글 네스트를 연결하는 접지 전기선에 있었다. 구글 네스트 장치를 떼고 수동식으로 변경하였고, 현재는 아무런 문제 없이 사용하고 있다.

❹ 창문에 금이 갔어요. (업체 수리)

인스펙션과 집 공사 시에도 이상이 없던 창문에 금이 갔다. 세입자가 이사하는 날 연락을 받았다. 갑자기 추워져서 창문에 금이 간 특이한 경우다. 유리 업체를 불러서 유리 전체를 갈았다.

❺ 선반이 끄떡여요. (저자 직접 수리)

지하실 창문 아래에 설치되었던 선반(shelf) 한쪽 못이 빠져서 움직이게
되었다. 세입자가 손으로 흔들다가 못이 빠진 경우다. 선반이 떨어질 위
험이 있어서 선반 자체를 제거했다. 벽의 파인 부분은 시멘트로 메꾸고
페인트칠로 마무리했다. 간단한 작업이어서 저자가 직접 했다.

❻ 블라인드가 떨어졌어요. (저자 직접 수리)

끈이 있는 블라인드(coded blind)를 내리고 올릴 때는 끈을 45도 사선
으로 잡아당겨야 한다. 세입자가 앞으로 세게 당겨서 블라인드 고리가 부
서졌다. 이사 온 지 일주일도 안 돼서 발생했다. 솔직히 어이가 없었다.
저자가 아마존 웹사이트에서 듀얼 제브라 블라인드를 주문해서 직접 설
치했다.

❼ 세탁기 배수구가 막혔어요. (업체 수리)

세탁 후 물이 빠져나가는 통에 물이 찬 사진을 세입자가 문자 메시지
로 보냈다. 배관공(plumber) 불러서 조사해 보니 세입자가 빨래하면서 물
티슈가 배수관에 들어가 막혔다. 사실 세입자 잘못이지만 집주인인 저자
가 비용 부담하고 수리했다. 홈 디포에서 배수 구멍에 꽉 끼는 새로운 망
도 사서 끼웠다.

이 밖에도 세입자가 살면서 발생하는 소소하지만 불편한 문제는 예상
을 뛰어넘는다. 저자의 문제 처리 절차(manual)는 다음과 같다.

세입자로부터 문자 연락(claim)이 온다.

→ 저자는 바로 답변한다.

→ 저자가 관련 업체 사장님에게 즉시 연락해서 문의한다.

→ 저자가 직접 할 수 있으면 저자가 방문해서 수리한다.

→ 업체 수리 시 세입자와 방문 날짜와 시간을 정한다.

저자가 언제나 이렇게 직접 방문해서 세입자의 불편한 점을 처리할 수 있을까? 저자는 투자한 렌트 주택 근방에 살기 때문에 가능한 방법이다. 먼 곳으로 이사 가면 저자는 부동산 관리 회사에 위탁을 맡길 예정이다. 한국에서 투자하는 경우에도 미국 주택을 직접 관리가 불가능하므로 관리 회사를 이용한다.

(4) 세입자는 월세만 잘 내면 최고다

집주인과 세입자의 관계, 임대인과 임차인의 관계를 어떻게 정의 내려야 할까? 렌트 주택을 운영하는 건물주들과 대화하면 주장하는 바가 다양하다. 양자의 관계를 한마디로 정의할 수 없다. 대표적인 의견을 보면 다음과 같다.

① 첫 번째 유형은 세입자를 '돈 내고 사는 사람'으로만 보는 경우다. 틀린 말은 아니다. 세입자는 당연히 월세를 내고 거주하는 사람이다. 그런데 집주인과 세입자의 관계를 갑과 을로 생각한다. 세입자는 내가 투자한 집에 그냥 살 뿐이다. 계약 기간이 끝나면 언제든지 새로운 사람을 세입자로 구하면 된다. 세입자는 집을 망가뜨리지 않고 월세만 꼬박꼬박 내면 될 뿐이다.

집주인은 세입자의 연락을 좋아하지 않는다. 세입자가 뭔가를 바꿔 달라거나 고쳐 달라고 할까 봐서다. 세입자의 무소식이 집주인에게는 희소식이다. 세입자가 참고 사는 경우다. 집주인이 제대로 대응하지 않으므로 세입자는 불편한 점을 굳이 말하지 않게 된다. 세입자는 건물주의 거부 반응을 알고 있다. 세입자는 기분이 나쁘지만 포기하고 살 뿐이다.

첫 번째 유형의 집주인은 세입자의 요청을 회피하거나 시간을 질질 끄는 지연 작전을 쓴다. 어차피 계약 기간 동안 세입자는 살 수밖에 없고 올해만 잘 넘기면 된다고 본다. 창문이 깨져서 찬 바람이 들어오는데 이사 갈 때까지 고쳐 주지 않는 집주인도 봤다. 집주인의 변명은 '테이프 붙이고 살면 살만하다.'였다.

집주인은 잠시 동안 수리 비용이 들어가지 않는다고 좋아하지만, 짧은 생각이다. 세입자는 지하실에 물이 조금씩 새도 말하지 않게 된다. 난방 장치에 잔고장이 있지만 참고 지낸다. 집은 작은 고장이 있을 때 수리해야 안전하다. 세입자가 이사 간 후에 큰 문제를 발견하면 비용이 몇 배로 든다. 호미로 막을 일을 가래로 막는 불상사가 발생한다.

② 두 번째 유형은 세입자와 인간적인 유대 관계 형성에 거부감이 없다. 월세만 이야기하지 않고 세입자의 취미, 직장 생활의 에피소드, 가족 구성원, 반려동물 등도 대화의 주제다. 의사소통이 원활할수록 다양한 이야기를 주고받는다. 세입자는 자신들이 해결하기 힘든 불편 사항을 집주인에게 바로 알린다.

세입자는 정식으로 집을 관리하는 관리자는 아니지만 자신도 모르게 점점 집 상태의 유지 보수에 관심을 갖게 된다. 집에 생기는 작은 문제를 그냥 지나치지 않고 집주인에게 알린다. 수리까지 필요 없는 문제라도 집주인이 미리 알고 있으면 도움이 된다고 생각해서 연락한다.

두 번째 유형의 집주인은 세입자의 궁금증과 요구에 즉시 반응한다. 자신이 해결하기 불가능한 문제는 해당 전문가에 문의해서 어떤 조치를 할지 빨리 답변을 준다. 세입자의 질문에 즉각적인 응답이 제일 중요하다. 공사와 수리는 업체와 일정을 맞추어야 하므로 바로 작업을 못 하더라도 답변은 망설이지 않아야 한다.

초보 투자자가 단기 이익에만 집중하면 첫 번째 유형의 집주인처럼 될 수 있다. 처음 1년은 돈을 버는 듯하다. 그러나 세입자는 자주 바뀌고 바뀔 때마다 페인트칠과 소소한 수리는 멈추지 않는다. 세입자를 구하는 기간도 필요하므로 공실률도 매년마다 늘어난다. 장기 투자 관점으로 봤을 때 첫 번째 유형은 바람직하지 않다.

③ 세 번째 유형은 세입자를 장기 거주 고객으로 본다. 세입자가 내는 월세를 하루 치로 계산하면 매일 70불~130불 정도를 지불하는 셈이다. 렌트 주택이 호텔, 에어비앤비(Airbnb)는 아니지만 세입자를 1년 계약의 장기 투숙 고객으로 볼 수 있다. 세입자가 나의 고객이 된다. 고객이라면 서비스를 필수적으로 제공받아야 한다.

서비스는 별다른 일이 아니다. 수도꼭지에서는 물이 잘 나오고, 변기는 정상적으로 물이 내려가고, 방문은 열고 닫기가 쉽고, 에어컨에서는 시원한 바람이 나와야 하고, 보일러는 뜨거운 물을 만들어야 하고, 전기는 들어와야 하는 등. 사람이 거주할 수 있는 기초 서비스가 세입자에게 제공되어야 한다. 극히 기본적이며 상식적인 사고방식에 바탕을 둔다.

세입자를 고객으로 대하면 예기치 않은 좋은 일이 생긴다. 고객이 자신을 주택의 관리자로 은근히 생각한다. 집의 곳곳을 살피면서 안전한지 스스로 점검하고 이웃과의 유대감도 좋다. 집주인과 세입자와의 관계가 좋으니 월세 계약도 몇 년 동안 지속된다. 렌트 계약이 갱신되어서 세입자가 장기 거주하면 오히려 비용이 절약된다. 세입자가 바뀔 때마다 해야하는 페인트칠, 카펫 청소, 화장실과 부엌 청소 작업에 드는 비용이 들지 않게 된다.

그런데 세입자를 고객처럼 대하면 걱정하는 예비 투자자도 많다. 세입자가 자꾸 고쳐 달라고 하면 어떡해요? 세입자가 건물주를 우습게 대하지 않을까요? 휴일에도 연락해서 건물주를 괴롭히지 않나요? 하지만 세입자가 연락하는 내용을 자세히 보면 모두 수리와 관련 있다. 부부 싸움했다고 연락하지 않는다. 감기에 걸렸다고 연락하지 않는다. 오직 고장과 수리 문제다.

수리할 부분이 있다면 제대로 처리하면 된다. 신속히 수리하는 편이 지속적인 유대 관계를 위해서 바람직하다. 수리는 건물주를 괴롭히는 성가신 일이라고 생각하지 말아야 한다. 오히려 빨리 수리하는 편이 스트레스도 줄이고 공실률도 낮추는 방법이다. 투자자는 서비스 센터 운영자가 된다.

세입자가 수리가 아닌 페인트 색상 변경, 화장실의 타일 무늬를 바꿔 달라고 하는 경우는 수리가 아닌 디자인 변경이다. 코스메틱(costemtic, 외형의) 변화는 요구 대상이 되지 못한다. 저자의 경험상 세입자가 고장 난 부분의 수리가 아닌 외관을 예쁘게 디자인 변경해 달라는 요구는 전혀 없었다.

렌트 후보자 중에서 수리와 관련 없는 코스메틱 변경을 주장한 경우 세입자 후보에서 처음부터 탈락시킨다. 일반 상식이 통하지 않는 지원자는 제외한다. 예를 들면 세탁기와 건조기가 2년도 안 되었는데도 LG 최신형으로 바꿔 달라는 요구, 벽을 이미 흰색으로 깨끗이 칠했는데 자신이 좋아하는 회색으로 변경해 주면 이사 온다는 억지, 뒷마당에 튼튼한 울타리가 있는데 예쁜 사각형 디자인으로 교체해 달라는 요구를 하는 후보자는 세입자 목록에서 걸러야 뒤탈이 없다.

(5) 세입자는 반드시 한인이어야 한다

한인 건물주는 세입자로 한인이 들어오기를 은근히 원한다. 저자도 한인 세입자를 기대했다. 집주인이 한인이면 언어와 문화가 같은 한인을 세입자로 받고 싶어 한다. 한인이 많이 모여 사는 한인 타운과 지역에서는 한인 세입자가 올 가능성이 높다. 물론 한인이어도 신원 조회, 신용 점수 검토, 직장 유무와 은행 잔고 확인, 면접은 똑같이 해야 좋은 세입자를 선택할 수 있다.

그런데 미국은 다양한 인종 구성 덕분에 렌트 주택에 입주하는 세입자의 인종 또한 다양하다. 저자가 경험한 렌트 후보자 인종은 미국 백인, 동구 유럽 백인, 흑인, 남미인, 아랍인, 중국인, 인도인, 한인 등 여러 인종을 만났다. 구매한 렌트 주택이 특정 인종만 모여 사는 동네라면 해당 인종이 세입자로 들어올 확률이 높다. 이런 예외적인 지역을 제외하면 렌트 후보자는 여러 인종이 골고루 분포되어 있다.

학군과 렌트 지원자의 인종도 관련 있다. 저자의 예를 들면, 학군이 7 등급으로 높은 동네인 페어론은 주로 백인과 동양인만 신청하였다. 3등급으로 학군이 낮은 엘름우드 파크는 거의 모든 인종이 신청했다. 건물주가 같은 인종을 세입자로 받고 싶어도 어느 지역인가에 따라서 렌트 지원자가 달라진다. 결국 저자가 구입한 렌트 주택이 한인 거주 지역이 아니어서 세입자 중에 한인은 없다. 모두 미국 태생의 백인과 흑인이다.

저자도 생각이 조금씩 바뀌면서 세입자 인종을 한인으로 한정하지 않게 되었다. 인종에 관계없이 나쁜 세입자 거르기 작업(tenant screen)을 한 후 객관적인 조건을 만족시키면 후보자와 인터뷰를 했다. 직접 만나서 얼굴을 보고 대화를 한 후 인성과 느낌이 좋으면 렌트 계약을 했다. 결국 인종 울타리가 무너졌다. 한인이 아니어도 객관적 조건과 주관적 느낌이 좋으면 세입자로 받아들이고 있다.

세입자를 정할 때 인종을 초월해서 선택할 수 있지만 몇 가지 주의할 점이 있다. 첫째, 의사소통이 가능해야 한다. 언어는 당연히 영어다. 남미인과 동구권 백인 중에는 영어를 전혀 못하는 사람도 있다. 중개인을 통해서 대화하면 가능할까? 처음 몇 번은 가능하지만 중개인에게 계속 부탁할 수 없다. 세입자가 기초 영어도 안 되면 세입자 후보에서 제거해야 한다.

둘째, 인종별 성향은 고려해야 한다. 남미 사람은 주말 파티 문화를 즐긴다. 이웃이 같은 남미 지역 사람이면 괜찮지만 조용한 골목이면 남미인보다는 동구권 백인이 좋다. 인종별 특징으로 세입자를 공개적으로 차별하면 공정주택법(Fair Housing Act)에 걸릴 수 있으므로 지혜롭게 대처해야 한다. 자세한 대응은 중개인과 대화를 하면서 작전을 세워 나가면 된다.

(6) 투자 성공은 한 명의 절대 멘토에 달려 있다

삶과 비즈니스에서 지혜와 아이디어를 주는 멘토(mentor)는 중요하다. 부동산 투자는 인생 전체에서 보면 가장 큰 자본이 드는 사업이다. 초보 투자자는 어떤 선택을 해야 좋은지 막연하다. 어느 지역에, 어떤 스타일의 집을, 언제, 오퍼 가격은 어느 정도로 하면 좋을지 감이 오지 않고 막막하다.

코로나 이후의 미국 부동산 상황은 변화무쌍하다. 이자율의 급격한 상승, 원화와 달러 환율의 악화, 주택 원자재 가격의 상승 등 예측하기 힘든 변수만 늘어났다. 주식 가격의 급격한 하락은 주식 투자의 꿈을 무너뜨리기까지 했다. 주식의 혼란으로 부동산 투자에 관심이 높아졌다. 주식 열성 팬이었던 20, 30대 청년들이 부동산 투자로 파이어(fire)족에 도전하고 있다.

파이어(fire)족은 경제적 자립(financial independence)과 조기 은퇴(retire early)의 합성어다. 경제적 자립의 수단으로 주식만 생각하던 틀에서 벗어나 부동산 투자가 청년층의 목표가 되고 있다. 또한 미국 이민 생활의 노후 준비를 위해서 한인도 다양한 부동산 투자 방법에 관심이 폭증하고 있다.

여러 투자 방법 중에서도 많은 사람들이 다시 부동산 렌트 사업으로 관심을 돌리고 있다. 1장에서 살펴보았듯이 장기적으로 부를 쌓을 수 있고 매달 월세까지 생기는 미국 렌트 주택 투자는 위기를 기회로 만들 수 있다. 그런데 돈이 있다고 성공이 확보될까? 아쉽게도 돈만 있다고 자동적으로 투자가 성공하지 않는다.

부동산 렌트 투자는 땅과 건물을 구매하는 사업이지만 모든 과정은 사람이 관리한다. 사람이 어떻게 처리하느냐에 따라서 똑같은 돈으로 투자해도 결과(수익)는 천차만별이다. 따라서 초보 투자자일수록 멘토를 찾는다. 초보 투자자는 성공한 부동산 사업가, 중개인을 자신의 멘토로 삼는다. 심지어는 유튜브 영상을 보면서 부동산 유튜버를 멘토로 따르기도 한다.

부동산 투자에 멘토가 필요하지만 어느 한 사람이 부동산 투자의 완벽한 멘토가 될 수는 없다. 투자 전문가라 할지라도 미래를 완벽히 예측할 수 없다. 성공한 투자자도 멘토이지만 지혜로운 정보를 주는 멘토는 가까운 주변에도 있다. 멘토를 굳이 한 사람으로 정하지 말고 다양한 직업군의 여러 사람으로 정하는 편히 정보의 정확성을 가져다준다.

부동산 중개인, 융자 담당자, 변호사, 회계사는 부동산 투자의 중요한 멘토다. 이들의 전문 지식은 투자자의 결정을 좌지우지한다. 그런데 잊지 말아야 할 또 다른 부류의 멘토가 있다. 건축업자, 핸디맨, 공사 업체의 현장 노동자도 놓치면 안 되는 멘토다. 멘토를 양복 입은 화이트 컬러로만 좁히면 안 된다.

멘토에 대한 편견이 있다면 현장 노동자는 멘토로 전혀 생각할 수 없다. 건축 숙련공이 귀띔해 주는 주택 정보는 귀담아들어야 한다. 어떤 집을 구입해야 안전하고 속지 않는 투자가 되는지 생생한 경험담이다. 특히 중개인도 발견하지 못하거나 지나치는, 보이지 않는 건축 하자 정보를 얻을 수 있다.

다른 투자자를 만나서 부동산 동향, 주택 관련 대화를 하면 생생한 정보를 얻는다. 자신과 같은 투자 성향을 가지고 있는 투자자 모임이 있다면 참여해서 부동산 지식을 쌓을 수 있다. 부동산 투자는 객관적 정보뿐만 아니라 감성(느낌)도 중요하다. 투자자들과 만나면 투자 감각을 기를 수 있다.

초보 투자자가 멘토를 생각할 때 대단한 성공을 이룬 사업가만 고려한다. 그리고 사무직 전문직 종사자만 멘토가 될 수 있다고 착각한다. 하지만 이들의 조언과 예측이 오히려 한계가 있음도 인정해야 한다. 완벽한 멘토는 존재하지 않는다. 또한 멘토는 누구든지 될 수 있다. 멘토는 자신보다 어린 사람도 되며 세입자도 된다. 초보 투자자가 배우고자 하는 마음만 있다면 누구든지 정곡을 찌르는 조언을 해 주는 멘토가 된다.

(7) 네트워크와 팀을 활용해서 투자하라

유명한 부동산 강사와 책에서 강조하는 공통점이 있다. '투자에 성공하기 위해서는 네트워크(network)와 팀(team)을 만들어라!'. 초보 투자자인 저자는 이해할 수 없는 말이었다. 공동 투자도 아닌데 무슨 네트워크가 필요할까? 자기 자본으로 자신의 렌트 주택을 구매하는데 팀은 도대체 뭘까? 투자 파트너가 없는 단독 투자에도 왜 팀이 있어야 할까?

네트워크와 팀에 대한 개념 정의도 모호한데 중요하다고만 강조하니 난감했다. 그리고 '어디로 가면 발견할 수 있을까?' 하며 의문을 품었다. 네트워크와 팀을 가입해야 하는 특정 조직으로 생각했기 때문에 오해를 했다. 네트워크와 팀은 인맥(人脈)이다. 주택을 구매하면서 만나는 사람들과의 유대 관계(personal connection)를 의미한다.

주택을 구매하려고 준비하면 투자자는 자신도 모르게 네트워크 안으로 들어간다. 처음 출발은 중개인과 관계가 만들어진다. 오퍼가 진행되면서 융자 담당자와 변호사가 네트워크에 새롭게 들어온다. 오퍼가 수락되면 인스펙터를 만난다. 구매 후 수리를 하면 지금까지 만났던 사무직 인맥과는 다른 현장 노동직 사람을 만난다. 건축업자, 핸디맨, 전기공, 배관공, 냉난방 수리공 등의 새로운 부류의 사람들과 관계를 맺는다.

초보 투자자는 네트워크와 팀이 없는 상태에서 투자한다. 투자를 진행하면서 차례대로 만들어진다. 네트워크와 팀은 처음에는 보이지 않는다. 시간이 지나면서 점이 생기고 점이 연결되면서 선이 생긴다. 주택 구매 절차가 끝나면, 즉, 에스크로를 클로징하면 네트워크는 없어질까? 인간적으로 연락을 지속하면서 지낸다면 인맥 형성은 유지된다.

렌트 주택에 꾸준히 투자할 목표를 가지고 있다면 네트워크는 소중하다. 그런데 문제가 있다. 부동산과 관련해서 만난 전문가들은 투자자가 한 번만 주택을 구매한다고 생각하면 투자자와의 관계 형성에 정성을 쏟지 않는다. 친절하지만 치고 빠지는(hit and run) 전략을 구사한다. 계속 투자를 할지 알 수 없기 때문에 굳이 시간과 노력을 들여서 네트워크에 정성을 쏟지는 않는다.

다양한 직군의 여러 사람과 빠르게 네트워크를 만들기란 어렵다. 대부분의 전문가와 건축업자들은 히트 앤 런 한다. 초보 투자자가 안전한 네트워크를 만들기 위해서는 같은 투자자들과 시작하는 편이 좋다. 투자자들은 서로 공감대를 형성하며 정보를 교환하고 어려운 점을 같이 공부하면서 도움을 준다.

투자자들 사이의 네트워크가 형성되면 자연스럽게 전문가와 건축업자와 연결 고리(link)가 생긴다. 여러 투자자들이 인정하고 추천하는 전문가와 건축업자와 네트워크가 형성되면 지속성이 증가한다. 한두 번 만나고 끊어지는 관계가 아닌 상호 신뢰가 형성되어 서로 유익한 윈윈(win-win) 시스템이 만들어진다.

이렇게 좋은 인맥 네트워크가 구축되면 다음번 주택 구매는 팀(team)으로 움직인다. 정직과 신뢰가 바탕에 쌓인 네트워크에서 만들어진 팀은 투자자가 얻을 수 있는 최고의 선물이다. 팀이 움직이면 구매 절차에 들어가는 시간은 단축된다. 공사도 지연 없이 순조롭게 진행된다. 투자자의 스트레스가 해소되고 투자가 즐거워진다.

저자도 비슷한 경험을 했다. 첫 번째 뉴저지 렌트 주택을 할 때는 중개인, 변호사, 모기지 담당자 등을 선택하고 의사소통하는 데 시간이 걸렸다. 내가 어떤 투자 목적을 가지고 어떤 주택을 투자하고 싶은지 발견하고 공유하는 노력과 시간이 필요했다. 두 번째 투자할 때는 첫 번째 만났던 사람들과 네트워크가 형성되어서 두 번째 구매는 팀처럼 움직였다.

네트워크는 하루아침에 만들 수 없다. 투자자가 근본적으로 정직하고 성실하면 좋은 네트워크와 팀이 구성된다. 신뢰를 바탕으로 만들어진 네트워크는 팀이 되어 움직인다. 팀이 만들어지면 투자자의 위험은 감소하고 스트레스도 줄어든다. 한국에서 투자하는 경우도 마찬가지다. 한인 업체를 제대로 골라야 안전하고 튼튼한 네트워크 안으로 들어갈 수 있다.

(8) 미국 부동산 투자는 인터넷 검색만으로 충분하다

코로나 기간 동안 주택을 구입한 구매자의 70% 이상이 구매한 집을 후회한다는 설문조사가 나왔다. 이유는 급하게 구매한 집에서 막상 살아 보니 상상했던 집의 상태와 달랐다. 구매자는 집을 구매할 때 전문가의 도움을 당연히 받았다. 중개인과 함께 대화도 하고 융자 담당자의 조언도 듣고 변호사의 자문을 거쳤다. 하지만 결과는 70% 이상이 후회하고 있다.

거액이 들어가는 부동산 투자에 투자자가 이성적 판단과 꼼꼼한 계산을 근거로 합리적으로 투자할까? 오히려 감상적이고 감정에 젖어서 투자하는 경우가 많다. 어떤 투자자는 열심히 순수익을 계산하면서 최고의 이익을 주는 매물에 투자할 줄 알았는데 거실의 조명이 마음에 들어서 투자해 버렸다. 조명이 멋진 이유는 집 내부가 너무 어두워서 전 주인이 조명 시설에 돈을 많이 썼다. 문제는 낮에도 어두워서 세입자가 잘 들어오지 않는 집이었다.

본인이 살 거주용 주택을 고를 때도 단순히 소품과 인테리어에 마음을 뺏겨서 구매하면 후회하기 마련이다. 하물며 투자용 주택은 외부 코스메틱과 조명 등에 우선순위를 두는 실수를 하면 안 된다. 초보 투자자일수록 감정의 함정에서 벗어나기 위해서는 손품과 발품 수고를 모두 해야 한다. 인터넷 검색은 투자를 위한 필요조건일 뿐 충분 조건은 되지 못한다.

손품은 인터넷을 이용해서 부동산 투자 매물을 검색하고 투자 가치를 계산하는 방법이다. 후보 주택의 투자 가치가 어느 정도 되는지, 주변에 판매된 주택은 얼마인지, 월세는 얼마나 받을 수 있는지, 고속도로와 편의 시설은 어떤지, 홍수 지역인지, 기찻길 옆인지 등을 인터넷에서 검색한다.

웹사이트를 이용하면 모든 주택을 직접 방문하지도 않고도 원하는 정보를 얻기 쉽다. 저자도 집을 찾고 환경을 조사하는 첫걸음은 인터넷에서 시작한다. njmls 사이트에서 매물을 확인하고 zillow와 realtor 사이트에서 지도와 사진으로 문제 될 부분을 자세히 본다. 집 주위는 구글 earth에서 3D로 살펴본다.

인터넷에 올라온 주택 사진은 판매자가 감추고 싶어 하는 부분도 노출한다. 최근에는 비디오로 집 내부를 볼 수 있다. 가상 투어(virtual tour)는 집을 직접 걸어서 보는 듯한 느낌으로 집을 보는 서비스다. 인터넷 손품을 팔기만 해도 투자할 주택의 70% 정도의 정보는 확보 가능하다. 인터넷 정보는 좋은 주택인지 나쁜 주택인지 구분하는 용도로 도움이 된다.

코로나 영향으로 부동산 구매 시 인터넷 구경(랜선 투어)만 하고 투자하는 경우가 늘어났다. 소개 업체에서도 가상 투어를 추천하면서 집 내부를 보여 준다. 그러나 컴퓨터 앞에 앉아서 편하게 집을 볼 수 있는 인터넷 사진과 동영상은 문제점이 있다. 인터넷 투어는 집만 보여 준다. 이웃 성향, 환경, 지형 등은 제대로 볼 수 없다. 또한 사진은 대부분 포토샵을 해서 실제 집보다 깔끔하고 멋지게 나온다. 인터넷 검색은 투자자에게 편리함은 주지만 총체적 종합성은 떨어진다.

손품을 팔아서 마음에 드는 집을 발견하면 반드시 발품을 팔아서 후보 주택을 방문해야 한다. 인터넷에 올라온 사진과 동영상이 보기 좋아도 실물을 보면 문제가 보인다. 구매 계약을 하기 전에 목표 주택을 여러 번 임장(臨場)해야 한다. 한 번 방문해서 쓰윽 둘러본 후 느낌이 좋으면 구매를 해도 될까? 초보 투자자는 겸손해야 한다. 모든 것을 안다고 생각할 때가 가장 위험한 순간이다. 저자는 아래의 차례를 지키면서 임장을 하는 편이다.

① 먼저 타깃 하우스가 목록(listing)에 올라오면 오픈 하우스 전에 방문해서 살펴본다. 오픈 하우스 전에는 투자자 혼자서 보기 힘들므로 중개인에게 부탁하면 미리 볼 수 있다. 다른 구매자들이 보기 전에 임장을 하면 장점이 많다. 구매자들이 붐비지 않기 때문에 집중해서 살필 수 있다. 운이 좋으면 집주인을 만나서 대화도 할 수 있다.

② 오픈 하우스 전에는 집 내부를 절대로 보여 주지 않는 판매자도 있다. 이때도 집 외부는 관찰할 수 있다. 동네 분위기, 교통, 상가 현황 등을 확인할 수 있다. 집 외부를 볼 때는 지형, 지붕 상태, 잔디 관리 정도 등을 본다. 마당과 외관이 깔끔하면 일단 집주인이 정성껏 집을 가꾸었으므로 안심이 된다.

③ 오픈 하우스는 대부분 이틀 동안 연다. 뉴저지는 토, 일요일에 주로 한다. 저자는 두 번 모두 방문한다. 첫날에 못 보고 지나친 부분이 두 번째 날에는 눈에 들어온다. 오픈 하우스 방문 시 다른 투자자들과 함께 가면 큰 도움이 된다. 혼자서는 발견 못 하는 단점과 장점을

깨달을 수 있기 때문이다. 타깃 주택의 투자 성공 가능성에 대해서 진솔한 조언을 얻는다.

중개인과 함께 방문하면 주의할 점이 있다. 중개인은 집 상태와 무관하게 좋게 말하는 습성이 있다. 성공적인 구매 성사를 위해서 장점만 보도록 유도한다. 중개인들의 DNA는 긍정적 유전 인자가 넘치는 듯하다. 하지만 '집의 10개 장점은 1개 단점을 덮지 못한다'. 타깃 주택의 단점은 투자자가 발견해서 중개인에게 질문하는 편이 좋다.

이번 장의 '고정 관념'은 저자의 투자 초보 시기에 갇혀 있던 치우친 생각과 무지함을 보여 준다. 개인마다 경험이 다르므로 저자가 겪었던 편견을 이미 극복한 투자자도 있다. 읽으면서 고개를 끄떡이며 공감하는 투자자도 있다. 다음 장은 저자가 렌트주택 투자를 결정하고 진행하면서 경험한 부족했던 점과 자기반성을 담았다.

12. 미국 렌트 주택 투자의 아쉬운 점과 초보 투자자의 반성

저자는 뉴저지에서 렌트 주택 투자로 방향을 정하기 전에 다른 방식의 부동산 투자를 경험했다. 헌 집을 구매해서 새집으로 수리한 다음 판매하는 플립, 다른 투자자와 함께 투자하는 공동 투자, 작은 상가 임대 등. 오히려 가장 정통적인 부동산 투자 방식인 주택을 렌트하는 방식은 도전하지 않았다.

세월이 흘러서 지금은 미국 부동산 투자 방식 중에서 렌트 주택 투자가 제일 흥미로워졌다. 미국에서 건물주가 되어 타 인종의 세입자들을 보호하면서 지내는 랜로딩(landlording)에 자부심과 책임감을 느낀다. 렌트 주택 투자는 다른 유형의 부동산 투자와 다른 점이 많으며 부동산 투자의 묘미이자 신비라고 할 수 있다. 이번 장은 저자가 뉴저지에 처음 렌트 주택에 단독 투자하면서 겪은 실수와 깨달은 점을 정리했다.

(1) 렌트 주택 투자의 망설임과 후회: 늦지 않은 도전

부동산 투자는 다양한 방법이 있다. 렌트는 그중 하나일 뿐이다. 저자도 렌트 이외의 다른 투자 방식에 관심이 훨씬 컸다. 렌트 주택으로 마음을 돌리고 단독으로 직접 투자하기까지는 상당한 시간이 걸렸다. 이상하게도 렌트 주택 투자를 망설이게 하는 방해물이 마음속 여기저기 널려 있었다.

저자는 코로나 이후의 셀러스 마켓과 높은 모기지 이자율 시기에 주택을 구매했다. 투자자 입장에서는 최악의 조건이다. 그렇다면 부동산 시장이 구매자에게 유리한 바이어스 마켓으로 변할 때까지 기다려야 할까? 높은 융자 이자율은 투자자의 순이익을 깎아 먹으므로 이자율이 떨어지는 시기를 노려야 할까?

투자는 위험과 기회가 공존하는 가운데 이루어진다. 부동산 투자도 마찬가지이다. 렌트 주택 투자는 그나마 제일 안정적이며 장기적인 투자 방법이다. 투자자 자신이 준비가 되었다면 주택 구매와 렌트는 단기 월세 수익과 장기 시세 차익을 창출하는 든든한 버팀목이 된다. 이런 사실을 알지만 미국 렌트 투자를 망설이게 하고 방해했던 속삭임이 항상 마음에 자리 잡고 있었다.

① 한국에서 세입자 관리도 힘든데 미국에서 어떻게 외국인 세입자를 다룰 수 있겠어요?
② 미국 집은 오래되고 나무로 지어서 공사가 많지 않나요?
③ 세입자들이 시도 때도 없이 전화해서 수리해 달라고 한데요. 괴짜 세입자를 감당할 수 있겠어요?
④ 영어를 잘해야지 렌트 정보도 얻을 수 있을 텐데요.
⑤ 중개인과 상담사 중에서 사기꾼도 많다고 하던데요. 잘못하면 한번

에 모은 돈을 다 탕진한대요.

⑥ 세입자들이 다쳐서 소송하면 전 재산 날릴 수 있어요.

⑦ 건축업자들이 약속을 안 지켜서 상대하기 힘들 텐데요.

모두 맞는 말일까? 놀랍게도 모두 맞는 의견이며 사실이다. 이런 충고를 하는 이유는 투자를 실패할까 봐 걱정해서다. 사실이기 때문에 렌트 주택 투자를 머뭇거리게 한다. 하지만 투자자가 어떻게 준비하는가에 따라서 렌트 주택 투자는 인생 최고의 보물이 될 수도 있고 최악의 올가미가 되어 실패를 초래할 수 있다. 투자자는 끊임없이 공부하고 네트워크에 참여하면서 정보를 얻고 갱신하는 노력을 해야 한다.

저자가 만약 미국으로 이민 오자마자 뉴햄프셔에서부터 한인 중개인을 따라서 렌트 주택 투자를 준비했다면 일찍 파이어족이 되지 않았을까? 하는 상상을 한다. 하지만 늦지 않았다. 부동산 렌트 투자 시기는 나이에 관계없다. 투자자들 모임에 가면 20대부터 80대까지 다양하다. 연령별로 투자 계획은 다를 수 있지만 렌트 투자는 후회 없는 선택이다.

(2) 구매 시기의 오판: 미국에도 이사 철은 존재한다

미국에서 주택 구매는 학교 개학 전에 활발히 이루어진다. 뉴저지에서 개학은 9월이다. 따라서 5월부터 8월까지 주택 매매가 활발하다. 학부모는 방학 동안 이사를 가서 9월에 자녀들이 새로운 학교로 가야 하므로 열심히 이사 갈 집을 찾는다. 따라서 자가 주거용 주택을 찾는 구매자이건 렌트용 주택을 물색하는 투자자이건 모두 같은 조건에 있다. 방학 전부터 오픈 하우스를 다니면서 원하는 주택을 찾아야 좋은 집을 구매할 수 있다.

주택 매물이 가장 많이 나오는 시기도 3월~6월이다. 오퍼가 수락되고 에스크로가 클로징되기까지 2개월 정도가 걸린다. 렌트용 주택의 경우 클로징 기간 2개월에 수리 공사 기간 1~2개월을 더하면 총 3~4개월이 걸린다. 여기에 세입자를 구하는 기간 1개월을 더해야 하므로 넉넉한 전체 기간은 4~5개월이나 된다. 물론 기간 계산은 보수적으로 길게 잡았다.

설마 이렇게 긴 기간이 필요할까? 주택을 구매하고 페인트칠만 하면 바로 렌트가 나가지 않을까? 길어도 한 달이면 충분하지 않을까? 해답은 이사 철(moving season)이다. 이사 철에 렌트를 내놓으면 렌트 후보자들의 지원이 풍부하다. 집주인은 수많은 지원자 중에서 최고의 조건을 가진 사람을 빨리 선택할 수 있다. 공실 기간을 최소화하는 이 순간은 행복하고 여유로운 건물주만의 기쁨이다.

그런데 시간이 지나서 10월에 렌트를 내놓으면 무슨 일이 생길까? 학교 개학 시기가 완전히 지나고 이사 철도 끝난 시점이다. 건물주에게는 끔찍한 일이 발생하는 시기다. 첫째, 렌트를 찾는 사람들이 급격히 줄어든다. 둘째, 렌트를 구하기 위해서 지원서를 제출하는 후보자의 수준이 떨어진다. 신용 점수가 나쁘거나 월 소득이 적은 사람들이 대부분이다. 셋째, 이사 철 기간 동안 집을 구하지 못한 탈락 후보자가 90% 넘게 지원한다.

저자는 엘름우드 파크 집을 구매하면서 클로징 날짜를 8월 31일로 계약했다. 큰 실수였다. 9월 1일부터 수리 공사를 하여서 10월 초에 렌트 매물을 인터넷에 올렸다. 왼쪽 집은 10일 정도 걸려서 렌트 계약이 되었다. 그런데 오른쪽 집은 10월 중순이 되면서 보러 오는 세입자가 갑자기 줄어들었다. 일주일 동안 한 명도 집을 문의하는 사람이 없기도 했다.

미국의 10월 말은 핼러윈 행사가 있어서 주택 구매와 렌트를 찾는 사람이 적다. 대부분 9월까지는 이사 갈 집을 찾았기 때문에 10월 중순을 넘어서는 집을 보러 오는 사람이 줄어든다. 중개인도 10월 중순 넘어서는 구매와 렌트가 거의 0(zero)에 가까워서 휴가를 갈 정도다. 세입자가 없어도 건물주의 융자금, 집 보험, 재산세는 꼬박꼬박 나간다. 모든 비용은 투자자가 모아 둔 예비금으로 지출해야 한다. 캐시 플로어는 마이너스가 된다. 플러스 소득을 기대한 투자자는 마이너스 소득의 차가운 현실에 부딪힌다.

미국에서는 이사하기 좋은 손 없는 날은 따로 없지만 이사 철은 분명히 존재한다. 렌트 주택을 구매하면 최소한 5월까지는 클로징이 가능한 집이 안전하다. 좋은 월세에 좋은 세입자 확보가 가능하다. 수리할 부분이 적다면 6월 말까지는 클로징 시기를 늦추어도 된다. 7월 말까지 클로징이 되는 집은 아슬아슬하지만 좋은 세입자를 구할 수는 있다. 이사 철과 멀어질수록 세입자 구하기는 힘들어지고 투자자의 스트레스는 심해진다.

그래도 집이 너무 좋다면 이사철이 지나도 구매할 수밖에 없다. 단, 집 상태를 세입자에게 어필할 수 있는 수준으로 수리와 리모델링을 해야 한다. 저자가 두 번째 구매한 다세대 주택은 이사 철을 지난 위험을 감수하고 구매했다. 이유는 옆으로 연결된(side by side) 멀티 패밀리였기 때문이다. 모든 조건이 완벽하면 좋지만 투자의 성격상 위험 부담을 감수한 선택이었다.

이사 철이 지나고 투자한 렌트 주택을 위해서는 보다 섬세한 주의가 필요하다. 첫째, 집이 완벽하게 리모델링이 되지 않은 상태라면 렌트 가격을 낮춰서 다른 렌트 집보다 경쟁력을 확보해야 한다. 페인트칠만 한 집은 화장실과 부엌을 리모델링한 집과의 경쟁에서 밀린다. 둘째, 부엌과 조명은 밝고 환하게 바꿔야 한다. 여러 가지 방법으로 노력을 해도 이사 철이 지나면 투자자는 긴장감 속에서 지낼 수밖에 없다.

미국은 주마다 개학 시기가 다르다. 자신이 투자하는 주의 개학 시기에 맞춰서 집을 구매하고 수리 기간을 계산해야 안전한 투자 전략이 된다. 미국에는 이사 철이 반드시 존재하므로 굳이 이사 철을 놓쳐서 투자할 필요는 없다. 저자가 생각하는 시간표를 만들어 봤다. 기간은 보수적으로 잡았다.
  - 1~2월: 자금 확인, 지역 선정
  - 3~4월: 오픈 하우스 구경, 구매 계약
  - 5~6월: 수리와 공사
  - 6~7월: 렌트 등록, 세입자 입주
  - 7~8월: 이사 후 수리(AS)

(3) 렌트 가격의 예측 오류: 과대평가의 위험

자가용 주택을 구입할 때는 가족이 마음에 들면 된다. 심지어 숲속에 살아도 좋다. 하지만 투자용 렌트 주택은 완전히 다르다. 주택 모양과 상태가 좋아도 위치에 따라서 렌트 가격이 달라진다. 미국 렌트 주택에 투자하면 좋은 이유는 미국은 월세가 높기 때문이다. 하지만 같은 조건의 주택이 어떤 동네, 어떤 장소에 있냐에 따라서 월세는 분명히 차이 난다.

방과 화장실 개수가 같아도 지역마다 월세가 다르다. 따라서 렌트 주택을 구매하기 전에 반드시 타깃 주택의 월세를 정확히 예측해야 투자에 문제가 발생하지 않는다. 월세 액수는 렌트 투자 운명을 좌우한다. 그런데 렌트 가격을 높게 평가해서 주택을 구매했는데 실제 월세를 낮게 받으면 어떤 위험이 생길까?

① 순수익이 줄어든다. 심할 경우에는 손해가 나기도 한다. 월세는 3,300불인데 융자와 재산세 등 지출 비용이 3,500불이면 200불 손해가 발생한다. ② 주택은 항상 수리에 대비해야 한다. 렌트 수익이 없으므로 투자자 자신의 돈으로 수리 비용을 충당해야 한다. ③ 렌트 주택으로 패시브 인컴을 이룰 수 없게 된다. 결국 수익을 얻어야 하는 렌트 투자가 골칫덩어리가 된다. ④ 투자자는 스트레스가 심해진다. ⑤ 투자자가 비용을 메꾸지 못하면 은행에서 압류하는 최악의 상황이 발생한다.

월세를 낮게 생각하고 투자했는데 의외로 월세를 높게 받을 수 있으면 당연히 걱정이 없다. 문제는 현재 가능한 월세가 예측한 월세보다 낮으면 발생한다. 왜 예측이 틀릴까?

① 판매자 리얼터는 투자 가치를 높게 보이기 위해서 월세를 많이 받을
수 있다고 주장한다. 저자는 오픈 하우스에서 만나는 판매자 중개인
에게 월세는 얼마 받을 수 있는지 물어본다. 대부분 미리 조사한 시
세보다 200~500불 정도 높게 부른다. 판매자 리얼터가 월세를 높게
말하는 것은 판매자를 위해서는 당연한 행동이다. 그런데 자신의 편
이 되어야 하는 바이어 중개인마저 월세를 높게 받을 수 있다고 주
장하면 투자자의 판단은 흐려진다.

② 투자할 주택 자체의 장점만 보면 월세를 틀리게 판단한다. 리모델링
도 완벽하고 지붕과 난방 시설도 새걸로 교체한 집은 언제나 투자자
의 마음을 유혹한다. 그런데 주택은 어떤 위치(로케이션)에 있느냐가
월세에 중요한 영향을 미친다. 집이 너무 마음에 들면 위치 변수를
놓치는 경우가 흔하다.

③ 렌트 가격을 조사할 때 사용하는 방법으로 컴프(comp)가 있다. 지
난 3~6개월 동안 렌트 계약이 이루어진 과거 자료를 확인하고 렌트
가격을 정한다. 과거에는 월세가 높았지만 이사 철이 지나면 월세는
떨어지게 마련이다. 월세는 시간에 따라서 변동되므로 예전 자료가
지금은 틀릴 수도 있다.

투자용 부동산일 경우 구매 가격도 중요하지만 렌트 가격이 훨씬 중요
하다. 렌트 투자에 실패하는 투자자의 공통된 원인은 월세가 생각보다 적

게 들어와서 손해가 생기기 때문이다. 손실을 자신의 돈으로 메꾸면서 몇 개월은 버틸 수 있다. 그런데 갑작스런 큰 공사가 필요하면 투자자의 재정 상황은 위태롭게 된다. 월세 예측의 정확도는 투자 운명을 좌우한다.

렌트 가격을 정확히 예측하기 위해서는 현재 시점을 기준으로 잡아야 한다. 과거에는 얼마 했으니까 지금도 비슷하다고 간주하면 안 된다. 또한 미래에는 월세가 이 정도까지 받을 수 있다고 예측하면 안 된다. 월세는 현재 가격이 중요하다.

현재 렌트비를 측정하기 위해서는 월세가 등록되어 있는 웹사이트에서 지금 등록되어 있는 현재 가격을 비교해야 한다. 같은 동네 안에서 비슷한 유형의 렌트 주택을 대상으로 조사한다. 그리고 월세는 약간 낮게 측정해서 순이익을 계산해야 안전한 투자가 가능하다. 투자는 운과 감각으로 하면 안 된다.

저자는 월세 예측이 100% 맞지는 않았다. 페어론 집은 월세를 $3,200로 예측했다. 그러나 담당 중개인의 놀라운 협상 솜씨로 $3,300에 월세 계약이 되었다. 예측치보다 $100 높아져서 기분이 좋았다. 엘름우드 파크 집은 왼쪽 집을 $2,600, 오른쪽 집을 $2,400로 예측했다. 하지만 이사철이 지난 문제와 겹치면서 $2,500과 $2,200에 계약이 되었다. 엘름우드 파크 집은 결과적으로 예측보다 $300 더 적게 월세를 받게 되었다.

(4) 학군을 대체할 기준이 있을까: 학군은 진리다?

집을 구매할 때 제일 중요한 요소를 꼽으라고 하면 누구나 세 개를 대답한다. ① 위치, ② 가격, ③ 학군을 든다. 위치와 가격은 이해가 가는데 미국에서도 학군이 중요할까? 미국 공립학교는 모두 같은 수준이 아닐까? 미국에서 학군은 한국 만큼 중요하다. 오히려 미국이 학군으로 동네(school district)를 평가하므로 한국보다 철저한 학군 위주의 사회다.

그렇다면 렌트 주택을 구매할 때도 학군이 높은 지역을 선택해서 그곳의 주택만 사면 될까? '네'라고 답변을 할 수 없다. 물론 중요하지만 학군만 따라서 렌트 주택을 구매할 수는 없다. 정답은 집을 누가 구하냐에 따라서 학군의 중요도는 달라진다. 또한 구매자가 '어떤 목적으로 집을 구입하는가'가 학군을 고려하는 요소가 된다. 투자용 부동산을 준비하는 초보 투자자는 학군에 대해서 융통성을 갖고 생각해야 한다.

미국 공립학교는 학군이 1~10등급으로 매겨진다. 학군이 좋은 지역일수록 등급은 높아진다. 10등급이 제일 높다. 투자 지역의 학군을 알고 싶으면 그레잇스쿨스(greatschools.org) 웹사이트에서 쉽게 확인 가능하다. 학군이 좋은 지역은 범죄율이 낮고, 평균 소득은 높으며, 교통 시설은 발달되어 있고, 상점과 식당도 충분히 있다. 따라서 한인 이민자가 처음 미국에 정착할 때 학군은 안전한 지역을 고르는 중요한 판단 기준이 된다.

그런데 학군이 좋은 지역은 장점만 있고 단점은 없을까? 가장 큰 문제점은 집 가격이 비싸진다. 비싼 집을 구매하면 재산세와 대출금도 오른다. 자녀가 있어서 학군을 중요하게 고려하는 가족은 학군이 첫째 요소가 된다. 하지만 혼자 사는 구매자와 자녀가 없는 부부는 학군의 중요도는 떨어진다. 학군이 좀 낮더라도 가격이 적당한 주택 구매를 선호한다.

렌트 주택 투자자는 학군을 어디까지 고려해야 할지 결정해야 한다. 저자가 처음 투자 주택을 찾으러 다닐 때 학군을 제1 고려 요소로 정했다. 9~10등급의 학군이 좋은 동네는 주변 환경도 깨끗하고 인종도 백인이 대부분이다. 집도 마음에 든다. 그런데 문제가 있다. 투자 대비 순이익이 낮아진다.

집 가격이 높다고 해서 렌트 가격이 비례해서 같은 비율로 올라가지는 않는다. 렌트 주택의 가격은 방과 화장실 개수가 더 중요하다. 학군이 좋은 동네에서 방 3개와 화장실 2개의 월세를 3,700~4,000불 받는다면 학군이 중간 정도 하는 동네는 3,300~3,500불 한다. 렌트 가격만 놓고 보면 학군이 높은 동네가 좋게 보인다.

그러나 비용을 계산하면 좋은 학군의 주택 렌트가 유리하지만은 않다. 일단 첫째, 주택 구매 가격이 높아진다. 둘째, 매달 들어가는 융자 금액이 올라간다. 셋째, 재산세도 당연히 많아진다. 여러 비용을 고려하면 학군이 5~7 정도의 중간 지역의 렌트 주택의 순이익이 훨씬 높은 경우가 많다. 즉, 렌트 수익의 가성비를 고려할 때 학군을 약간 낮추면 훨씬 유리한 곳을 찾기 쉽다.

과연 학군도 좋고 주택 가격도 적당하고 위치도 좋은 주택은 없을까?

저자도 투자 초기에는 학군, 가격, 위치가 모두 완벽한 주택을 찾을 수 있을 것 같았다. 가끔 최고의 학군 지역에서 가격도 적당한 집이 나오기도 한다. 인터넷에 올라온 사진을 봐도 깔끔하고 좋아 보인다. 그러나 직접 방문해서 보면 집 상태가 형편없었다. 4년 넘게 오픈 하우스를 다녀보니 학군과 주택 가격을 동시에 만족하는 집은 구하기 힘듦을 깨닫게 되었다.

투자는 이익이 나야 하므로 렌트 주택 투자자는 학군 1개에 마음을 빼앗겨서는 안 된다. 세입자는 자녀가 있는 학부모만 있지 않다. 세입자 범위를 미리 좁히면 안 된다. 저자가 페어론 주택을 구매한 이유는 학군이 좋은 동네(7등급)였기 때문이다. 그런데 세입자는 자녀가 있는 가족이 아닌 20대 청년들을 선택했다. 학군은 투자 시 하나의 기준으로 고려해야 하지만 절대 기준으로 삼으면 안 된다. 오히려 낮추면 투자에 유리하다.

(5) 목표 세입자 예상의 헛발질: 떠오르는 MZ 세대

렌트 주택을 구매하고 수리를 마치면 세입자를 찾는다. 투자자는 기대하는 세입자를 투자 전부터 마음에 그린다. 저자는 단독 주택이건 다세대 주택이건 젊은 부부를 세입자 1순위로 기대했다. 방 2~3개와 화장실 1개인 집을 구매했기 때문에 식구가 많지 않은 부부가 세입자로 적당하다고 판단했다.

그런데 지원자 중에는 부부도 있었지만 20대 청년들도 많았다. 20대 청년들이 후보자에 있어서 놀랐다. 20대 혼자서 월세를 부담하기에는 벅차다고 생각했다. 알고 보니 청년들은 친구와 같이 렌트를 찾고 있었다. 친구들과 함께 집 한 채를 얻어서 공동생활을 계획하고 있었다. 하지만 저자는 처음부터 부부 가족을 세입자로 원했기 때문에 20대 지원자를 거절했다. 20대 세입자에게 생긴 거부감에는 나름대로 합리적 이유가 있었다.

미국에서 20대들은 렌트 주택을 얻기 힘들다. 집주인들이 청년 지원자를 꺼려 하는 이유가 있다. ① 20대는 신용 점수가 낮다. 대학을 졸업하고 직장 생활이 짧으므로 신용을 쌓을 기간이 부족하다. 크레디트 점수만 보면 청년들은 스코어가 낮으므로 집주인은 신용에 문제가 있다고 생각한다. 신용 문제는 월세를 늦게 내거나 내지 않을 가능성과 직결되므로 집주인이 싫어한다.

② 20대는 주말 저녁에 파티를 한다고 추측한다. 미국의 시끌벅적한 파티 문화를 떠올리면서 이웃의 신고와 경찰 출동을 걱정한다. 신고가 접수되면 집주인이 관리 책임을 지므로 상당히 성가신 문제가 된다. ③ 청년들은 집을 함부로 사용한다고 걱정한다. 조심성 없이 가전제품을 다루고 계단을 뛰어다니는 등 집을 망가뜨릴 가능성이 높다고 생각한다. ④ 20대 청년은 계약 기간이 끝나기도 전에 몰래 집에서 나간다고 오해한다.

페어론 집에 20대의 MZ 세대가 지원했을 때 저자도 낮은 신용 점수에 놀랐다. 620점, 650점, 670점 등 700점을 넘지 못했다. 크레디트 스코어만 보고 판단하면 20대를 세입자 지원자에서 탈락시켜야 한다. 처음에는 MZ 세대를 세입자로 받으면 문제가 발생할까 봐서 걱정했다. 그런데 직접 만나서 인터뷰를 해 보니 마음이 바뀌었다. 청년들은 예의 바르고 자신의 일과 직장에 대해서 열정이 넘쳤다.

첫 번째 집의 세입자를 20대 청년으로 받으면서 굳이 가족(부부)이 아닌 친구들이 함께 살아도 된다고 관점이 바뀌었다. 두 번째, 세 번째 세입자도 20대 청년으로 마음이 갔다. 그래서 현재 저자의 페어론과 엘름우드 파크의 3가구 세입자는 모두 20대 청년들이다. 24세~26세다. 크레디트 스코어가 낮은 이유에 대해서 미국 상황(학생 융자)을 이해하고 나니 700점을 넘지 않아도 확실한 직장과 성실함이 보이면 세입자로 받게 되었다.

(6) 전문가는 완벽하다는 착각: 누구의 이익을 추구할까?

부동산 투자를 하면 반드시 만나야 하는 전문가들이 있다. 한국에서는 중개인과 법무사만 있어도 문제없이 계약이 가능하다. 그러나 미국은 한국보다는 훨씬 많은 전문가들이 참여한다. 중개인, 변호사, 융자 회사 담당자, 인스펙터, 보험 회사 담당자, 공인 회계사 등이 대표적이다. 수리와 공사가 필요하면 건축 회사, 전기공, 배관공, 냉난방 기술자 등의 노동 분야의 전문가도 동반된다.

전문가는 미국 자격증 시험을 통과한 후에 해당 업무를 합법적으로 처리할 수 있는 사람이다. 노동 분야는 자격증 없이 일하는 경우도 있지만 법적 업무에는 반드시 자격증이 있어야 한다. 자격증이 있으면 자신이 맡은 일을 완벽히 할 수 있을까? 전문가는 부동산 거래의 모든 일을 꼼꼼히 파악하고 처리할까? 전문가는 투자자가 모르는 부분을 정직하게 밝히기도 할까? 전문가는 투자자의 정보 불균형의 약점을 악용하지 않을까?

미국 부동산 거래에서 투자자가 전문가에게 부탁하는 이유는 뭘까? 위험 부담을 줄이기 위해서다. 투자자는 자신이 모르거나 틀리게 알고 있는 정보를 바로 잡아 주는 역할을 전문가에게 기대한다. 초보 투자자에게는 미국 부동산 투자 과정이 낯설기도 하고 의심스러운 부분도 있고 자신의 결정이 바른지 확신이 서지 않으므로 전문가의 조언을 원한다.

그런데 전문가에게 완벽한 헌신과 철저한 전문성을 요구하면 투자자 본인만 상처받는다. 전문가가 자격증을 땄다고 해서 즉시 전문가가 되지는 못한다. 전문성을 갖게 되기까지는 경험, 노력, 시간이 필요하다. 전문가의 성실성은 오히려 비전문적인 인성과 관련 있다. 투자자는 전문가들이 갖고 있는 한계와 문제점을 인정하면서 도움을 받을 수밖에 없다.

또한 전문가들은 자신의 업무 처리에 이익이 되는 방향으로 투자자를 유도한다. 중개인은 계약이 성립되어야 복비(커미션)를 챙기기 때문에 눈에 띄는 문제가 없으면 구매자에게 굳이 말하지 않는다. 심한 경우에는 구매자가 초보이면 집의 구조, 위치의 중요 문제점도 전혀 언급하지 않고 구매를 추진한다.

구매자 변호사는 미국 부동산 구매시 판매자 측의 변호사와 협상을 주도할 수 있다. 하지만 귀찮아하는 변호사는 꼼꼼히 챙기지 않는다. 예를 들면, 인스펙션 결과가 나오면 수리할 내용을 몇 개 골라서 핵심만 요청해야 하는데 모두 수리해 달라고 판매자에게 전달하는 경우다. 그 결과, 판매자는 화를 내고 계약은 깨진다.

인스펙터는 집을 구석구석 검사해야 하지만 모든 문제를 발견하지는 못한다. 심지어는 10년 이상의 베테랑이어도 주택 토대(파운데이션)에 생긴 하자를 지나치기도 한다. 건축업자와 핸디맨은 자신들의 입장에서 공사하기 쉬운 방법으로 유도한다. 공사 비용은 최고로 잘된 상태를 가정해서 책정한 후 작업 방법과 재료를 바꾸어서 구매자를 현혹하기도 한다.

투자자는 전문가들이 성실하면서도 정직하게 일해서 자신의 부동산 투자를 성공적이고 안정적으로 이끌어야 한다. 초보 투자자에게는 어려운 숙제다. 도대체 어떻게 하면 가능할까? 전문가의 도덕적 해이(moral hazard) 문제는 해결할 수 있을까? 저자도 시행착오를 겪으면서 도움이 되는 방법을 발견하고 있다.

① 투자자는 부동산 구매의 전체 과정(total process)을 알고 있어야 한다. 시간순으로 어떻게 절차가 흐르는지 파악해야 한다. 인스펙션은 언제쯤 하는지, 은행 감정은 언제 나오는지 등 시간순으로 누가 무엇을 하는지 알아야 한다. 그래야 중개인, 변호사와 대화할 때 진행 정도를 눈치챌 수 있다.

② 미국 부동산 거래에서 사용하는 영어 단어와 표현을 어느 정도는 알고 있어야 한다. 컨틴전시? 컴프? 포인트? 조닝? 등 모르는 단어가

나오면 인터넷으로 검색해서 뜻을 숙지해야 한다. 전문가와 대화할 때 전문 용어를 자연스럽게 사용하면 좋다.

③ 전문가는 실력이 있건 없건, 신참이건, 고참이건 자존심이 강하다. 심지어는 자격증이 없는 건축업자도 자신의 분야에서는 자존심이 세다. 따라서 투자자는 전문가의 자존심을 인정해야 한다. 특별한 방법이 있다. 말로 인정하면 된다.

"○○○ 님은 전문가이시니까요. 잘 처리하실 거예요."
"역시 전문가이시니, 상황 파악이 정확하시네요."
아부하는 말 같지만 효과는 엄청나다. 그리고 건축업의 노동직 한인 사장을 대할 때는 '선생님'의 호칭이 좋다. '사장님'이라고 부르기보다는 '○○ 선생님'이라고 하면 존경의 뜻이 포함되어 있으면서도 분위기를 좋게 만드는 신비로운 단어가 된다.

④ 전문가에게 지식을 가르치는 듯한 말투와 훈계하는 조는 피해야 한다. 전문성과 경험이 없는 전문가라도 고객이 전문 지식을 지시하면 자존심에 상처를 입는다. 특히 야단치는 말투는 관계를 어색하게 만들 뿐이다.

전문가에게는 궁금한 느낌으로 질문하는 말투가 제일 좋다.
"제가 잘 몰라서 그러는데요, 이렇게 하면 좋을까요?"
말하고 싶은 내용을 그냥 질문한다고 생각하면 된다.
전문가에게 답변을 들은 후에는 칭찬을 잊으면 안 된다.

"역시 ○○○ 선생님은 전문가셔서 다르시네요."

⑤ 전문가와 싸울 생각은 하지 말아야 한다. 전문가가 형편없고 사기를 칠 위험이 있다면 관계를 끊으면 된다. 약속을 어기는 전문가에게는 일을 맡기지 말고 다른 전문가를 소개받는 편이 안전하다. 거짓말은 타고난 본성이어서 습관처럼 한다.

전문가는 자신의 업무에 완벽하지 않다. 사람이므로 성격에 따라서 꼼꼼하기도 하지만 적당히 건성으로 하는 전문가도 있다. 전문가는 고객의 업무를 처리하면서 자신의 이익과 편리함을 극대화한다. 투자자가 많이 공부하고 알아야지 부동산 투자를 성공으로 이끌 수 있다. 모르면 투자자는 비용만 지불하고 자신의 서비스를 제대로 받지 못한다.

(7) 인스펙션과 클로징 사이의 변화를 놓침: 집중! 또 집중!

판매자가 구매자의 오퍼를 수락하면 구매자는 인스펙션을 통해서 집을 좀 더 자세히 관찰한다. 수리할 부분이 있다면 변호사를 통해서 요청한다. 인스펙션 이후의 과정은 서류상, 이론상 진행된다. 투자자는 직접 눈으로 일일이 확인이 불가능하다. 단지 중개인과 변호사로부터 진행 상황을 들을 뿐이다. 투자자는 클로징이 되기 전까지는 계약한 집에 들어갈 기회가 거의 없다.

인스펙션 날짜와 클로징 날짜의 두 시간 사이의 긴 간격 동안 문제가 발생하기도 한다. 판매자는 클로징 날 바로 직전까지 거주가 가능하다. 짧으면 한 달이지만 길면 2~3개월 동안 판매자가 집에서 산다. 이 기간 동안 거주자는 집 상태에 나쁜 영향을 줄 수 있다. 물론 클로징 날에 최종 점검(파이널 워크쓰루)을 하면서 이상한 점을 발견할 수 있다.

파이널 워크쓰루는 판매자가 이사 간 후 집 상태를 점검하는 과정이다. 짐(물건)이 있었을 때와 비교하면 다른 느낌을 받는다. 심한 경우에는 '과연 내가 이 집을 구매한 게 맞을까' 의문이 들기도 한다. 가구가 사라진 공간에서 문제를 발견할 수 있다. 특히 벽 부분이 손상되는 경우가 종종 있다. 벽에 붙어 있는 액자, TV 등을 분리하면서 벽을 망가뜨리기도 한다.

파이널 워크쓰루를 할 때 구매자는 기쁨을 잠시 억누르고 집 상태를 다시 꼼꼼히 살펴봐야 한다. 전 주인 또는 세입자가 살면서 손상시킨 부분이 있는지 확인해야 한다. 중개인도 함께 참여해서 살피기는 하지만 문제점을 지적하지는 않는다. 클로징이 다 된 시점에 중개인은 그냥 지나치기 마련이다. 긁어 부스럼을 만들지 않는다.

구매자가 꼼꼼히 챙겨야 한다. 그런데 시간이 흘러서 기억이 가물거리기도 한다. 인스펙션할 때는 괜찮았는데 최종 점검 날 보니 문제가 있어 보이기도 한다. 그래서 인스펙션할 때 구매자가 사진을 찍어 둬야 안전하다. 세탁기, 냉장고, 가스레인지 등 가전제품은 모델 번호와 내외부 상태 사진을 촬영해 둬야 안전하다. 간혹 전 주인 또는 세입자가 이사 가면서 중고 제품으로 바꿔치기하고 가기도 한다. 인스펙션할 때는 냉장고가 좋아 보였는데 최종 점검 날에는 내부가 망가져 있는 경우도 있다.

문제점을 발견하면 즉시 중개인과 변호사에게 알려야 한다. 이때 바꿔 치기한 제품을 증명하기 위해서는 미리 찍어 둔 사진이 중요하다. 판매자가 아닌 세입자 살다가 이사 갈 경우 종종 이런 일이 발생한다. 저자도 경험한 일이어서 다음번에는 더욱더 신중하게 증거 사진을 확보하려고 한다.

13. 초보 투자자를 혼란시키는 패러독스

　부동산 투자에 관심을 갖고 조사를 하다 보면 여기저기서 듣는 부동산 명언이 있다. 부동산 세미나, 유튜브, 팟캐스트에서도 부동산 명언을 반복해서 듣게 된다. 부동산 투자로 성공한 선배 투자자들이 인용하면 전문성도 있어 보이고 신뢰성까지 갖춘 것처럼 보인다. 전문가와 부동산 업체도 명언을 인용하므로 초보 투자자들은 부동산 세계에서 떠도는 말을 진실로 받아들인다.

　명언을 듣고 있으면 부동산 투자는 결코 어려운 도전이 아니고 누구나 당연히 이룰 수 있는 일처럼 생각이 든다. 초보 투자자는 큰 용기를 얻고 자신감과 안도감을 갖는다. 부동산 투자의 성공은 좁고 힘든 길이 아니라 넓고 쉬운 길인 듯하다. 부동산 업체 대표의 주장을 따라서 투자자는 돈만 입금하면 모든 일이 술술 풀리고 금방 부자가 되는 환상을 품게 된다.

　하지만 주의할 점이 있다. 개별 투자자는 재정 상황, 신분 조건, 투자 목표 등이 모두 다르므로 획일적으로 단순화해서 적용하면 문제가 생긴다. 모든 투자자에게 똑같이 적용하면 맞지 않는다. 성급한 일반화의 오류에 빠져서 투자하면 자신의 경우에는 이론처럼 적용되지 않는 개별화의 한계를 맞이할 수 있다.

초보 투자자가 많이 듣고 혼란에 빠지게 한 부동산 명언을 정리했다. 저자도 한참 동안 초보 투자자에게도 맞는 주장이라고 착각하면서 지냈다. 부동산 명언대로 일이 이루어지기 위해서는 보이지 않는 조건이 반드시 갖춰져야만 가능하다. 초보 투자자는 욕심을 내지 말고 시간을 갖고 준비하는 자세가 필요하다.

(1) 미국 주택 투자는 지역을 뛰어넘어서 하라

자신이 거주하는 주(state)를 벗어나서 타주에 투자하면 이익이 높다는 의미다. 텍사스, 조지아, 아리조나에 주택을 구입해서 렌트를 하거나, 헌 집을 구매해서 리모델링을 하는 플립, 캘리포니아에 집을 구매해서 에어비앤비를 하면 안전하고 수익성도 좋은 부동산 투자가 가능하다. '미국은 넓고 투자할 곳은 많다.' 이 말을 듣는 초보 투자자는 흥분하기 마련이다.

미국 부동산 투자는 변호사가 개입해서 법적 처리를 하므로 다른 나라보다 상대적으로 안전하다. 부동산 정보도 공개되어 있으므로 일반인도 대부분 확인할 수 있다. 따라서 타주에 살면서 조지아, 네바다에 집을 구매하여 렌트 운영이 가능하다. 같은 다운 페이먼트로 투자할 경우 렌트 소득이 높은 주에 주택을 구매해서 패시브 인컴을 높이는 방법은 합리적이다.

미국 내에서만 국한되지 않고 한국에서 미국 부동산 투자도 가능하다. 미국은 외국인의 부동산 투자에 제한을 두지 않으므로 일정한 절차만 준수하면 미국에 집을 구매해서 수익을 얻을 수 있다. 각광받고 있는 투자 지역인 조지아 주의 애틀랜타, 네바다 주의 라스베이거스, 텍사스 주의 댈러스와 오스틴 등에는 외부인의 부동산 투자와 렌트가 늘어나고 있다.

뉴저지에 사는 저자가 이 말을 들었을 때 너무 기뻤다. 꿈에 부풀었다. 캘리포니아에 집을 사서 렌트와 에어비앤비를 하고, 텍사스 집값은 엄청 싸다고 하니 집을 두 채 구매해서 렌트를 운영할 수 있을 듯 보였다. 한국에서도 투자하는데 미국에 사는 한인은 오히려 식은 죽 먹기라고 생각했다. 부동산 웹사이트에서 집을 보고 구매와 렌트를 하면 된다고 단순히 추측했다.

그런데 구체적으로 어떤 지역의 어느 위치의 집을 구매해야 안전하고도 수익성 높은 투자가 될 수 있는지 알 수 없다는 문제가 있다. 같은 동네여도 도로를 기준으로 월세가 다르다. 집 스타일에 따라서도 옆집과 렌트비가 달라진다. 내가 살지 않는 다른 주와 먼 지역에 누구나 부동산 투자는 가능하다. 하지만 성공하는 사람은 드물다. 이윤은 포기하고 간신히 융자와 재산세를 내는 정도에 그치는 투자자가 흔하다. 투자한 집의 모기지를 갚기 위해서 아르바이트까지 하는 집주인도 있다.

부동산 투자에 자신감 넘치는 배짱 투자는 주변을 놀라게 하고 부러움을 받을 수 있지만 성공 여부는 다른 차원이다. 보이지 않는 여러 조건이 충족되어야 실패하지 않는다. 베테랑 투자자는 지역을 넘나들면서 투자해도 되지만 초보 투자자는 학습 시간이 필요하기 때문에 성공 환상을 잠시 눌러야 한다. 성공을 먼저 추구하기보다는 실패하지 않는 조건을 공부하면서 준비 기간을 거치면 성공이 오히려 가까워진다.

① 저자처럼 미국에 살고 있는 거주민인 경우는 자신의 주거지와 가까운 반경 안의 주택을 알아봐야 한다. 인터넷으로 조사한 후 직접 동네를 가서 확인할 수 있다. 동네 분위기, 이웃, 재해 문제 등은 집을 직접 보면서 느낄 수 있다.

② 저자는 차로 30분 안에 갈 수 있는 지역으로 좁혀서 투자했다. 구매 후 수리와 공사 현장을 직접 봐야 하므로 가까워야 출퇴근이 가능하다. 수리가 한 달 정도 걸리므로 가까울수록 좋다. 집을 자신의 몸과 같이 구석구석 알아야 사후 수리도 편리하다.

③ 세입자가 들어오면 약 한두 달 정도는 집에 생기는 자질구레한 문제를 처리해야 한다. 가까우면 집주인이 바로 가서 확인하면서 조치를 할 수 있다. 렌트 주택의 문제는 대부분 공휴일에 발생한다. 왜냐하면 세입자가 집에서 쉬는 날에 집에 오래 있으면서 문제를 발견하는 확률이 높기 때문이다.

④ 초보 투자자는 렌트 주택을 운영하는 방법을 배우기 위해서 가까운 곳부터 시작해야 한다. 경험을 쌓은 후 먼 지역으로 확장하면 된다. 성급하게 먼 지역에 집을 구해서 관리가 안 돼서 실패한 투자자의 이야기가 많다. 관리인을 사용한다고 해도 집주인이 집을 어떻게 관리해야 하는지 전체 윤곽을 어느 정도 경험해서 알 필요가 있다.

⑤ 지역을 뛰어넘은 부동산 투자가 성공하기 위해서는 투자자를 대신해서 관리해 주는 업체를 구해야 한다. 부동산 관리 회사(Property Management Company)는 세입자 선정부터 수리까지 처리한다. 월세의 5~10%를 비용으로 가져가므로 투자자의 이익이 줄어들기는 하지만 편하게 투자 주택을 관리할 수 있다.

한국에서 미국 주택을 투자하는 경우는 미국 거주 한인과는 다른 접근법이 필요하다. 미국에 자주 올 수 없으므로 처음부터 한인이 운영하는 투자 업체를 이용한다. 이런 업체는 투자 수익이 좋은 지역과 매물만 골라서 집중 투자 하므로 안전한다. 부동산 관리 회사는 투자할 주택 매물 소개부터 시작해서 송금 절차, 세금 문제 등 모든 관리 업무를 다루므로 편리하다. 단, 정직하고 전문성 있는 업체를 고르는 문제는 투자자의 몫이다.

(2) 캡 레이트(CAP rate)가 높은 지역에 투자하라

초보 투자자들의 최대 관심은 투자한 주택이 가져다주는 수익이다. 매달 들어가는 비용보다 순수익이 커야 투자한 보람이 있다. 그런데 어떤 주택에 투자해야 수익이 좋을지 막연하다. 숫자로 계산 가능하다면 투자자 입장에서는 편하다. 부동산 투자의 효과를 보여 주는 다양한 계산 방법이 많다. 그중에서 중개인과 투자자들이 제일 많이 이용하는 단어가 캡 레이트다.

자본 환원율(Capitalization rate)은 1년간 순수익을 주택 구매 금액으로 나눈 값이며 간단히 캡 레이트라고 한다. 캡 레이트가 높으면 투자 가치가 높은 부동산으로 평가한다. 유튜버, 중개인, 성공한 투자자가 쓴 책을 보면 어느 집에 투자할지 모를 경우에 캡 레이트가 높은 집을 추천한다. 마치 캡 레이트가 투자 기준과 방향을 제시하는 나침반 역할을 하는 듯하다.

그렇다면 캡 레이트가 높은 주택만 투자하면 될까? 초보 투자자는 부동산 투자를 마음에 두면 캡 레이트 계산을 주로 한다. 저자도 캡 레이트가 높으면 좋다고 해서 높게 나오는 주택을 주로 보러 다닌 적이 있다. 그런데 이상하게도 캡 레이트가 높게 나온 주택을 방문해서 보면 동네 수준이 떨어진다. 도로는 갈라져 있고 쓰레기는 방치되어 있으며 창문이 망가진 집이 많다.

같은 동네에서 캡 레이트를 비교해도 시설이 나쁜 집이 좋은 집보다 캡 레이트가 높게 나왔다. 캡 레이트가 높으면 투자하기 좋은 집이라고 하는데, 도대체 집 상태는 왜 다들 나쁠까? 저자는 북부 뉴저지에서 높은 캡 레이트를 자랑하는 동네는 모두 다녔다. 패터슨, 오렌지 시티, 이스트 오렌지, 사우스 오렌지, 어빙턴, 뉴왁 등. 집 상태도 문제이지만 이웃들의 험악한 인상에 압도당했다.

캡 레이트만 믿고 투자를 결정하면 초보 투자자는 감당할 수 없는 골 첫덩어리 주택을 구매할 위험이 크다. 캡 레이트 계산 방법은 부동산 자체의 수익 구조에만 초점을 맞춘다. 학군, 동네 분위기, 세입자 성향 등은 전혀 반영할 수 없다. 렌트 주택 투자는 월세만 중요하지 않다. 꾸준한 관리가 가능한지 여부가 훨씬 중요하다. 캡 레이트가 높은 동네의 집을 구매하면 세입자 수준이 떨어져 나쁜 세입자를 만날 확률도 높다.

저자는 1년 동안 캡 레이트가 높은 동네를 현장 답사했다. 그 결과 초보 투자자가 렌트 주택에 투자할 때는 캡 레이트에 마음을 빼앗기면 안 된다고 결론 내렸다. 캡 레이트보다는 현금 흐름(cash flow)을 투자 기준으로 봐야 안전하다. 캐쉬 플로우는 월세에서 모든 비용을 제외하고 실제로 투자자의 통장에 남게 되는 이익이다. 갚아야 하는 융자금도 비용으로 계산하므로 캡 레이트보다 투자자의 재정 상황을 정확히 보여 준다.

어떤 중개인은 캡 레이트 단어가 멋져 보여서인지 투자자에게 캡 레이트를 유일한 투자 기준처럼 말하기도 한다. 리스팅 에이전트는 집을 판매해야 하므로 캡 레이트가 높다고 자랑한다. 하지만 구매자 중개인이 렌트 주택 투자를 캡 레이트로만 평가하면 초보 투자자는 이런 중개인을 주의해야 한다.

렌트 주택 투자의 기준은 캡 레이트보다는 ① 캐쉬 플로우가 얼마나 되는지, ② 장기적으로 주택 가치 상승이 될지, ③ 대출 상환을 충분히 감당할 수 있는지, ④ 세금 혜택은 어느 정도인지가 더 중요하다. 캡 레이트의 편리한 계산 방법은 참고 정도만 해야지 절대적으로 신봉하면 초보 투자자는 위험에 빠질 수 있다.

(3) 언제든지 재융자 받으면 된다

주택 구매 시 지렛대 효과를 이용하는 방법은 융자다. 모기지는 부동산 투자의 핵심이다. 그런데 레버리지 효과를 보다 효율적으로 이용하는 방법으로 재융자(refinance)가 있다. 처음 받은 이자율 대신 새로운 낮은 이자율로 융자를 다시 출발하는 제도가 리파이낸스다. 기존 융자를 수정하는 게 아니라 새로운 융자로 출발한다. 재융자라는 단어보다는 새 융자가 어울린다.

예를 들면 이자율 7%에 융자를 얻었는데 이자율이 5% 내려가서 재융자를 받으면 5%로 다시 시작한다. 재융자를 이용해서 대출 상환금 부담이 줄어든다. 비용이 줄어든 만큼 투자자의 이익은 늘어난다. 그렇다면 언제든지 재융자를 받으면 좋지 않을까? 3개월 지나서? 6개월 지나서 재융자를 하면 될까? 초보 투자자가 착각할 수 있는 부분은 재융자가 아무 때나 하고 싶을 때 가능하다고 생각한다는 점이다.

융자 회사 담당자, 렌더(lender) 중에서 재융자를 쉽고 편하게 말하는 사람도 있다. 특히 이자율이 높을 때 융자를 재촉하면서 재융자를 받으면 되므로 걱정할 필요 없다고 주장한다. 과연 재융자를 받고 싶을 때 받을 수 있을까? 결코 쉬운 문제는 아니다. 재융자를 통해서 이익을 얻을 수도 있지만 손해를 볼 수도 있다. 재융자는 기존의 융자를 폐기하고 새로운 융자를 받기 때문에 예전 조건과는 다른 새로운 조건을 자세히 따져 봐야 한다.

재융자는 공짜가 아니다. 재융자 시 들어가는 비용도 고민해야 한다. 기존 융자 계약 해지 비용, 부동산 감정비, 변호사 비용 등이 새롭게 들어간다. 단순히 매달 내는 융자 상환금을 줄이려고 재융자를 했다가 이익은커녕 손해가 생길 수도 있다. 투자자 개인의 경제 조건에 따라서 재융자 이자도 다르므로 정직한 융자 전문가와 상담이 필요하다.

재융자를 할 때 투자자 본인이 비용을 지불하는 경우도 있지만, 모기지 이자율이 약간 높더라도 비용을 전혀 내지 않고 재융자를 받는 방법도 있으므로 비교 후 선택하면 된다. 재융자는 투자자가 공부한 만큼 효과를 볼 수 있으므로 융자 세미나에 참여해서 배우면 좋다. 저자는 높은 이자율에 집을 구매해서 이자율이 금방 내려갈 줄 알았다. 하지만 오히려 이자율이 올라가서 재융자 시기를 2년 후로 예측하고 있다.

(4) 어떤 집이든 구매하라! 집값은 언제나 올라간다

투자자가 주택 구매를 고민할 때 가장 많이 듣는 말이 있다.
"뭘 그리 걱정하세요. 집값은 올라가기 마련이에요.
지금 있을 때 그냥 구매하고 기다리면 집값은 상승해요."
주택 가격은 인플레이션을 반영하므로 조금씩 올라간다. 세월이 지나면 집값이 점점 오른다는 점은 사실이다.

그런데 의문이 있다. 집값이 오르는 현상과 집 판매 가격이 오르는 일은 같이 발생할까? 전체 집값이 오르면 자신의 집을 판매하고 싶을 때 자신의 주택의 판매 가격도 오를까? 집값이 항상 오른다면 굳이 집을 비교할 필요도 없지 않을까? 옆집도 오른 가격에 판매되었으니 내 집도 같은 가격에 판매될까? 왜 어떤 집은 가격이 오히려 떨어질까? 같은 골목의 비슷한 크기의 집인데도 집값 변동이 다를까?

어떤 집이든 구매하고 가만히 기다리면 안 된다. 전체적인 집값이 오를 때 자신이 투자한 집의 판매 가격도 오르기 위해서는 여러 조건을 지켜야 한다. 첫째는 주택은 구입 당시에 성공 여부가 어느 정도 판가름 난다. 장소, 학군, 교통 등을 조사하는 이유도 바꾸기 힘든 요소를 알아보기 위해서다. 집값이 결국에는 오른다고 해도 투자한 주택이 어디에 있는가에 따라서 결과는 달라진다. 좋은 집을 구매해야 안전하다.

둘째는 구매 후 꾸준한 관리가 뒷받침돼야 가치 상승이 가능하다. '좋은 위치와 학군에 있으니 내 집도 자동으로 덩달아 오르겠지' 생각하고 관리를 소홀히 하면 오히려 골칫덩어리가 된다. 처음에는 집 상태가 좋았는데 적절한 관리가 부족하면 집의 내외부 모습은 낡게 되고 세입자도 점점 나쁜 조건을 가진 사람들이 들어온다.

투자자는 어느 집이든지 돈만 있으면 구매할 수 있지만 투자한 집의 가치가 저절로 올라갈 거라는 환상은 버려야 한다. 집은 생명체다. 구매할 때부터 건강한 집을 선택하고 애정을 가지고 잘 돌봐야 주택 가치가 올라간다. 현재 거주하고 있는 세입자가 얼마나 애정을 가지고 집을 사용하는지도 중요하다.

(5) 부동산은 땅이 아닌 사람에게 하는 투자다

부동산은 땅과 건물에 투자하는 사업이다. 그런데 부동산은 사람에게 투자해야 한다는 말을 종종 듣는다. 돈을 벌기 위해서 땅에 투자하지 말고 사람에게 투자하라! 멋진 말이다. 이 주장의 이유를 들어 보면 모두 맞다.

첫째, 부동산 투자 정보와 관련 있다. 렌트 주택을 구매하기 위해서 투자자가 혼자서 열심히 인터넷으로 정보를 검색해도 한계가 있다. 부동산은 지역적(local)이고 한정적(limited)이기 때문에 현장에서 일하는 사람이 중요하다. 부동산 흐름 예측과 투자 방향 조언은 사람의 지혜와 직관에서 나온다.

둘째, 네트워크와 팀이 있으면 정보뿐만 아니라 투자 목표를 정하고 동기를 부여하는 데 좋다. 사람에게 투자한다는 의미는 부동산 관련해서 믿을 만한 사람들과 유대 관계를 만드는 행위다. 초보 투자자에게 사람은 부동산보다 소중하다. 그런데 사람을 믿고 사람을 우선순위로 둔다고 해도 부동산 투자에서 출발점은 역시 부동산 자체다.

투자자 자신에게 맞는 투자 방식을 발견하고 분수에 맞게 투자 규모를 정하고 시작해야 한다. 부동산은 사람에게 투자해야 하지만 사람의 이런저런 말에 휘둘러서 감정적으로 투자를 결정하면 위험하다. 투자의 최종 책임은 오직 투자자 자신의 몫이다. 투자는 부동산에 하되 부동산을 통해서 사람에게 투자하는 연결 고리를 만드는 게 바람직하다. 투자자가 부동산에 투자하면 수많은 사람들이 참여한다. 일과 관련해서 만나는 사람을 정성껏 대하면 사람이 부동산 투자의 자원이 된다.

(6) 렌트 수익은 없어도 시세 차익이 있으면 된다

렌트 주택을 구매하는 투자자는 두 가지 이익을 기대한다. ① 매월 들어오는 단기 렌트 수익을 바탕으로 하는 캐쉬 플로우와 ② 장기적 관점의 집값이 상승하는 시세 차익이다. 렌트 수익은 한 달을 단위로 얻는 패시브 인컴이며 시세 차익은 3년~5년 넘게 지난 후 생기는 가치 상승분의 이익이다.

두 가지 중에서 어떤 이익이 중요할까? 단기 캐쉬 플로우가 없더라도 집 값은 장기적으로 오르니 합리적인 투자일까? 큰 액수에 초점을 둔다면 시세 차익에 마음이 끌린다. 월세와 지출 비용이 비슷해서 매달 남는 순이익은 별로 없어도 언젠가는 오를 미래의 집 가격을 기대하는 게 옳은 투자일까?

저자가 오픈 하우스에 가면 리스팅 에이전트에게 월세를 얼마나 받을 수 있는지 물어본다. 월세 금액을 알게 되면 비용 계산을 한다. 매달 얼마만큼의 순이익이 나올지 예측한다. 그런데 현금으로 집을 구매하지 않고서는 월 수익이 나오지 않는 경우가 흔하다. 멀티 패밀리에 투자하는 목적이 패시브 인컴인데 집 판매 가격이 너무 높다. 저자는 리스팅 에이전트에게 계산 결과를 보여 주면서 투자가 불가능하다고 말한다. 이 순간 중개인들이 천편일률적으로 하는 말이 있다. "지금 당장 월세 소득은 없지만 집값이 오를 때 팔면 돈 많이 벌어요." 과연 이 말이 맞을까?

렌트 수익이 지출과 비슷하거나(이익=비용), 렌트 수익이 지출보다 적으면(이익<비용) 집값이 오를 걸 기대해도 문제가 발생한다. 렌트 사업을 하는 이유는 패시브 인컴을 발생시키기 위해서다. 렌트 주택에서 이익이 흘러나와서 투자자 통장으로 들어와서 쌓여야 한다. 투자와 투기의 다른 점이다.

단기 이익인 월세가 비용보다 적거나 같으면 투자자가 자신의 다른 수입으로 렌트 적자를 메꿔야 한다. 일단 좋은 주택만 구매하면 어떻게든 해결 가능할 듯하다. 그런데 수익이 없는 렌트 주택은 투자자 자본을 점점 잠식한다. 예기치도 못한 수리와 설치 일이 생기면 그나마 있던 비상금도 바닥이 난다.

단기 이익이 없는 렌트 주택 투자는 실패로 끝난다. 투자자는 정신적 스트레스를 겪는다. 부동산 투자를 꾸준히 이끌어 갈 수 있는 동기도 사라진다. 렌트 주택은 스스로 이익을 만들어 내는 공장이 되어야 한다. 월세가 충분히 비용을 덮어야 한다. 단기 렌트 이익은 계속 모아서 주택 관리에 쓸 수 있는 자금으로 준비해야 한다. 단기 이익이 없는 투자는 아슬아슬한 외줄 타기와 같다.

(7) 돈이 없어도 미국 렌트 주택 투자는 가능하다

집을 살려면 얼마가 필요할까? 렌트 주택으로 적합한 집은 싱글 패밀리의 경우, 40만 불 이상이다. 이 정도 가격이어야 방 3개의 양호한 집을 구해서 월세를 3,000불 전후 받을 수 있다. 20% 다운 페이먼트를 하고 기타 부대 비용까지 계산하면 10만 불 정도가 필요하다. 미국에서 살아 보니 10만 불 모으기가 상당히 힘들다. 특히 2030 세대는 더욱 벅차다.

그런데 돈이 없어도 미국에서 렌트 주택 투자가 가능하다고 하면 초보 투자자에게는 희소식이다. 저자도 기뻐서 세미나도 참여하고 팟캐스트 방송도 꾸준히 들었다. 그러던 중 궁금한 점이 생겼다. 투자자가 돈이 없다면 집값은 누가 지불할까? 융자 기관인 은행에서 대신 집값을 내준다. 100% 융자를 줄까? 설명을 들으면 100% 융자는 아니다. 처음 말과 달라진다.

미국 군인은 100% 융자가 가능하다. 한인 투자자 중에서 미국 군인이 얼마나 될까? FHA 융자는 3.5%만 다운 페이먼트를 하면 되므로 96.5%는 융자를 받을 수 있다. 은행 융자가 안 나오는 플립은 하드머니(hard money)를 빌려서 투자한다. 결국 평범한 투자자가 일반적인 방법으로 부동산 투자를 하기 위해서는 종잣돈(seed money)이 필요하다. 즉, 돈이 없으면 일반적이고 전형적인 렌트 주택 투자는 사실상 어렵다.

시간이 지난 후 알게 되었다. 내 돈이 아닌 '남의 돈'으로 렌트 주택 투자가 가능하다는 의미였다. 하지만 이 역시 초보 투자자에게는 그림의 떡이다. 가장 공격적이고 위험한 투자 방법의 영끌 투자가 바람직한 렌트 투자일까? 투자자 성향과 관련 있다. 저자는 아직 이 단계에 이르지 않아서 의문이다.

(8) 월세는 올리면 되므로 손해 볼 일이 없다

렌트 주택의 가치를 정하는 첫 번째 요소는 월세다. 자가용 주택과는 달리 렌트 주택은 월세가 얼마나 나오는지가 집 가치를 결정한다. 겉으로 비슷한 멀티 패밀리 집이 옆에 나란히 있는데 한 집은 월세를 총 4,700불 받는다. 다른 집은 총 월세가 4,200불 나온다. 월세만 봐도 주택 가격의 차이를 예측할 수 있다. 월세는 렌트 주택의 자존심이며 자부심이다.

렌트 주택은 월세 금액에 따라서 집 가치가 결정되며, 나중에 집을 판매할 때는 판매 가격에 영향을 준다. 따라서 투자자는 구입하려는 주택이 월세를 얼마나 받을 수 있는지 항상 확인해야 한다. 오픈 하우스에 가면 리스팅 에이전트에게 이 집의 월세가 얼마인지 확인해야 한다. 현재 세입자가 살고 있지 않다면 주변 집과 비교해서 월세가 얼마가 가능한지 물어봐야 한다.

후보 주택의 판매 가격과 비교해 볼 때 월세가 낮은 집이 있다. 패시브 인컴을 고려하면 투자 가치가 부족한 집이다. 이때 대부분의 중개인이 하는 말이 있다. "월세는 나중에 올리면 돼요." 정말 올리면 될까? 법적으로는 매년 몇 퍼센트로 월세를 올려도 된다. 그런데 투자자들의 공통된 의견은 다르다. 세입자가 살고 있는 동안은 월세를 올리지 않는다. 어쩌면 못 올린다.

세입자가 사는 동안에 월세를 못 올리는 이유는 이성적이기보다는 감정적이다. 월세를 올리면 세입자는 기분이 상한다. 저자도 월세를 살 때 집주인이 월세를 올렸다. 많은 액수는 아니지만 기분이 나쁘다. 집을 관리도 잘해 주고 조심스럽게 사용하는데 월세를 올려서 감정이 좋지 않게 된다. 사실 월세를 매년마다 올리는 건 주택의 감가상각을 고려해서 합리적이다.

월세를 올려서 기분이 상한 세입자가 이사를 나가면 어떤 일이 생길까? 집주인은 페인트칠, 카펫 청소는 기본이며 자질구레한 수리까지 해야 한다. 짧으면 한 달이지만 수리를 하다 보면 이상하게도 고칠 게 점점 늘어난다. 대부분 두 달은 걸린다. 세입자 구하는 시간도 포함하면 2~3달은 금방 지나간다. 이 기간 동안 월세는 없지만 집주인은 재산세와 융자금을 꼬박꼬박 내야 한다.

월세 몇백 불 올려서 이득 보려다가 오히려 큰 손해가 난다. 집주인들의 일반적 의견은 세입자가 좋은 사람이면 절대로 월세를 올리지 말라고 충고한다. 만약 나쁜 세입자를 내보내고 싶을 때 월세를 올리라고 조언한다. 즉, 법적으로 올릴 수 있는 최대 한도까지 올려서 나쁜 세입자의 기분을 상하게 해서 나가게 만드는 전략이다.

월세를 언제든지 집주인 마음대로 올리면 손해가 눈덩이처럼 부풀 수 있다. 따라서 세입자를 구하기 위해서 렌트를 등록할 때에는 가격 설정이 중요하다. 처음 정해진 월세는 세입자가 사는 동안 유지한다고 생각해야 한다. 착한 세입자의 감정을 존중해야 집주인에게도 좋다. 저자도 페어론과 엘름우드 파크 집의 월세를 이사 가기 전까지는 올리지 않을 생각이다. 신기하게도 세입자 역시 그렇게 알고 있다.

Episode:
초보 투자자와
사람들 이야기

저자가 뉴저지에서 렌트 주택을 투자하면서 만난 사람들과의 에피소드를 담았다. 지금은 웃음이 나오는 사건이지만 당시에는 심각하고 당황케 만드는 일도 있었다. 부동산 투자는 신비롭다. 저자는 땅과 건물을 구매했는데 이는 결국 사람과 연결된다. 어떤 사람을 만나서 투자를 진행하는가에 따라서 투자의 첫 단추를 잘 끼울 수 있고, 반대로 고생길로 들어갈 수 있다.

부동산 투자가 처음인 초보자는 여러 전문가와 건축업자의 먹잇감이 되기 쉽다. 자격증만 보고 덥석 믿고 일을 맡겨서 손해를 본 투자자도 있다. 같은 민족인 한인을 믿고 부동산 투자를 진행하면 안전할까? 언어가 통해서 마음이 편하긴 하지만 반드시 안전을 담보하지는 못한다. 역선택(逆選擇) 문제는 항상 숨어 있다. 좋은 집을 구매하기 위해서는 좋은 사람을 만나야 한다.

여러 사람을 만나면서 확신이 든 느낌은 유유상종(類類相從)이다. 같은 성향의 사람들이 서로를 끌어당겨서 끼리끼리 만나게 된다. 중개인이 허풍쟁이 성격이 강하면 주변 사람들도 이상하게도 비슷해서 과대 포장을 한다. 중개인이 정직하고 성실하면 소개시켜 주는 전문가들도 말수는 적지만 일 처리는 꼼꼼하고 똑부러지며 알차게 한다.

저자가 경험한 중개인, 건축업자, 렌트 지원자, 현재 세입자의 이야기를 통해서 렌트 주택 투자 뒤편에서 발생하는 에피소드를 전한다. 계약 과정의 바하인드 스토리이지만 구매 계약과 렌트 투자 전체에 영향을 주었다. 초보자(beginner)이기 때문에 겪은 이야기다.

14. 중개인이 초보 투자자 편이 돼야
    투자는 성공한다

(1) 사람다운 좋은 중개인은 어디서 만나나?

부동산 투자 중에서도 특히 렌트 주택 투자는 중개인이 중요하다. 정보의 한계, 인맥의 부족, 멘토의 부재 가운데 있는 초보 투자자는 중개인을 통해서 악조건을 극복할 수 있다. 초보 투자자 중에서 자신감과 의욕에 넘쳐 리얼터 없이 모든 일을 스스로 처리할 수 있다고 생각하기도 하는데 지뢰밭을 걷는 모험이다. 바람직한 에이전트를 만나야만 렌트 주택 투자는 제대로 된 길로 들어선다.

한국에서는 구매자도 복비를 부담하지만 미국(뉴저지)에서 구매자는 커미션을 전혀 지불하지 않는다. 판매자가 낸다. 심지어 렌트를 놓을 때도 집주인은 커미션을 내지 않는다. 세입자가 낸다. 따라서 구매자는 금전적 부담 없이 중개인의 도움을 적극적으로 활용해서 최대의 효과를 봐야 한다. 그런데 모든 중개인들이 구매자가 생각하는 인성(정직성), 전문성, 성실성을 가지고 있지는 못하다.

저자는 집을 보러 다니는 내내 담당 중개인이 없어서 마음 한구석이 허전했다. 오픈 하우스에 가면 리스팅 에이전트가 항상 물어보는 질문이 있다. "담당 중개인은 있나요?" 없다고 대답하면 판매자 측 중개인은 건성으로 구경하라고만 한다. 왜냐하면 중개인 없는 구매자들은 지금 당장 구매할 마음이 없는 구경꾼이라고 간주하기 때문이다. 마치 찬밥의 도토리 신세처럼 느껴진다.

중개인을 구하는 방법은 다양하다. 주변 사람들로부터 추천을 받아서 중개인으로 삼는 경우가 많다. 소개받으면 좋은 점이 많을까? 현실은 단순하지 않다. 소개받으면 중개인이 오히려 가볍게 생각하고 성실하게 일하지 않는 불상사가 흔하게 발생한다. 저자뿐만 아니라 다른 구매자도 대부분 같은 경험을 겪어서 마음이 상한 경우가 많다.

한인 신문 광고를 보고 얼굴 사진에 믿음이 가는 중개인을 만나는 경우도 있다. 저자도 처음에 해 봤다. 한인 시장에 가면 가판대에 교차로, 벼룩시장, 부동산 잡지가 있다. 광고에 나온 중개인을 보고서 연락했다. 광고지의 중개인은 저자가 초짜(newbie)인 줄 알아차리고 기찻길 바로 옆에 있는 허름한 집이 좋다고 계약을 추진했다. 저녁 9시에 전화해서 계약을 강요했다. 저자는 순간 호구(虎口)가 되었다. 다행히 주변 분들이 말려서 기찻길 옆집 구매를 포기했다. 지금 생각해도 아찔한 순간이다.

세미나와 중개인 사무실에서 만난 중개인은 한결같이 상냥하고 친절하다. 첫 집 구매자이거나 초보 투자자의 경우는 중개인의 따스한 웃음에 구세주를 만난 착각에 빠지기 쉽다. 구매자를 위하는 척하는 말솜씨, 성공했던 계약 건의 화려한 나열, 자신의 조언을 듣지 않아서 망한 구매자의 원망 등. 계속 듣다 보면 가스라이팅(gaslighting)을 당한다는 느낌마저 든다.

그렇다면 도대체 정직하고 성실한 중개인은 어디서 만날 수 있을까? 저자가 마지막으로 선택한 방법은 현장(現場)이다. 부동산은 땅과 건물이다. 바로 땅과 건물이 있는 장소에서 중개인을 찾자! 렌트 주택을 구매하기 2년 전부터 오픈 하우스를 매주 보러 다녔다. 특히 한인이 하는 오픈 하우스는 꼭 갔다. 왜냐하면 한인 중개인을 만나기 위해서다. 그러나 아쉽게도 현장에서 만난 한인 중개인은 대부분 친절하지 않았다.

저자가 타고 다니는 차가 오래되어 자금이 충분한 구매자처럼 보이지 않아서인지 중개인들의 반응은 시큰둥했다. 저자가 질문해도 대부분의 중개인들은 오히려 빨리 둘러보고 나가면 좋겠다는 표정이었다. 질문을 해도 중개인들은 적당히 대강 대답을 했다. 저자는 집을 찾는 일보다 중개인을 찾는 일이 더 힘들고 피곤했다.

저자 혼자서 집을 보러 다니다가 후배와 함께 다닐 때 드디어 저자가 찾던 중개인을 만났다. 여느 토요일과 마찬가지로 오픈 하우스를 보러 온 날이었다. 너무 일찍 와서 기다리고 있는데, 그러던 중 젊은 동양인 여성이 왔다. 검정색 양장 옷에 운동화를 신다니! 뭔가 맞지 않는 옷차림이었다. 저자와 후배가 기다리고 있는데도 불구하고 현관문을 두드리는 모습이 당돌해 보였다. 후배와 저자는 '새치기하면 안 되는데'라고 속삭였다.

후배가 중국인인지 한인인지 궁금해서 질문해 보니 한인이었다. 당시 젊은 중개인은 자신의 고객이 오지 못해서 핸드폰으로 동영상을 촬영해서 고객과 화상 통화를 하였다. 집을 직접 보러 오지 않는 구매자가 있어서 놀랐다. 현장에서 대화를 해 보니 말이 잘 통했고 솔직한 느낌을 받았다. 명함을 받고 다음 주에 한인 타운에서 만났다. 줄리아나 김은 저자와 후배의 중개인이 되었다. 드디어! 저자도 담당 중개인이 생겼다.

초보 투자자는 오픈 하우스를 다닐 때 집만 보지 말고 중개인을 주의 깊게 봐야 한다. 첫째, 대화를 하면서 인성을 파악한다. 둘째, 렌트 가격이 얼마인지 물어봐서 투자 마인드가 있는지 확인할 수 있다. 투자용 주택에 관심이 없는 중개인은 집을 팔 생각만 하므로 월세가 얼마나 될지 정확히 알지 못한다. 셋째, 중개 업무를 전업(full-time)으로 하는지 부업(part-time)으로 하는지 물어본다. 중개인은 반드시 풀타임으로 일하는 사람이어야 한다.

(2) 중개인은 가정 교사? 하브루타식 부동산 공부

중개인을 선정했다고 해서 투자자의 의무와 역할이 끝났다고 생각하면 안 된다. 중개인이 모든 일을 알아서 처리한다고 착각하는 구매자도 있다. 중개인이 구매자가 원하는 지역을 알아서 정해 주고 마음에 드는 집을 콕 집어서 가져오기를 기다리는 구매자도 있다. 하지만 중개인이 투자자의 마음을 속속들이 알고서 원하는 집을 소개할 수는 없다.

중개인이 투자자를 위해서 제대로 일할 수 있게 하는 방법은 꾸준한 대화다. 투자자는 집을 구매하는 목적을 정확히 말해야 한다. 애매모호하게 말하면 안 된다. 자가용인지 투자용인지, 단독 주택인지 다세대 주택인지, 학군이 중요한지 교통이 중요한지, 가격대는 얼마까지 가능한지 등을 중개인에게 알려야 한다. 대화도 기록을 남겨야 서로 확인 가능하므로 카카오톡, 문자 메시지, 이메일을 사용한다.

초보 투자자는 지역, 주택 유형 등 정보가 부족하므로 중개인과 꾸준히 의견을 주고받아야 한다. 배우는 자세가 필요하다. 초보 투자자는 모르는 내용에 대해서 그냥 넘어가면 안 된다. 중개인은 투자자보다 정보 접근력이 뛰어나다. 중개인은 자신이 속한 부동산 회사 동료들과 네트워크가 형성되어 있으므로 지엽적인 지역 정보를 도움받는다.

저자와 중개인은 마음에 드는 집을 발견하면 해당 동네를 공부했다. 왈드윅(Waldwick) 동네에 집이 나왔는데 40만 불대에 반듯한 모양이면서 고속도로도 가까워서 마음에 들었다. 월세는 얼마인지 조사를 하는데 특이하게도 렌트가 거의 없었다. 이상해서 자세히 알아보니 이 동네는 주민의 95%가 주택을 소유하고 있었다. 렌트 주택 투자자에게 좋은 소식일까?

동네에 주택 소유와 렌트 비율이 60대 40 정도는 되어야 렌트가 빨리 나간다. 소유 비율이 너무 높은 동네는 렌트를 원하는 고객이 별로 없고, 렌트를 해도 세입자가 오래 살지 않고 빨리 나간다. 이유는 월세를 부끄러워하기 때문이다. 교통이 좋고 학군도 중상층이지만 투자용으로는 나쁜 지역을 발견한 셈이다.

중개인과 함께 공부할 수 있다면 초보 투자자는 복 받은 사람이다. 공부가 가능한 분위기는 투자자가 만들어야 한다. 중개인도 겸손한 성격이어야 투자자와 같이 공부한다. 중개인이 자신만이 부동산 정보를 모두 알고 있다고 생각하면 투자자와 함께 공부하기 힘들다. 저자는 서로 묻고 답하는 유대인식의 하브루타 스타일의 대화가 큰 도움이 되었다.

(3) 현명한 중개인은 투자 범위를 좁혀 나간다

초보 투자자는 넓은 지역을 범위로 정하고 후보 주택을 찾는 습성이 있다. 인터넷 부동산 사이트에 올라온 집을 하나씩 보다 보면 여러 동네를 검색하게 된다. 점차 옆 동네로 조금씩 범위를 넓히게 된다. 그러다 보면 집에서 30분 넘는 동네 집도 좋아 보이고 1시간 거리는 충분히 관리할 수 있어 보인다.

저자도 초기에 오픈 하우스 범위가 점점 확대되었다. 처음에는 집에서 15분 거리 안에 있는 집만 봤다. 그런데 마음에 드는 집은 가격이 너무 비싸서 30분 거리까지 넓혔다. 미국에서 고속도로를 차로 운전해서 30분 걸리면 가까운 편은 아니다. 하지만 미국은 교통이 막히지 않으므로 30분이어도 운전이 편했다. 반경을 30분 거리로 하니 투자할 만한 집이 늘어났다.

점점 욕심이 생겼다. 살고 있는 버겐 카운티(Bergen county)를 벗어나서 다른 카운티까지 갔다. 차로 1시간 거리로 넓혔다. 1시간 운전해서 허드슨(Hudson) 카운티로 가 보니 멀티 패밀리가 즐비하게 널려 있었다. 다음에는 에섹스(Essex) 카운티, 모리스(Morris) 카운티…. 이러다가 뉴저지 끝까지 갈 기세다.

아무 생각 없이 차로 달리다 보면 한도 끝도 없어진다. 왕초보의 막무가내 자신감은 하늘 높은 줄 모른다. 집만 마음에 들면 거리는 아랑곳하지 않는다. 먼 곳에 있는 집도 당연히 구매 가능하지만 지속적인 관리는 무리다. 렌트 주택은 구매하는 일도 중요하지만 꾸준히 관리하는 일이 훨씬 중요하다.

초보 투자자일수록 여기저기 마음에 드는 주택을 중개인에게 말한다. 심지어는 원하는 집 두 채가 2시간 거리의 정반대 방향에도 있다. 렌트 주택을 투자하면서 신경 써야 할 일은 범위를 좁혀 나가야 한다. 미국 전체에서 주를 정하고 다음에는 카운티를 정하고 도시로 좁혀 나간다. 도시를 정하면 도시 안에서도 위치에 따라서 관리 가능성을 따져 봐야 한다. 처음에는 좁혀서 투자하고 경험, 노하우, 에퀴티(equity)가 쌓이면 그때 조금씩 범위를 넓히면 된다.

현명한 중개인은 투자자와 함께 투자할 지역의 범위를 좁혀 나가는 노하우를 가지고 있다. 초보 투자자가 관리 능력도 없이 먼 곳의 집만 보면 설득도 해야 한다. 이 과정에서 투자자와 중개인의 신뢰 관계가 형성되어 있어야 한다. 파트너십은 상호 믿음 안에서만 가능하다. 저자는 중개인을 잘 만난 덕분에 좋은 렌트 주택을 두 채나 건진 행운을 잡았다.

15. 정직한 건축업자는 하늘이 내린 복이다

(1) 초보 투자자를 애태우는 건축 관행

주택을 구매하고 나면 걱정거리 1순위는 집수리와 리모델링이다. 왜냐하면 건축업자 때문이다. 건축업자가 어떤 성향인가에 따라서 똑같은 자재를 이용해도 공사 결과는 천국과 지옥을 오간다. 성실하고 야무진 건축업자를 만나면 신속하고 깔끔하게 공사가 마무리된다. 공사가 빨리 끝나고 렌트 광고를 해야 세입자도 들어오고 월세를 받아서 재산세와 대출금을 충당할 수 있다. 수리가 지연되고 엉터리로 되면 공사비는 썼지만 렌트 투자의 최종 목표인 렌트는 늦어지고 공실률이 늘어나면서 손해는 눈덩이처럼 불어난다.

한인 투자자는 언어가 같은 한인 건축업자를 주로 이용한다. 영어를 잘하는 구매자는 미국인, 남미인 업자를 고용하기도 한다. 인종에 따라서 결과가 특별히 달라지지는 않는다. 남미인이 기술이 부족하고 약속을 지키지 않는다고 알려졌지만 의외로 성실한 남미인도 있다. 백인은 꼼꼼하다고 생각되지만 동구권 백인 건축업자는 건성으로 하는 사람도 꽤 있다. 좋은 건축업자를 만나는 일을 로또(복권)에 비유하기도 한다.

미국에서 건축 공사 비용은 고무줄과 같다. 건축업자마다 천차만별이다. 공사 경험이 없는 초보 투자자는 수리비 폭탄을 맞기 쉽다. 비용을 높게 받으면 건축업자가 책임을 지고 공사를 마무리할까? 안타깝게도 아니다. 비용을 많이 준다고 해도 건축업자의 성격에 따라서 공사의 완성도는 천차만별이다. 오히려 정직하지 못하고 불성실한 업자가 가격은 터무니없이 높게 부른다.

건축업자는 투자자가 자재 특성과 자재 비용을 잘 모른다고 파악되면 견적은 높게 하고 자재는 중하급으로 사용해서 이중 이득을 취한다. 견적을 낼 때는 분명히 새 제품으로 하기로 했는데 간혹 다른 곳에서 공사하다 남은 부품과 중고품을 사용하는 건축업자도 있다. 이유를 물어보면 이 경우에는 이 제품을 써도 된다고 변명을 한다. 중고품을 써도 공사비를 빼 주지도 않는다.

공사 기간을 잘 지키지 않는 사실은 건축 관행으로 정착되었다. 언제까지 수리를 한다고 약속해도 오지 않는 경우도 흔하다. 공사를 하다가 도망가는 건축업자도 있다. 할 줄도 모르면서 덥석 공사를 맡아서 집을 수리하는 게 아니라 고장을 내기도 한다. 본인의 실수는 절대로 인정하지 않는다. A/S는 전혀 통하지 않는 건축업자가 태반이다.

건축업자 중에서 공사를 마치고 나서 쓰레기를 치우지 않고 쌓아 두고 가 버리는 사람도 꽤 있다. 공사비에 건축 폐기물을 치우는 비용이 포함되었음에도 불구하고 비양심적인 행동을 저지르기도 한다. 건축업자는 각자 잘하는 분야가 있지만 일단 모두 잘할 수 있다고 하면서 맡는다. 이런 건축업자는 엉성한 실력으로 수리해서 집 전체를 흉하게 만들기도 한다. 나쁜 건축업자의 실제 사례는 한도 끝도 없을 정도다.

그렇다면 수리를 포기하고 렌트를 놓아야 할까? 그럴 수는 없다. 새집을 구매하지 않은 이상 미국 집은 80년이 넘는 경우가 흔하다. 수선은 선택이 아닌 필수 사항이다. 저자도 3곳의 집수리 과정을 경험해 보니 좋은 건축업자와의 만남을 가장 큰 축복으로 생각하게 됐다. 건축업자를 알아보는 일은 집 구매 전부터 준비해야 한다.

(2) 정직하고 성실한 건축업자를 만나야 투자도 성공한다

에스크로 클로징 날을 전후로 투자자는 만나는 사람이 달라진다. 렌트 주택 구매 전에는 사무직이었다면 구매 후에는 육체 노동직 일과 관련 있다. 중개인과 변호사는 구매 계약이 끝나면 투자자와 만나는 횟수가 줄어든다. 반대로 건축업자와 핸디맨은 집을 구매하자마자 만남이 증가한다. 수리할 부분이 계속 발견되면 몇 개월 동안 만나기도 한다.

건축업자를 만나는 방법도 여러 가지다. 중개인에게 소개받는다. 중개인이 리모델링에 관심과 경험이 풍부해서 좋은 건축업자를 알면 편하다. 중개인으로부터 이미 검증된 건축업자를 소개받으므로 믿고 공사를 진행할 수 있다. 하지만 건축업자가 중개인에게는 잘해 주지만 다른 사람에게는 무성의하게 일하는 경우도 있다. 투자자가 주의 깊게 보면서 확인해야 한다.

평소에 만나는 투자자들의 네트워크에 물어봐서 도움을 받는 방법도 좋다. 투자자들 사이에서는 특정 건축업자의 성실함과 정직성에 대한 평가가 이루어지고 있다.

'조 사장은 늦장 부리고 꼼꼼하지 못해요.'

'이 사장은 할 줄도 모르면서 일만 벌이고 망치기만 해요.'

'김 사장은 역시 완벽해요. 사후 처리도 잘해 줘요.'

렌트 주택 주변에 공사하는 곳이 있는지 다녀 본다. 공사하는 집이 있다면 방문한다. 현장에서 직접 건축업자를 만나서 대화를 한다. 정직성과 성실성을 확인할 수 있다. 또한 공사를 하는 직원들의 느낌과 완성 정도를 볼 수 있다. 투자자의 주소를 알려 주면서 견적을 바로 요청 가능하다.

저자는 소개받은 건축업자가 불성실했던 경험도 있다. 담당 중개인은 한인 업체를 알지 못해서 도움을 받지 못했다. 뜻밖에도 보안 카메라 업체로부터 소개받았다. 그 덕에 책임감 있는 건축업자를 만나서 지붕, 화장실, 바닥 공사 등을 완벽하게 마무리했다.

(3) 건축업자와 건전한 관계 만들기

건축업은 정신적, 육체적으로 힘든 노동직이다. 투자자는 건축업자가 자신이 투자한 집을 건강한 모습으로 바꿔 주는 일에 감사함을 가져야 한다. 건축업자의 서비스가 없다면 부동산 투자는 불가능하다. 하지만 나쁜 건축업자는 걸러 내야 한다. 투자자로서는 공사 이외에 심리적 요소까지 신경 써야 하는 복잡한 문제다.

건축업자와 수리할 부분을 대화할 때 말로만 하면 안 된다. 시간이 지나면 서로 기억나는 부분에 차이가 생겨서 오해가 발생한다. 종이에 적어 가면서 어떤 부분을 어떻게 공사할지 목록을 만들어야 한다. 컴퓨터로 작성하면 좋지만 현장에서는 손글씨로 작성해도 된다. 핸드폰으로 내용을 사진 찍어서 건축업자와 공유하면 오해의 소지를 줄일 수 있다.

건축 대금은 절대로 먼저 주면 안 된다. 공사비는 3차례에 걸쳐서 주는게 관행이다. 공사를 시작할 때 1/3을 주고, 공사가 60% 정도 진행되면 또 1/3을 준다. 마지막으로 공사가 완료되고 쓰레기까지 다 치운 상태를 확인하고 1/3을 준다. 아는 사람에게 소개받았다고 미리 주면 공사를 대충 하므로 주의해야 한다. 긴장의 끈을 놓으면 안 된다.

공사비는 투자자에게는 비용 요소이므로 수표로 결제해야 증거가 된다. 그런데 건축업자가 현금 결제를 원하면 타협이 필요하다. 수표와 현금을 반반씩 결제하는 방법으로 절충해야 한다. 건축업자의 자존심을 건드리지 않으면서 정중하게 처리해야 한다.

저자는 뉴저지에서 3차례 집 공사를 하였다. 첫 번째와 두 번째 공사는 좋은 경험을 하지 못했다. 건축업자가 처음에는 친절하게 대하면서 잘해 줄 것같이 했지만 공사도 제대로 마치지 못하고 중지했다. 그렇다고 공사 대금의 일부를 되돌려주는 것도 아니다. 물론 아는 사람의 추천을 받은 핸디맨이었지만 끔찍한 경험이었다.

세 번째 공사를 할 때 드디어 좋은 건축업자와 팀을 만났다. 공사도 깔끔히 되었고 담당 사장님의 인품도 좋아서 건축 이외의 일에도 많은 도움을 받는 관계가 되었다. 저자도 다른 투자자에게 건축 사장님을 소개시켜 드리고 있다. 공사와 수리는 손기술도 중요하지만 마음이 더 중요하다. 즉, 사람의 인격이 공사의 품격을 좌우한다.

16. 세입자가 행복하면
건물주가 행복해진다

(1) 세입자 선정 기준의 변동: 내 마음대로 안 된다

　페어론 집을 렌트 등록할 때 저자가 기대한 세입자가 있다. 목표 세입자(target tenant)를 미리 마음에 두고 있었다. 페어론은 학군도 좋고 방이 3개인 아담한 집이므로 젊은 부부와 어린 자녀가 들어오리라고 예상했다. 지원자 중에서 조건에 맞는 가족도 있었지만 처음에 지원했던 청년 세 명을 세입자로 정했다.

　세 명의 객관적인 조건은 좋지 않았다. 대학을 졸업하고 학생 융자가 있어서 신용 점수는 700점을 넘지 못했다. 그들은 작은 강아지 1마리와 토끼 1마리를 키우고 있다고 했다. 이름은 에릭(25살 남자), 앨리(26살 여자), 매튜(24살 남자)다. 인터뷰하는 날에 만나 보니 예의가 바르고 성품도 좋게 느껴졌다. 다만 나이도 다르고 구성도 남녀여서 여러 가지 질문을 했다. 뉴욕시에서 뉴저지로 이사 오는 이유는? 뉴저지로 이사 오면 출퇴근 교통은 편한지? 토끼는 키우기 쉬운지? 혹시 연인 관계가 아닌지? 파티를 좋아하는지?

　다른 지원자들도 만난 후 담당 중개인과 대화하면서 후보 지원자를 걸러 내는 작업을 했다. 가족 단위의 세입자가 가장 좋지만 청년 세 명을 세입자로 최종 결정했다. 처음에 정한 기준이 바뀌었다. 주변 사람들은 일반적인 가족 단위가 아니어서 안전한지 의문을 품었다.

두 번째 렌트 하우스인 엘름우드 파크 집도 일반적인 가족이 입주하기를 소망했다. 그런데 문제가 발생했다. 이사 철이 지난 10월부터 렌트를 광고해서 가족 단위 지원자가 별로 없었다. 한인 가족 지원자도 있었지만 한인 타운과 거리가 멀다고 지원을 철회했다. 결국 학군, 이사 철, 한인 타운에 영향을 받지 않는 청년들의 지원을 수락했다. 고속도로로 바로 진입 가능한 위치여서 출퇴근이 편한 점이 어필이 되었다.

청년들은 뒷마당이 예쁘다고 좋아했다. 모두 24살이며 직장도 근처에 있고, 신용 점수도 760점 이상이어서 만족한다. 케빈(24살 남자), 케리(24살 여자), 알몬드(24살 남자), 메건(24살 여자)이 새로운 세입자가 되었다. 네 명 모두 같은 대학을 나온 친구들이다. 대학을 갓 졸업했는데 크레디트 스코어가 좋아서 놀랐다. 부모님이 등록금을 모두 내서서 학생 융자가 없었던 게 그 이유다.

엘름우드 파크 집은 두 채(2unit)로 되어 있는 다세대 주택이다. 먼저 왼쪽 집에는 네 명의 청년들이 먼저 입주했다. 오른쪽 집에는 가족이 들어오길 은근히 기대했다. 그런데 이곳도 24살 청년 두 명이 세입자로 들어왔다. 존(24살 남자, 병원 인사과)과 매튜(24살 남자, 사진작가)가 입주했다.

투자한 렌트 주택에 20대 청년들만 세입자로 들어오니 저자의 생각도 바뀌었다. 세입자를 가족으로만 한정할 필요가 없어졌다. 지금은 사회 초년생인 청년들(MZ 세대)을 1순위 세입자 후보로 생각한다. 걱정한 바와는 달리 청년들은 집 내부에서 신발을 벗고 생활한다. 분리수거도 잘하고 있다.

(2) 집 앓이: 집과 세입자가 서로 맞춰 가는 과정

클로징을 마치고 집 열쇠를 받으면 투자자는 드디어 합법적인 집주인 신분으로 바뀐다. 투자자는 세입자를 맞이하기 전에 수리와 청소를 한다. 세면대와 샤워실의 물은 잘 나오는지 확인하고 고장 난 부분은 수리한다. 세탁기와 건조기는 잘 작동되는지 돌려 본다. 부엌에는 4개의 가전제품이 있다. 냉장고, 가스레인지, 식기 세척기, 전자레인지를 모두 깨끗하게 닦고 정상적으로 돌아가는지 살펴본다.

저자도 세입자가 들어오기 전에 만족할 만한 수준으로 집 내외부를 고쳤다. 페인트칠은 기본으로 했다. 세입자가 집을 방문했을 때 첫인상을 좋게 하기 위해서 잔디도 깔끔히 깎았다. 지하실은 전 주인들이 가꾸지 않아서 험악한 상태였지만 페인트를 말끔히 칠해서 아늑한 공간으로 변했다. 한 달 정도 걸려서 수선을 하니 생활하는 데 아무런 문제가 없어 보였다.

그런데 투자자 입장에서 보기에 완벽하게 준비를 해도 세입자가 들어와서 살기 시작하면 문제가 하나둘씩 생긴다. 물속에 가라앉아 있던 앙

금이 떠오르듯 이상하게 문제가 수면 위로 떠오른다. 세입자가 이사 오고 두 달간 집은 집 앓이를 한다. 집은 생명체다. 새로 들어온 사람과 서로 적응하는 시간이 필요하다. 저자의 경험으로는 두 달 정도가 집과 세입자가 서로를 알아 가는 기간이다.

새로운 세입자가 들어오자마자 문제가 생기면 집주인은 어떻게 반응해야 할까? 수리도 다 했는데 고장 나다니, 세입자 잘못이야! 세입자가 험하게 사용하나 봐! 수리 비용 들여서 고쳐 놨는데 다시 고쳐야 하다니 속상하네! 분명히 잘 작동했는데 이상하네! 세입자가 사용 방법을 모르나 봐! 투자자의 머릿속에는 온갖 상상이 넘쳐 난다. 좋은 쪽보다는 나쁜 쪽으로 상상한다.

저자의 페어론 세입자는 이사 오고 보름 후에 보안 카메라가 안 된다고 연락했다. 집을 구매하기 전에 분명히 카메라가 작동되는 것을 확인했는데 망가졌다. 2주 후에는 세탁기 옆의 물통이 막혔다고 문자 메시지를 보냈다. 3주 후에는 냉장고의 냉동고가 작동되지 않는다고 했다. 4주 후에는 냉동고 안에 있는 얼음 기계가 얼음을 만들지 않아서 연락했다. 반복 고장도 있었다.

엘름우드 파크의 집의 세입자도 두 달 동안 연락을 많이 했다. 이사한 다음날에 뒷마당에 있는 가로등에 불이 오지 않는다고 했다. 헛간 위의 조명도 들어오지 않는다고 했다. 뒷마당에 있는 구멍으로 지하실에 물이 스며들면 위험하다고 연락 왔다. 연기 감지 알람이 지하실에서 울린다고 했다. 지하실에 있는 선반이 삐걱거린다고 연락 왔다. 인터넷 허브 박스가 없다고 연락 왔다. 블라인드 고리가 부서져서 블라인드를 사용할 수 없다고 했다. 세탁기의 물이 빠지지 않아서 빨래를 못 한다고 연락 왔다. 온도 조절기가 작동하지 않아서 춥다고 연락 왔다.

이외에도 자질구레한 문제가 있을 때마다 연락이 왔다. 저자는 세입자와 핸드폰 문자로 연락을 주고받는다. 두 달 동안 메시지 도착 알림이 거의 일주일에 한 번꼴로 울렸다. 제품도 새거고 수리도 마쳤는데 정말 아리송했다. 집 앓이 기간은 두 달이다. 두 달이 지난 후에는 더 이상 문제가 생기지 않고 있다. 초보 투자자는 세입자가 들어오고 두 달 동안은 마음의 준비를 단단히 하고 있어야 한다.

(3) 집주인의 반응 속도: 세입자의 마음 헤아리기

세입자가 문제가 있다고 알려 온 내용 중에서 고장이 아니라 사용 방법을 몰라서 고장으로 착각한 경우도 많았다. 고장이건 아니건 세입자가 문제를 알리면 집주인은 어떻게 대처해야 할까? 이 부분은 집주인마다 의견이 분분하다. 시간을 갖고 천천히 반응해야 세입자가 계속 요구하지 못한다고 주장하는 집주인도 있다.

최대한 느리게 대답하고 천천히 수리하는 집주인도 있다. 페어론에 입주한 세입자 청년들이 살았던 아파트는 창문이 깨졌는데도 집주인이 5개월 동안 수리하지 않았다고 해서 놀랐다. 엘림우드 파크에 이사 온 세입자 청년들도 예전 주인은 고장 소식을 들으면 짜증만 내고 고쳐 주지 않았다고 했다.

집주인마다 생각이 달라서 누구의 의견에 따를지는 투자자 본인이 결정해야 한다. 저자는 '세입자의 행복'을 목표로 정했다. 나와 내 가족이 살면 과연 불편함이 없을까? 문제를 발견해서 집주인에게 알렸는데 답변이 없으면 기분이 어떨까? 집주인이 수리한다고 대답만 하고 감감무소식이면 어떻게 하나?

저자는 세입자가 문제가 있다고 핸드폰 문자로 연락이 오면 즉시 답변한다. 먼저 '불편함을 줘서 미안하며, 전문가에게 알아보겠습니다.'라고 대답한다. 그리고 빨리 전문가에 연락해서 어떻게 하면 좋을지 물어본다. 저자가 직접 수리할 수 있는 수준이면 저자가 작업을 한다. 전문가가 필요하면 방문 약속을 잡는다. 세입자와 시간을 조정해서 방문 날짜에 여유를 둔다.

부동산 관리 회사를 사용하지 않는 저자는 모든 문제에 하나씩 반응해야 했다. 처음에는 자신이 없었지만 신속한 답변으로 양해를 구하면 세입자는 모두 이해했다. 세입자가 들어오고 전기, 보일러(히팅), 창문, 세탁기, 블라인드, 알람, 배수구 등에 문제가 발생했다. 저자는 대부분 3일 안에 전문가와 함께 방문해서 수리했다.

간혹 시간이 걸리는 일은 처리 절차를 자세히 세입자에게 설명해서 마음을 편하게 해 준다. 전문가와 핸디맨이 도착하는 날에는 미리 문자로 도착 시간을 알려 준다. 가끔 업체에서 약속을 어긴 경우가 있다. 깨진 창문을 수리 맡긴 업체가 연락도 없이 오지 않았다. 그럴 때는 이유를 설명하고 업체 변경과 재방문 일정을 자세히 알려 준다.

세입자는 집주인의 무응답과 무반응을 제일 두려워한다. 집의 고장 난 부분 때문에 짜증을 내지는 않는다. 사람이 살다 보면 망가져서 수리하는 일은 언제나 일어나기 때문에 정상적인 상식을 가진 세입자는 충분히 이해한다. 문제는 집주인이 어떻게 처리하는지와 어느 정도 시간이 걸리는지가 중요하다. 집주인은 모든 고장 난 부분을 직접 수리할 수는 없지만, 답변은 직접 신속하게 해야 한다.

다양한 미국 부동산 투자 방법 중에서 렌트 주택으로 방향을 정하기만 해도 투자의 50%는 성공한 셈이다. 물론 다른 투자 방법의 가치를 깎아내리는 의미는 아니다. 미국에서 투자하면 주식 투자가 1순위다. 따라서 부동산 투자는 생각조차 하지 않는 사람들이 대부분이기 때문이다. 그리고 부동산 투자로 방향을 정해도 렌트 주택 투자는 여러 방해 요소로 인해서 망설인다. 따라서 수많은 장애물을 뛰어넘고 렌트 주택 투자에 뜻을 세웠다면 정신적으로 이미 승리한 투자자다.

현실적으로 미국에서 영어가 서투른 한인 이민자가 주택을 구매해서 수리하고 세입자를 찾는 과정은 결코 쉽지 않다. 주변에 아는 부동산 관련 전문가를 전혀 모르는 상태에서 어떤 정보가 중요한지도 가름하기 힘들다. 초보 투자자는 투자를 하기에 앞서서 목표와 방향을 정해야 하는지 모르기도 한다. 유튜브의 부동산 채널을 보면 자신감도 생기고 정보가 쌓이는 듯하지만 실제로 적용하면 상황은 달라진다.

초보 투자자는 먼저 차분히 공부하는 시간이 필요하다. 멘토가 없어도 걱정할 필요는 없다. 오히려 아무도 없는 상황을 인정하고 출발하면 장점이 많다. 먼저 미국 부동산 투자 관련 책을 읽어야 한다. 유튜브에도 정보가 있지만 1권의 책을 처음부터 끝까지 읽으면서 얻는 깊이는 다르다. 초보 투자자는 렌트 주택 투자의 전체 과정의 흐름을 먼저 파악하는 게 중요하다.

미국 부동산 투자를 꼼꼼히 설명한 선배 투자자들의 책을 보면 된다. 한인 투자자가 출판한 책은 없지만 아마존에서 미국인 투자자들이 쓴 책은 많다. 영어 책이어서 저자는 처음 읽을 때는 사전을 찾느라고 시간이 오래 걸렸다. 1권을 택해서 3번 정도 읽은 다음 다른 저자가 쓴 책을 읽는다. 중복되는 내용도 있지만 저자들만의 투자와 관리 노하우를 배울 수 있다.

책을 읽고 부동산 투자의 전체 흐름의 감을 잡아 가면서 유튜브의 한인 부동산 채널을 보면 도움이 된다. 유튜브 동영상은 조각 지식을 전해 주므로 부동산 투자의 어느 부분에 해당하는지 퍼즐을 맞춰 가면서 봐야 한다. 영어로 읽은 책을 한글 유튜브로 보면 이해의 깊이가 더해진다. 둘 중 하나에만 치중하면 정보 왜곡과 오류에 빠질 수 있다. 조화롭게 찾아가면 도움이 된다. 렌트 주택을 바라보는 관점과 접근 방법이 한인과 미국인에 따라서 차이가 있어서 신기하다.

그리고 렌트 주택 투자 공부의 꽃이라고 할 수 있는 임장(臨漳)이 있다. 부동산을 인터넷으로 보면서 반드시 현장을 답사해야 한다. 렌트 주택 투자는 집과 땅을 구매하기 때문에 눈으로 보고 손으로 만지고 냄새를 맡아야 한다. 저자는 혼자서 시작했으므로 오픈 하우스 방문을 홀로 다녔다. 평소에는 볼 수도 없는 여러 유형의 주택 구조를 만날 수 있기 때문에 이는 살아 있는 체험형 학습이다.

저자는 부동산 투자에 도움이 될 듯해서 건축 노동일도 했다. 특별한 기술이 전혀 없었기 때문에 막노동부터 했다. 시멘트 바닥을 정과 망치로 깨는 작업, 화장실과 부엌 벽에 붙어 있는 타일을 떼는 일부터 배웠다. 벽 안에는 여러 파이프가 감춰져 있어서 놀랐다. 가구 만드는 일을 하면서 끌, 사포질, 망치 다루는 법을 배웠다. 천장과 모서리에 몰딩할 때는 방과 거실 전체 분위기 바뀌어서 신기했다. 잠시나마 경험한 현장 노동일은 육체 노동자의 마음을 이해하는 데 도움이 되고 있다.

저자가 뉴저지에 렌트 주택을 구매한 지 1년이 지났다. 이제서야 폭풍 전야같이 긴장되고 정신없이 바쁜 일은 사라졌다. 렌트 주택 투자의 대표적인 특징은 패시브 인컴(passive income)이다. 특히 패시브가 핵심이다. 다른 것의 작용을 받아 움직이는 수동(受動)과 힘을 들여서 일하지 않는 불로(不勞)가 중요한 의미다. 과연 이렇게 되었을까? 정말로 가능할까?

저자는 세입자가 들어오면서 오히려 자잘하게 고칠 일도 늘어났다. 모인 돈이 계속 나가니 패시브 인컴이 과연 가능한지 의문도 들었다. 두 채의 렌트 주택의 한 달 캐쉬 플로우를 모아 두어도 수리하면 리저브(예비금)는 바로 사라진다. 또한 저자는 부동산 관리 회사를 사용하지 않고 직접 관리를 하므로 세입자가 연락하면 직접 운전해서 찾아가는 능동적인 노동을 하고 있다. 저자는 패시브 인컴이 아닌 액티브 인컴(active income)을 선택한 듯한 착각도 든다.

그렇게 1년이 지나서야 안정적이게 되었다. 한 달에 한 번 월세를 받기 위해서 세입자를 만나는 정도다. 지금은 장기 수선 계획을 세우는 단계로 접어들었다. 장기 수선은 건물의 보존 상태를 유지하기 위해서 필요한 작업이다. 지붕 물받이 처마에 낙엽이 쌓이지 않게 하기 위해서 망을 씌우는 작업, 화단 둘레를 돌을 쌓아서 보기 좋게 만들기, 진입로를 확장해서 주차 구역을 2대 확장하기 등. 그런데 문제는 돈이 꽤 들어가는 공사여서 바로 시작할 수는 없다. 지출에 대한 마음의 준비만 하고 있다.

미국 땅에 주택을 구매해서 렌트하는 사업은 장점이 많다. 세계 제1위 국가의 땅을 소유하는 건물주가 될 뿐만 아니라 미국 정부의 세제 혜택으로 임대 사업은 보호받는다. 저자도 고금리 시기가 지나가길 기다리면서 세 번째 렌트 주택 구매를 위해 열심히 공부하고, 토요일마다 오픈 하우스를 보러 다닌다. 이제는 혼자가 아니다. 젊은 후배들과 함께 아이디어를 공유하고 같이 집을 보면서 투자 계획을 세운다. 각자에게 최선의 렌트 주택 투자 방법이 무엇인지 조언하면서 서로의 멘토 역할을 한다.

미국 렌트 주택 투자를 계획하고 있는 예비, 초보 투자자 여러분께 저자의 책이 도움이 되길 바란다. 뉴저지에도 LA와 조지아에서처럼 투자 설명회도 열리고 한인들끼리 서로 돕고 정보를 공유하는 모임이 활성화되기를 소망한다. 또한 뉴저지 부동산 중개인 유튜버들의 꾸준한 활동으로 뉴저지 초보 투자자들이 뉴저지만의 특화된 부동산 지식 습득이 가능해지길 원한다.

부동산 전문 용어도 몰랐던 렌트 주택 초보 투자자인 저자를 도와주신 모든 분들께 진심으로 감사드린다. 한 번도 만난 적은 없지만 책으로 자신의 투자 경험을 공유해 주신 선배 투자자들께 감사한다. 한인 부동산 유튜버들의 소중한 정보는 미국 전역에 흩어져 있는 한인 초보 투자자에게는 큰 힘이 된다. 특히 캘리포니아(LA), 조지아(애틀란타), 뉴욕(맨해튼) 중개인의 유튜브 채널은 부동산 문맹(文盲)을 없애는 보석과 같다.

특히 투자 전부터 세입자 입주까지 저자의 모든 투자 과정의 조력자인 담당 중개인 줄리아나 김(Juliana Kim)의 헌신에 깊이 감사드린다. 최적의 융자 프로그램을 찾기 위해 노력한 프라임 모기지의 브라이언 정(Brian Chung) 대표와 저스틴 이(Justin Lee) 매니저, 렌트 주택 세금 전문가인 황세영 CPA, 법적 조언과 처리를 담당한 송창진 변호사에게 깊이 감사드린다.